铁路机车车辆驾驶人员资格理论考试复习指导丛书

铁路机务行车安全规章
考点解析与练习
（J5、J6 类）

主编　周　侹　刘　真　李海强

主审　茹锡勇

北京交通大学出版社

·北京·

图书在版编目（CIP）数据

铁路机务行车安全规章考点解析与练习：J5、J6 类 / 周伒，刘真，李海强主编 . -- 北京：北京交通大学出版社，2024.8
ISBN 978-7-5121-5259-5

Ⅰ.①铁… Ⅱ.①周… ②刘… ③李… Ⅲ.①铁路行车－行车安全－资格考试－自学参考资料 Ⅳ.① U292.11

中国国家版本馆 CIP 数据核字（2024）第 110139 号

铁路机务行车安全规章考点解析与练习（J5、J6 类）
TIELU JIWU XINGCHE ANQUAN GUIZHANG KAODIAN JIEXI YU LIANXI（J5，J6 LEI）

责任编辑：高振宇		助理编辑：廖志平	
出版发行：北京交通大学出版社		电话：010-51686414	
地　　址：北京市海淀区高梁桥斜街 44 号		邮编：100044	
印　刷　者：北京时代华都印刷有限公司			
经　　销：全国新华书店			
开　　本：185 mm×260 mm	印张：13.75	字数：309 千字	
版　印　次：2024 年 8 月第 1 版　　2024 年 8 月第 1 次印刷			
定　　价：31.80 元			

本书如有质量问题，请向北京交通大学出版社质监组反映。对您的意见和批评，我们表示欢迎和感谢。
投诉电话：010-51686043，51686008；传真：010-62225406；E-mail：press@bjtu.edu.cn。

铁路机车车辆驾驶人员资格理论考试复习指导丛书
编委会

主　任　潘卫东　茹锡勇

副主任　丁明海　侯红军

委　员　周　侹　徐　涛　邢永红　韩斌凯　杜　伟

　　　　陈　琳　陈　鹏　李　皓　刘　真　李　瑜

　　　　隋永涛　张　睿　李海强

本书编委会

主　　编　周　侹　刘　真　李海强

副主编　李　皓　乔军华　白建修

参编人员　王林洁　岳常瑞　邢成梁

主　　审　茹锡勇

前 言
PREFACE

为适应铁路现代化发展对铁路机务专业技能人才队伍建设的需要，满足铁路机车车辆驾驶人员资格考试申请人和铁路运输企业的培训需求，根据铁路机车车辆驾驶人员岗位技能要求，按照适用、适考的原则，在中国铁路西安局集团有限公司职培部、机务部和各机务段的指导下，宝鸡铁路技师学院组织成立了"铁路机车车辆驾驶人员资格理论考试复习指导丛书"编委会，负责本丛书的组织、编辑及审定工作。

本丛书主要作为铁路机车车辆驾驶人员资格理论考试的考前辅导强化培训的教材，也可用于机车乘务员和铁路职业院校机车专业学生的日常学习。本丛书的编写体现了实用性与可读性相结合，通过深入浅出的语言，将复杂的知识和技能娓娓道来；体现了创新性与传统性相结合，注重创新、紧跟前沿技术发展动态、紧跟历年考试真题出题方向，同时也注重基本知识技能的传授与引导；体现了跨学科性与综合性相结合，突破单一学科的限制，注重跨学科知识的整合和融合，为读者节省查阅繁杂资料的时间，并对整个知识体系起到提纲挈领的作用。

本丛书依据最新有关铁路管理的法律法规、技术文件、机车司机职业技能标准、铁路机车车辆驾驶人员资格考试大纲要求，结合铁路机务部门的运用实际和考培具体情况编写，暂包括《铁路机车车辆专业知识考点解析与练习（电力交流＋内燃直流）》和《铁路机务行车安全规章考点解析与练习（J5、J6 类）》两册。后续根据主要运用机型的不同，还可进一步丰富和扩充。

本书的编写以考试大纲所涉及法律法规的相关条文为框架，将行车安全规章相关的知识进行系统整合，又进一步细化划分为若干知识点，结合相关题目巩固练习，保证了规章知识的系统性、关联性。全书共分七部分内容，包括了考试大纲中要求的《铁路技术管理规程》（普速铁路部分）、《铁路信号显示规范》、《铁路技术管理规程》（高速铁路部分）、《铁路机车操作规则》、《铁路机车运用管理规则》、《铁路交通事故调查处理规则》相关条款涉及知识，以及相关法律法规条文解读。本书由宝鸡铁路技师学院周侹、刘真、李海强担任主编，中国铁路西安局集团有限公司职培部主任茹锡勇担任主审，李皓、乔军华、白建修担任副主编。编写人员具体分工为：《铁路技术管理规程》（普速铁路部分）、《铁路技术管理规程》（高速铁路部分）和《铁路信号显示规范》部分由周侹、李海强编写；《铁路机车操作规则》《铁路机车运用管理规则》部分由刘真、乔军华、王林洁编写；《铁路交通事故调查处理规则》和相关法律法规部分由白建修、岳常瑞、邢成梁编写。

　　本书的编写得到了曾与宝鸡铁路技师学院合作的各铁路局集团公司职培部和机务部、各地方铁路公司机务段的大力支持，在此深表感谢。

　　由于编者水平有限，书中难免有不妥和疏漏之处，敬请专家和广大读者批评指正。

编　者

2024 年 1 月

目 录

CONTENTS

绪　论
考试大纲之行车安全规章内容（J5、J6 类）

一、知识内容

1.《中华人民共和国安全生产法》（2021 年 9 月 1 日施行）

第六条、第十条、第十六条、第二十八条、第二十九条、第四十四条、第四十五条、第四十八条、第五十三条、第五十四条、第五十七条、第五十八条、第五十九条、第六十五条、第七十四条、第九十七条、第一百零六条、第一百零七条。

2.《中华人民共和国铁路法》（2015 年 4 月 24 日修正）

第七十一条。

3.《中华人民共和国行政许可法》（2004 年 7 月 1 日施行）

第九条、第十二条第三款、第六十五条、第六十九条、第七十条、第七十八条、第七十九条、第八十条、第八十一条。

4.《中华人民共和国刑法》（2020 年 12 月 26 日修正）

第一百三十二条。

5.《中华人民共和国噪声污染防治法》（2022 年 6 月 5 日施行）

第八条、第九条、第四十四条、第四十八条、第五十一条、第五十六条、第七十九条、第八十条。

6.《铁路安全管理条例》（国务院令第 639 号）

第五十七条、第五十八条、第六十条。

7.《铁路机车车辆驾驶人员资格许可办法》（交通运输部令 2019 年第 43 号）

第二条、第五条、第十四条、第十八条、第十九条、第二十一条、第二十三条。

8.《违反〈铁路安全管理条例〉行政处罚实施办法》（交通运输部令 2013 年第 22 号）

第三十六条。

9.《铁路机车车辆驾驶人员资格许可实施细则》（国铁设备监规〔2020〕15 号）

第四条、第五条、第六条、第七条、第九条、第十条、第三十七条、第三十八条、第三十九条、第四十条、第四十一条、第四十二条、第四十三条、第四十四条、第四十五条、第四十六条、第四十七条、第四十八条、第四十九条、第五十条、第五十一条。

10.《铁路机车车辆驾驶人员资格考试管理办法》（国铁设备监规〔2022〕14 号）

第十五条、第二十条、第二十七条、第三十条、第三十九条、第四十条、第四十六条、第四十七条。

11.《铁路信号显示规范》（TB/T 30010—2023）

基本要求

5.1（b）、5.2、5.3、5.4、5.5、5.6、5.7、5.8。

固定信号

6.1.1.1、6.1.1.2、6.1.2.1、6.1.2.2、6.1.2.3、6.1.3.1、6.1.3.2、6.1.3.6、6.1.4.1、6.1.4.2、6.1.4.3、6.1.4.4（a）、6.1.4.5、6.1.5、6.1.6、6.1.7、6.1.8、6.1.9、6.1.10、6.3.1、6.3.2.1。

移动信号及手信号

7.1、7.2、7.3、7.4.1、7.4.2、7.4.3、7.4.4、7.4.5.1、7.4.5.2。

信号表示器及标志

8.1.1、8.1.2、8.1.3、8.1.4、8.1.5、8.1.6、8.1.7、8.2.1.1、8.2.1.2、8.2.1.3、8.2.2.1、8.2.2.2、8.2.2.3、8.2.2.4、8.2.2.5、8.2.2.6、8.2.2.7、8.2.2.8、8.2.2.9（a）、8.2.2.10、8.2.2.11、8.2.2.12、8.2.2.13、8.2.2.17、8.2.2.18、8.4.1、8.4.2。

听觉信号

9。

12.《铁路技术管理规程》（普速铁路部分）（铁总科技〔2014〕172 号）

第一编：技术设备

第 23 条、第 32 条、第 42 条、第 46 条、第 55 条、第 56 条、第 68 条、第 69 条、第 70 条、第 71 条、第 72 条、第 73 条、第 74 条、第 75 条、第 76 条、第 77 条、第 78 条、第 79 条、第 80 条、第 82 条、第 83 条、第 84 条、第 85 条、第 86 条、第 87 条、第 93 条、第 94 条、第 101 条、第 102 条、第 103 条、第 119 条、第 125 条、第 126 条、第 127 条、第 130 条、第 165 条、第 166 条、第 167 条、第 170 条、第 197 条、第 205 条。

第二编：行车组织

第 227 条、第 229 条、第 230 条、第 231 条、第 232 条、第 239 条、第 240~245 条、第 247 条、第 253 条、第 254 条、第 256 条、第 257 条、第 258 条、第 259 条、第 261 条、第 262 条、第 263 条、第 264 条、第 266 条、第 271 条、第 274 条、第 280 条、

第 282 条、第 285 条、第 287 条、第 288 条、第 289 条、第 290 条、第 291 条、第 292 条、第 293 条、第 295 条、第 297 条、第 302 条、第 303 条、第 304 条、第 305 条、第 306 条、第 308 条、第 309 条、第 311 条、第 314 条、第 315 条、第 316 条、第 317 条、第 319 条、第 320 条、第 321 条、第 323 条、第 324 条、第 328 条、第 330 条、第 331 条、第 333 条、第 335 条、第 338 条、第 339 条、第 340 条、第 342 条、第 346 条、第 347 条、第 357 条、第 358 条、第 359 条、第 361 条、第 362 条、第 363 条、第 364 条、第 365 条、第 366 条、第 367 条、第 368 条、第 369 条、第 370 条、第 371 条、第 372 条、第 374 条、第 381 条、第 382 条、第 383 条、第 384 条、第 397 条、第 405 条、第 407 条。

第三编：信号显示

第 408 条、第 412 条。

词语释义：第 5 条、第 6 条、第 7 条、第 8 条、第 9 条、第 10 条、第 11 条、第 12 条、第 13 条、第 14 条、第 15 条、第 16 条。

13.《铁路技术管理规程》（高速铁路部分）（铁科技〔2014〕172 号）

第一编：技术设备

第 88 条、第 119 条。

第二编：行车组织

第 209 条、第 216 条、第 270 条、第 381 条、第 408 条、第 441 条。

14.《铁路交通事故调查处理规则》（原铁道部令第 30 号）

第 7 条、第 11 条、第 14 条、第 15 条、第 23 条、第 49 条、第 58 条、第 59 条、第 60 条、附件 1 第 30、36 项。

15.《铁路机车操作规则》（铁运〔2012〕281 号）

第 12 条、第 13 条、第 14 条、第 15 条、第 16 条、第 17 条、第 21 条、第 24 条、第 25 条、第 27 条、第 28 条、第 29 条、第 36 条。

16.《铁路机车运用管理规则》（铁总运〔2015〕314 号）

第 31 条、第 75 条、第 89 条。

二、配分比例

考试内容	配分比例
《铁路信号显示规范》、《铁路技术管理规程》（普、高速）、《铁路交通事故调查处理规则》、《铁路机车操作规则》、《铁路机车运用管理规则》	90%
《中华人民共和国安全生产法》《中华人民共和国铁路法》《中华人民共和国行政许可法》《中华人民共和国刑法》《中华人民共和国噪声污染防治法》《铁路安全管理条例》《铁路机车车辆驾驶人员资格许可办法》《违反〈铁路安全管理条例〉行政处罚实施办法》《铁路机车车辆驾驶人员资格许可实施细则》《铁路机车车辆驾驶人员资格考试管理办法》	10%

第1章 《铁路技术管理规程》(普速铁路部分)摘录

§1-1 技术设备

§1-1-1 基本要求

【救援设备】

第23条 在铁路总公司指定地点设事故救援列车、电线路修复车、接触网抢修车,配备应急通信设备,并处于整备待发状态,其工具备品应保持齐全整洁,作用良好。

根据运输生产需要,铁路局应在无救援列车的编组站、区段站和二等以上车站成立事故救援队,配备简易起复设备和工具。

铁路总公司、铁路局应急救援指挥中心应建设应急平台,配备相应的应急指挥设施和通信等设备,确保事故现场的图像、话音及数据在规定的时限内传送至应急救援指挥中心。

机车、自轮运转特种设备上均应备有复轨器和铁鞋(止轮器)。

动车组应配备止轮器(铁鞋)、紧急用渡板、应急梯、过渡车钩和专用风管。

救援列车停留线,原则上应设在两端接通、便于救援列车出动的段管线(站线)上。救援列车基地应配备生产、生活、培训设施设备。

§1-1-2 线路、桥梁及隧道

【铁路线路】

第32条 铁路线路分为正线、站线、段管线、岔线、安全线及避难线。

正线是指连接车站并贯穿或直股伸入车站的线路。

站线是指到发线、调车线、牵出线、货物线及站内指定用途的其他线路。

段管线是指机务、车辆、工务、电务、供电等段专用并由其管理的线路。

岔线是指在区间或站内接轨,通向路内外单位的专用线路。

安全线是为防止列车或机车车辆从一进路进入另一列车或机车车辆占用的进路而发生冲突的一种安全隔开设备。

避难线是在长大下坡道上能使失控列车安全进入的线路。

【轨道】

第 42 条 轨距是钢轨头部踏面下 16 mm 范围内两股钢轨工作边之间的最小距离。直线轨距标准为 1 435 mm，曲线轨距按第 5 表规定加宽。

第 5 表　曲线轨距加宽值

曲线半径 R（m）	加宽值（mm）	曲线半径 R（m）	加宽值（mm）
$R \geqslant 295$	0	$245 > R \geqslant 195$	10
$295 > R \geqslant 245$	5	$R < 195$	15

注：曲线轨距加宽值不符合上述规定时，应有计划地进行改造。

验收线路时，线路、道岔轨距相对于上述标准的静态允许偏差规定见第 6 表。

第 6 表　线路、道岔轨距静态允许偏差

线路允许速度（km/h）	$v \leqslant 120$	$120 < v \leqslant 160$	$160 < v \leqslant 200$
线　路（mm）	+6 −2	+4 −2	±2
道　岔（mm）	+3 −2	+3 −2	±2

第 46 条 道岔辙叉号数选择应符合下列规定：

1. 正线道岔的直向通过速度不应小于路段设计行车速度。

2. 用于侧向通过列车的单开道岔的辙叉号数应根据列车侧向通过的最高速度合理选用。

3. 侧向接发停车旅客列车的单开道岔，不得小于 12 号。

4. 侧向接发停车货物列车并位于正线的单开道岔，在中间站不得小于 12 号，在其他车站不得小于 9 号。

5. 列车轴重大于 25 t 的铁路正线单开道岔不得小于 12 号。

6. 其他线路的单开道岔不得小于 9 号。

7. 狭窄的站场采用交分道岔不得小于 9 号，但尽量不用于正线，必须采用时不得小于 12 号。

8. 峰下线路的对称道岔不得小于 6 号，三开道岔不得小于 7 号。

9. 段管线的对称道岔不得小于 6 号。

既有道岔的类型及辙叉号数不符合上述规定时，应按该道岔的辙叉号数限制行车速度，且应有计划地进行改造。

【安全线及避难线】

第 55 条　安全线设置应符合有关设计规范的规定。

岔线、段管线与正线、到发线接轨时，均应铺设安全线。岔线与站内到发线接轨，当站内有平行进路及隔开道岔并有联锁装置时，可不设安全线。

在进站信号机外制动距离内进站方向为超过 6‰ 下坡道的车站，应在正线或到发线的接车方向末端设置安全线。

合资铁路、地方铁路及专用铁路与国家铁路车站接轨，其接轨处或接车线末端应设隔开设备（设有平行进路并有联锁时除外）。

安全线向车挡方向不应采用下坡道，其有效长度一般不小于 50 m。

第 56 条　为防止在长大下坡道上失去控制的列车发生冲突或颠覆，应根据线路情况，计算确定在区间或站内设置避难线。

§1-1-3　信号、通信

【信号】

第 68 条　信号装置一般分为信号机和信号表示器两类。

信号机按类型分为色灯信号机、臂板信号机和机车信号机。信号机按用途分为进站、出站、通过、进路、预告、接近、遮断、驼峰、驼峰辅助、复示、调车信号机。

信号表示器分为道岔、脱轨、进路、发车、发车线路、调车及车挡表示器。

第 69 条　各种信号机及表示器，在正常情况下的显示距离：

1. 进站、通过、接近、遮断信号机，不得小于 1 000 m；
2. 高柱出站、高柱进路信号机，不得小于 800 m；
3. 预告、驼峰、驼峰辅助信号机，不得小于 400 m；
4. 调车、矮型出站、矮型进路、复示信号机，容许、引导信号及各种表示器，不得小于 200 m。

在地形、地物影响视线的地方，进站、通过、接近、预告、遮断信号机的显示距离，在最坏的条件下，不得小于 200 m。

第 70 条　铁路信号机应采用色灯信号机。色灯信号机应采用高柱信号机，在下列处所可采用矮型信号机：

1. 不办理通过列车的到发线上的出站、发车进路信号机；
2. 道岔区内的调车信号机及驼峰调车场内的线束调车信号机；
3. 自动闭塞区段，隧道内的通过信号机。

特殊情况需设矮型信号机时，须经铁路局批准。

第 71 条　信号机设在列车运行方向的左侧或其所属线路的中心线上空。反方向运行进站信号机可设在列车运行方向的右侧；其他特殊地段因条件限制，需设于右侧时，须经铁路局批准。

在确定设置信号机地点时，除满足信号显示距离的要求外，还应考虑到该信号机不致被误认为邻线的信号机。

第 72 条 车站必须设进站信号机。进站信号机应设在距进站最外方道岔尖轨尖端（顺向为警冲标）不小于 50 m 的地点，因调车作业或制动距离需要延长时，一般不超过 400 m。

双线自动闭塞区间反方向进站信号机前方应设置预告标。

第 73 条 在车站的正线和到发线上，应设出站信号机。出站信号机应设在每一发车线的警冲标内方（对向道岔为尖轨尖端外方）适当地点。

在调车场的编发线上，必要时可设线群出站信号机。

第 74 条 通过信号机应设在闭塞分区或所间区间的分界处。自动闭塞区段的通过信号机，不应设在停车后可能脱钩、牵引供电分相的处所，也不宜设在起动困难的地点。

自动闭塞区段信号机设置位置和显示关系应根据列车牵引计算确定，并应满足列车运行速度规定的制动距离和线路通过能力的要求。

在自动闭塞区段内，当货物列车在设于上坡道上的通过信号机前停车后起动困难时，在该信号机上应装设容许信号。在进站信号机前方第一架通过信号机上，不得装设容许信号。

在三显示自动闭塞区段的进站信号机前方第一架通过信号机柱上，应涂三条黑斜线；四显示自动闭塞区段的进站信号机前方第一、第二架通过信号机的机柱上，应分别涂三条、一条黑斜线。

第 75 条 有人看守道口设遮断信号机；在有人看守的桥隧建（构）筑物及可能危及行车安全的坍方落石地点，根据需要设遮断信号机。该信号机距防护地点不得小于 50 m。

第 76 条 半自动闭塞、自动站间闭塞区段，进站信号机为色灯信号机时，设色灯预告信号机或接近信号机。

遮断信号机和半自动闭塞、自动站间闭塞区段线路所通过信号机，设预告信号机。

列车运行速度不超过 120 km/h 的区段，预告信号机与其主体信号机的安装距离不得小于 800 m，当预告信号机的显示距离不足 400 m 时，其安装距离不得小于 1 000 m。

列车运行速度超过 120 km/h 的区段，设置两段接近区段，在第一接近区段和第二接近区段的分界处，设接近信号机，在第一接近区段入口内 100 m 处，设置机车信号接通标。

第 77 条 特殊地段因条件限制，同方向相邻两架指示列车运行的信号机（预告、遮断、复示信号机除外）间的距离小于制动距离时，按下列方式处理：

1. 在列车运行速度不超过 120 km/h 的区段，当两架信号机间的距离小于 400 m 时，前架信号机的显示，必须完全重复后架信号机的显示；当两架信号机间的距离在 400 m 及以上，但小于 800 m 时，后架信号机在关闭状态时，则前架信号机不准开放。

2. 在列车运行速度超过 120 km/h 的区段，两架有联系的信号机间的距离小于列车规定速度级差的制动距离时,应采取必要的降级或重复显示措施。

第 78 条 出站信号机有两个及以上的运行方向,而信号显示不能分别表示进路方向时,应在信号机上装设进路表示器。

发车进路兼出站信号机,根据需要可装设进路表示器,区分进路方向。

双线自动闭塞区段,有反方向运行条件时,出站信号机设进路表示器。

第 79 条 发车信号辨认困难的车站,在便于司机瞭望的地点可装设发车表示器。

第 80 条 为满足调车作业的需要,应设调车色灯信号机。

在作业繁忙的调车场上,因受地形、地物影响,调车机车司机看不清调车指挥人的手信号时,设调车表示器。

第 82 条 设有两个及以上车场的车站,转场进路应设进路色灯信号机。

第 83 条 进站及接车进路色灯信号机,均应设引导信号。

第 84 条 驼峰应装设驼峰色灯信号机。驼峰色灯信号机可装设驼峰色灯辅助信号机。驼峰色灯信号机或辅助信号机的显示距离不能满足推峰作业要求时,根据需要可再装设驼峰色灯复示信号机。

驼峰色灯辅助信号机,可兼作出站或发车进路信号机,并根据需要装设进路表示器。

第 85 条 进站、出站、进路信号机及线路所通过信号机,因受地形、地物影响,达不到规定的显示距离时,应设复示信号机。

设在车站岔线入口处的调车色灯信号机,达不到规定的显示距离时,根据需要可设调车复示信号机。

第 86 条 非集中操纵的接发车进路上的道岔,装设道岔表示器,集中操纵的道岔、调车场及峰下咽喉的道岔,不装设道岔表示器;其他道岔根据需要装设道岔表示器。

集中联锁调车区进行连续溜放作业的分歧道岔,设道岔表示器。

集中联锁以外的脱轨器及引向安全线或避难线的道岔,设脱轨表示器。

【联锁】

第 87 条 联锁设备分为集中联锁(计算机联锁和继电联锁)和非集中联锁(色灯电锁器联锁和臂板电锁器联锁)。

编组站、区段站和电源可靠的其他车站,采用集中联锁。列车调度指挥系统(TDCS)和调度集中系统(CTC)区段,车站应采用集中联锁。

【闭塞】

第 93 条 闭塞设备分为自动闭塞、自动站间闭塞和半自动闭塞。具体设置条件如下:

1. 在单线区段,应采用半自动闭塞或自动站间闭塞,繁忙区段可根据情况采用自动闭塞;

2. 在双线区段,应采用自动闭塞。

在一个区段内,原则上应采用同一类型的闭塞方式。

第 94 条 在列车运行速度超过 120 km/h 的双线区段,采用速差式自动闭塞,列车紧急制动距离由两个及以上闭塞分区长度保证。

【机车信号、列车运行监控装置、轨道车运行控制设备】

第101条　最高运行速度不超过160 km/h的机车，机车信号设备与列车运行监控装置（LKJ）结合使用，轨道车等自轮运转特种设备使用轨道车运行控制设备（GYK）。

第102条　机车信号分为连续式和接近连续式。自动闭塞区段应装设连续式机车信号，半自动闭塞和自动站间闭塞区段应装设接近连续式机车信号。

车站正线、到发线应实现电码化或采用与区间同制式轨道电路。

机车信号的显示，应与线路上列车接近的地面信号机的显示含义相符。机车停车位置，应以地面信号机或有关停车标志为依据。

第103条　列车运行监控装置（LKJ）具有监控、记录、显示及报警等功能。

LKJ软件、基础数据和控制模式设定的管理，按铁路总公司有关规定执行。各机车、动车组运用区段车载数据文件的编制和控制模式的设定和调整，应由铁路局专业机构实施，由铁路局实行集中统一管理。

装备在机车上的LKJ设备应按高于线路允许速度2 km/h报警、3 km/h卸载、5 km/h常用制动、8 km/h紧急制动设置模式曲线。

LKJ产生的列车运行记录数据是行车安全分析的重要依据，任何单位和人员不得更改。电务维修机构应妥善保存LKJ列车运行记录数据。

【道口自动信号及自动通知】

第119条　道口自动信号，应在列车接近道口时，向道路方向显示停止通行信号，并发出音响通知；如附有自动栏杆（门），栏杆（门）应自动关闭。

在列车全部通过道口前，道口信号应始终保持禁止通行状态，自动栏杆（门）应始终保持关闭状态。道口信号设备停用或故障时，应向道口看守人员提示。

道口自动通知（含无线道口报警）设备，应在列车接近道口时，以音响和灯光显示通知道口看守人员。

【业务网】

第125条　列车（有线）调度电话准许列车调度员、机车（动车组）调度员、车辆调度员、机务段（客运段）调度员（值班员）、客运调度员、车站值班员（车站调度员）、供电（电力）调度员、电力牵引变电所值班人员、道口看守员加入通话，根据需要允许动车组随车机械师（简称随车机械师）、车辆乘务员、机车（动车组）司机、列车长、自轮运转特种设备司机、救援列车主任和施工负责人及巡守人员利用区间通信设施加入通话。

站间行车电话及扳道电话，禁止其他电话接入。

第126条　在无线列调区段，列车无线调度电话系统准许列车调度员、机车（动车组）调度员、车站值班员、助理值班员、机车（动车组）司机、自轮运转特种设备司机、列车长、纳入联控的道口看守人员、随车机械师（车辆乘务员）加入通话；允许救援列车主任在执行救援任务时,临时加入通话;未纳入联控的道口看守、防护人员、车站客运值班员和巡守人员在紧急情况下,可临时加入通话。

第 127 条 在 GSM-R 移动通信区段,根据调度指挥的需要设置组呼。列车 GSM-R 无线调度电话系统准许列车调度员、车站值班员、助理值班员、信号员、机车(动车组)司机、自轮运转特种设备司机、纳入联控的道口看守人员加入组呼通话,根据需要允许列车长、随车机械师(车辆乘务员)、客运值班员、救援列车主任加入组呼通话;未纳入联控的道口看守、防护人员和巡守人员在紧急情况下,可加入组呼通话。

第 130 条 司机、随车机械师(车辆乘务员)、列车长、乘警均应配备无线对讲设备,在 GSM-R 区段运行时还应配备 GSM-R 手持终端。动车组列车停靠的车站,车站客运值班员应配备与司机通信联络用的无线对讲设备。

§1-1-4 机车车辆

【机车】

第 165 条 机车按牵引动力方式分为电力机车、内燃机车,传动方式主要有交流传动和直流传动。

第 166 条 机车应有识别的标记:路徽、配属局段简称、车型、车号、最高运行速度、制造厂名及日期。在机车主要部件上应有铭牌,在监督器上应有检验标记。电气化区段运行的机车应有"电化区段严禁攀登"的标识。内燃机车燃料箱上应标明燃料油装载量。

机车须配备机车信号、列车运行安全监控系统(LKJ、机车安全信息综合监测装置 TAX 箱、机车语音记录装置、列车运行状态信息系统车载设备、机车车号识别设备)、车载无线通信设备、机车列尾控制设备等。机车应逐步配备机车车载安全防护系统、机车限鸣示警系统及空气防滑装置等。机车应向车辆的空气制动装置提供风源,具有双管供风装置的机车应向车辆空气弹簧等其他用风装置提供风源;具有直供电设备的机车应向车辆提供电源。

电力机车还应配备自动过分相装置,并根据需要装设弓网检测装置等。

根据需要机车还可配备车内通信、空调、卫生及供氧等设备。

第 167 条 机车实行计划预防修,逐步推行基于大数据技术的预见性维修,开展机车主要部件的故障预测和健康管理,实施主要零部件的专业化、集约化、规模化、集中检修。

检修周期应根据机车实际技术状态和走行公里或使用时间确定,机车检修周期及技术标准按铁路总公司机车检修规程执行。

第 170 条 牵引列车的机车在出段前,必须达到运用状态,主要部件和设备必须作用良好,符合铁路总公司有关机车运用、维修的规定,并符合下列要求:

1. 车钩中心水平线距钢轨顶面高度为 815~890 mm。

2. 轮对：

（1）轮对内侧距离为 1 353 mm，允许偏差为 ±3 mm；

（2）轮箍或轮毂不松弛；

（3）轮箍、轮毂、辐板（辐条）、轮辋无裂纹；

（4）轮缘的垂直磨耗高度不超过 18 mm，并无碾堆；

（5）车轮踏面擦伤深度不超过 0.7 mm；

（6）车轮踏面上的缺陷或剥离长度不超过 40 mm，深度不超过 1 mm；

（7）轮缘厚度在距踏面基线向上 H 距离处测量应符合第 9 表的规定（轮缘原设计厚度在 25 mm 及以下，由铁路局规定）；

第 9 表　机车轮缘厚限度

序号	车轮踏面类型	测量点与踏面基线之间距离 H（mm）	轮缘厚限度（mm）
1	JM2、JM3	10	23~34
2	JM	12	23~33

（8）车轮踏面磨耗深度不超过 7 mm；采用轮缘高度为 25 mm 磨耗型踏面时，磨耗深度不超过 10 mm。

§1-1-5　供电、给水

【牵引供电】

第 197 条　牵引供电设备应保证不间断行车的可靠供电。牵引供电能力应与线路的运输能力相适应，满足规定的列车重量、列车密度和运行速度的要求。接触网标称电压值为 25 kV，最高工作电压为 27.5 kV，短时（5 min）最高工作电压为 29 kV，最低工作电压为 19 kV。

牵引变电所须具备双电源、双回路受电。牵引变压器采用固定备用方式并具备自动投切功能。当一个牵引变电所停电时，相邻的牵引变电所能越区供电。运行期间平均功率因数不低于 0.9。

第 205 条　为保证人身安全，除专业人员执行有关规定外，其他人员（包括所携带的物件）与牵引供电设备带电部分的距离，不得小于 2 000 mm。

在设有接触网的线路上，严禁攀登车顶及在车辆装载的货物之上作业；如确需作业时，须在指定的线路上，将接触网停电接地并采取安全防护措施后，方准进行。

双线电气化铁路实行 V 形天窗作业时，为确保人身安全，应在设备、机具、照明、作业组织等方面采取相应措施。

【练习题】(填空 32 题,选择 25 题,判断 33 题,简答 2 题,合计 92 题)

一、填空题

1. 机车上应备有( )和**铁鞋**(止轮器)。J23

2. 铁路线路分为**正线**、( )、**段管线**、**岔线**、**安全线**及避难线。J32

3. **【历年真题】**铁路线路分为正线、站线、( )线、岔线、安全线及避难线。J32

4. 站线是指( )、**调车线**、**牵出线**、**货物线**及站内指定用途的其他线路。J32

5. 在进站信号机外制动距离内进站方向为超过 **6‰** 下坡道的车站,应在正线或到发线的接车方向末端设置( )。J55

6. 安全线向车挡方向不应采用下坡道,其有效长度一般不小于( )m。J55

7. 信号装置一般分为**信号机**和( )两类。J68

8. 信号机按类型分为**色灯**信号机、**臂板**信号机和( )信号机。J68

9. **【历年真题】**信号机按类型分为色灯信号机、( )信号机和机车信号机。J68

10. 信号表示器分为**道岔**、**脱轨**、( )、**发车**、**发车线路**、**调车**及**车挡**表示器。J68

11. **【历年真题】**信号表示器分为道岔、脱轨、进路、发车、( )、调车及车挡表示器。J68

12. 双线自动闭塞区间反方向进站信号机前方应设置( )。J72

13. 双线自动闭塞区间( )进站信号机前方应设置预告标。J72

14. **【历年真题】**双线自动闭塞区间( )信号机前方应设预告标。J72

15. 出站信号机有两个及以上的运行方向,而信号显示不能分别表示进路方向时,应在信号机上装设( )。J78

16. 进站及接车进路色灯信号机,均应设( )信号。J83

17. 驼峰色灯辅助信号机,可兼作( )或**发车进路**信号机,并根据需要装设**进路表示器**。J84

18. **【历年真题】**驼峰色灯辅助信号机,可兼作出站或( )信号机,并根据需要装设进路表示器。J84

19. ( )信号机及线路所通过信号机,因受地形、地物影响,达不到规定的显示距离时,应设**复示信号机**。J85

20. 列车调度指挥系统(TDCS)和调度集中系统(CTC)区段,车站应采用( )。J87

21. 闭塞设备分为**自动闭塞**、( )闭塞和**半自动闭塞**。J93

22. 机车信号的显示,应与线路上列车接近的**地面信号机**的显示( )。J102

23. 装备在机车上的 LKJ 设备应按高于线路允许速度( )km/h **紧急制动设**

置模式曲线。J103

24. 装备在机车上的 LKJ 设备应按高于线路允许速度（　　　）km/h **常用制动**设置模式曲线。J103

25. 【**历年真题**】装备在机车上的 LKJ 设备应按高于线路允许速度（　　　）km/h 卸载设置模式曲线。J103

26. 机车按牵引动力方式分为电力机车、内燃机车，传动方式主要有**交流传动**和（　　　）传动。J165

27. 机车应有识别的标记：路徽、配属局段简称、车型、车号、（　　　）运行速度、制造厂名及日期。J166

28. 具有双管供风装置的机车应向（　　　）等其他用风装置提供风源。J166

29. 电气化区段运行的机车应有"**电化区段**（　　　）"的标识。J166

30. 车钩中心水平线距钢轨顶面高度为 815~（　　　）mm。J170

31. 【**历年真题**】牵引列车的机车在出段前，必须达到（　　　），主要部件和设备必须作用良好，符合铁路总公司有关机车运用、维修的规定。J170

32. 当一个牵引变电所停电时，相邻的牵引变电所能（　　　）供电。J197

二、选择题

1. 【**历年真题**】下列对避难线的描述中，正确的是（　　　）。J32

A. 不可设在区间只可设在站内

B. 在长大下坡道上能使失控列车安全进入的线路

C. 岔线、段管线与正线、到发线接轨时，均应铺设避难线

2. 直线轨距标准为（　　　）mm。J42

A. 1 000　　　　　　　　B. 1 435　　　　　　　　C. 1 502

3. 侧向接发停车旅客列车的单开道岔，不得小于（　　　）号。J46

A. 8　　　　　　　　　　B. 9　　　　　　　　　　C. 12

4. 侧向接发停车货物列车并位于正线的单开道岔，在中间站不得小于（　　　）号，在其他车站不得小于 **9 号**。J46

A. 8　　　　　　　　　　B. 9　　　　　　　　　　C. 12

5. 在进站信号机外制动距离内进站方向为超过（　　　）‰下坡道的车站，应在正线或到发线的接车方向末端设置安全线。J55

A. 6　　　　　　　　　　B. 8　　　　　　　　　　C. 10

6. 进站信号机在正常情况下的显示距离不得小于（　　　）。J69

A. 400 m　　　　　　　　B. 800 m　　　　　　　　C. 1 000 m

7. 高柱出站、高柱进路信号机的显示距离，不得小于（　　　）。J69

A. 400 m　　　　　　　　B. 800 m　　　　　　　　C. 1 000 m

8. 【**历年真题**】预告信号机在正常情况下的显示距离不得小于（　　　）。J69

A. 400 m　　　　　　　　B. 800 m　　　　　　　　C. 1 000 m

9．不办理通过列车的到发线上的出站、发车进路信号机可采用（　　　）。J70

A．矮型信号机　　　　　　　B．高柱信号机　　　　　　　C．通用信号机

10．【历年真题】下列处所可采用矮型信号机的是（　　　）。J70

A．办理通过列车到发线上的出站、发车进路

B．自动闭塞区间通过信号机

C．自动闭塞区段，隧道内通过信号机

11．进站信号机应设在距进站最外方道岔尖轨尖端（顺向为警冲标）不小于（　　　）的地点。J72

A．50 m　　　　　　　　　　B．200 m　　　　　　　　　　C．400 m

12．出站信号机应设在每一发车线的警冲标（　　　）（对向道岔为尖轨尖端外方）适当地点。J73

A．对称　　　　　　　　　　B．内方　　　　　　　　　　C．外方

13．（　　　）信号机应设在闭塞分区或所间区间的分界处。J74

A．进站　　　　　　　　　　B．出站　　　　　　　　　　C．通过

14．列车运行速度超过 120 km/h 的区段，设置两段接近区段，在第一接近区段和第二接近区段的分界处，设（　　　）。J76

A．预告信号机　　　　　　　B．接近信号机　　　　　　　C．复示信号机

15．双线自动闭塞区段，有反方向运行条件时，出站信号机设（　　　）。J78

A．发车表示器　　　　　　　B．进路表示器　　　　　　　C．发车线路表示器

16．驼峰色灯辅助信号机，可兼作出站或（　　　）信号机，并根据需要装设进路表示器。J84

A．进站　　　　　　　　　　B．发车进路　　　　　　　　C．通过

17．集中联锁以外的脱轨器及引向安全线或避难线的道岔，设（　　　）。J86

A．脱轨表示器　　　　　　　B．进路表示器　　　　　　　C．道岔表示器

18．在列车运行速度超过 120 km/h 的双线区段，采用速差式自动闭塞，列车紧急制动距离由（　　　）及以上闭塞分区长度保证。J94

A．一个　　　　　　　　　　B．两个　　　　　　　　　　C．三个

19．LKJ 设备应按高于线路允许速度（　　　）km/h 常用制动设置模式曲线。J103

A．3　　　　　　　　　　　　B．5　　　　　　　　　　　　C．8

20．轮缘的垂直磨耗高度不超过（　　　）mm，并无碾堆。J170

A．17　　　　　　　　　　　B．18　　　　　　　　　　　C．19

21．车轮踏面上的缺陷或剥离长度不超过 40 mm，深度不超过（　　　）mm。J170

A．0.5　　　　　　　　　　　B．0.7　　　　　　　　　　　C．1

22．【历年真题】车轮踏面上的缺陷或剥离长度不超过 40 mm，车轮踏面擦伤深度不得超过（　　　）mm。J170

A．0.5　　　　　　　　　　　B．0.7　　　　　　　　　　　C．1

23. 接触网标称电压值为（ ）kV，最高工作电压为 27.5 kV，短时（5 min）最高工作电压为 29 kV，最低工作电压为 19 kV。J197

　　A．20　　　　　　　　B．23　　　　　　　　C．25

24. 为保证人身安全，除专业人员执行有关规定外，其他人员（包括所携带的物件）与牵引供电设备带电部分的距离，不得小于（ ）mm。J205

　　A．1 500　　　　　　　B．1 800　　　　　　　C．2 000

25. 在设有接触网的线路上，（ ）攀登车顶及在车辆装载的货物之上作业；如确需作业时，须在指定的线路上，将接触网停电接地并采取安全防护措施后，方准进行。J205

　　A．确认安全距离后可以　　B．严禁　　　　　　C．可以在有人监护下

三、判断题

1. 机车上应备有复轨器和铁鞋（止轮器）。（ ）J23
2. 正线是指连接车站并贯穿或直股伸入车站的线路。（ ）J32
3. 安全线是为防止列车或机车车辆从一进路进入另一列车或机车车辆占用的进路而发生冲突的一种安全隔开设备。（ ）J32
4. 【历年真题】专用线是指在区间或站内接轨，通向路内外单位的专用线路。（ ）J32
5. 【历年真题】安全线向车挡方向不应采用下坡道，其有效长度一般不大于 50 m。（ ）J55
6. 为防止在长大下坡道上失去控制的列车发生冲突或颠覆，应根据线路情况，计算确定在区间或站内设置避难线。（ ）J56
7. 信号机设在列车运行方向的左侧或其所属线路的中心线上空。（ ）J71
8. 反方向运行进站信号机可设在列车运行方向的右侧。（ ）J71
9. 【历年真题】反方向运行进站信号机须设在列车运行方向的左侧。（ ）J71
10. 在车站的正线和到发线上，应设进站信号机。（ ）J73
11. 四显示自动闭塞区段的进站信号机前方第一、第二架通过信号机的机柱上，应分别涂一条、三条黑斜线，以与其他通过信号机相区别。（ ）J74
12. 【历年真题】四显示自动闭塞区段的进站信号机前方第一架、第二架通过信号机的机柱上，应分别涂三条、一条黑斜线。（ ）J74
13. 【历年真题】在三显示自动闭塞区段的进站信号机前方第一架通过信号机的机柱上，应涂三条黑斜线。（ ）J74
14. 半自动闭塞、自动站间闭塞区段，进站信号机为色灯信号机时，设色灯预告信号机或接近信号机。（ ）J76
15. 【历年真题】半自动闭塞、自动闭塞区段，进站信号机为色灯信号机时，设色灯预告信号机或接近信号机。（ ）J76

16. 自动闭塞区段，进站信号机为色灯信号机时，设色灯预告信号机或接近信号机。
（　　）J76

17. 在列车运行速度不超过 120 km/h 的区段，当两架信号机间的距离小于 400 m 时，前架信号机的显示，必须完全重复后架信号机的显示。（　　）J77

18.【历年真题】在列车运行速度不超过 120 km/h 的区段，当两架信号机间的距离小于 800 m 时，前架信号机的显示，必须完全重复后架信号机的显示。（　　）J77

19. 发车信号辨认困难的车站，在便于司机瞭望的地点可装设进路表示器。
（　　）J79

20. 设有两个及以上车场的车站，转场进路应设进路色灯信号机。（　　）J82

21. 最高运行速度不超过 140 km/h 的机车，机车信号设备与列车运行监控装置（LKJ）结合使用。（　　）J101

22. 机车信号的显示，应与线路上列车接近的地面信号机的显示含义相符。
（　　）J102

23.【历年真题】机车信号的显示，应与线路上列车接近的地面信号机的显示相同。
（　　）J102

24. 机车停车位置，应以地面信号机或有关停车标志为依据。（　　）J102

25.【历年真题】机车信号分为连续式和接近连续式。自动闭塞区段应装设接近连续式机车信号，半自动闭塞和自动站间闭塞区段应装设连续式机车信号。（　　）J102

26. LKJ 产生的列车运行记录数据是行车安全分析的重要依据，任何单位和人员不得更改。（　　）J103

27. 在列车全部通过道口前，道口信号应始终保持禁止通行状态，自动栏杆（门）应始终保持关闭状态。（　　）J119

28. 列车有线、无线调度电话均准许机车（动车组）司机加入通话。
（　　）J125、J126

29. 在无线列调区段，列车无线调度电话系统准许列车调度员、机车（动车组）调度员、车站值班员、助理值班员、机车（动车组）司机、列车长等加入通话。（　　）J126

30. 司机、随车机械师（车辆乘务员）、列车长、乘警均应配备无线对讲设备，在 GSM-R 区段运行时还应配备 GSM-R 手持终端。（　　）J130

31. 机车检修周期应根据实际技术状态和走行公里或使用时间确定。（　　）J167

32. 机车轮对的轮箍或轮毂不得松弛。（　　）J170

33. 牵引列车的机车在出段前，必须达到运用状态，主要部件和设备必须作用良好，符合铁路总公司有关机车运用、维修的规定。（　　）J170

四、简答题

1. 机车信号可分为哪几类？其装设有何规定？ J102

2. 在设有接触网的线路上作业，有哪些安全规定？ J205

【**练习题答案**】

一、填空题

1. 复轨器；2. 站线；3. 段管；4. 到发线；5. 安全线；6. 50；

7. 信号表示器；8. 机车；9. 臂板；10. 进路；11. 发车线路；

12. 预告标；13. 反方向；14. 反方向进站；15. 进路表示器；

16. 引导；17. 出站；18. 发车进路；19. 进站、出站、进路；

20. 集中联锁；21. 自动站间；22. 含义相符；23. 8；24. 5；

25. 3；26. 直流；27. 最高；28. 车辆空气弹簧；29. 严禁攀登；

30. 890；31. 运用状态；32. 越区

二、选择题

1. B；2. B；3. C；4. C；5. A；6. C；7. B；8. A；9. A；

10. C；11. A；12. B；13. C；14. B；15. B；16. B；17. A；

18. B；19. B；20. B；21. C；22. B；23. C；24. C；25. B

三、判断题

1. √；2. √；3. √；4. ×　正确：岔线；5. ×　正确：不小于 50 m；

6. √；7. √；8. √；9. ×　正确：可；10. ×　正确：出站信号机；

11. ×　正确：应分别涂三条、一条黑斜线；12. √；13. √；14. √；

15. ×　正确：半自动闭塞、自动站间闭塞区段；16. ×　正确：不设；

17. √；18. ×　正确：400 m；19. ×　正确：发车表示器；20. √；

21. ×　正确：160 km/h；22. √；23. ×　正确：含义相符；24. √；

25. ×　正确：自动闭塞区段应装设连续式机车信号，半自动闭塞和自动站间闭塞区段应装设接近连续式机车信号；26. √；27. √；28. √；29. √；30. √；31. √；

32. √；33. √

四、简答题

1. 机车信号可分为哪几类？其装设有何规定？（5 分）

【答】机车信号分为连续式和接近连续式（2 分）。自动闭塞区段应装设连续式机车信号（1 分），半自动闭塞和自动站间闭塞区段应装设接近连续式机车信号（2 分）。

2. 在设有接触网的线路上作业，有哪些安全规定？（5 分）

【答】在设有接触网的线路上，严禁攀登车顶及在车辆装载的货物之上作业（2 分）；如确需作业时，须在指定的线路上（1 分），将接触网停电接地并采取安全防护措施后，方准进行（2 分）。

§1-2 行车组织

§1-2-1 基本要求

【行车组织原则】

第 227 条 行车工作必须坚持集中领导、统一指挥、逐级负责的原则。

局与局间由铁路总公司，局管内各区段间由铁路局，一个调度区段内由本区段列车调度员统一指挥。

车站由车站值班员，线路所由线路所的车站值班员统一指挥。凡划分车场的车站，各车场由该车场的车站值班员统一指挥；车场间接发列车进路互有关联的行车事项，由指定的车站值班员统一指挥。

列车和单机由司机负责指挥。列车或单机在车站时，所有乘务人员应按车站值班员的指挥进行工作。

在调度集中区段，调度集中控制车站有关行车工作由该区段列车调度员直接指挥；但转为车站控制时，由车站值班员指挥。

第 229 条 列车运行，原则上以开往北京方向为上行，反之为下行。

全国各线的列车运行方向，以铁路总公司的规定为准，但枢纽地区的列车运行方向，由铁路局规定。

列车须按规定编定车次。上行列车编为双数，下行列车编为单数。在个别区间，使用直通车次时，可与规定方向不符。

【行车指挥】

第 230 条 有关行车人员必须执行列车调度员命令，服从调度指挥。

列车调度员应负责组织实现列车运行图、编组计划、运输方案，为此必须：

1. 检查各站执行列车运行图和编组计划的情况，及时发布有关行车命令和口头指示。

2. 严格按列车运行图指挥行车，遇列车发生晚点时，应积极采取措施，组织有关人员恢复正点。

3. 注意列车在车站到发及区间内的运行情况，正确、及时地处理临时发生的问题。

第 231 条 指挥列车运行的命令（运行揭示调度命令除外）和口头指示，只能由列车调度员发布。列车调度员在发布命令之前，应详细了解现场情况，并听取有关人员意见。

遇第 13 表所列情况，须发布调度命令。

第 13 表　行车调度命令项目表

序号	命 令 项 目	受令者	
		司机	车站值班员
1	封锁、开通区间		○
2	向封锁区间开行救援列车、路用列车	○	○
3	临时变更或恢复原行车闭塞法	○	○
4	双线反方向行车、由双线改为单线或恢复双线行车	○	○
5	变更列车径路	○	○
6	发出在区间内停车或由区间返回的列车	○	○
7	开往区间内岔线的列车	○	○
8	发出临时由区间内返回后部补机的列车	○	○
9	列车需临时降弓运行	○	○
10	因行车设备故障、灾害或施工，以及列车中挂有限速的机车车辆等，需要使列车临时限速运行（纳入运行揭示调度命令或本务机车、动车组自身设备原因限速时除外）	○	○
11	动车组列车空调失效需打开部分车门限速运行	○	○
12	车站使用故障按钮、总辅助按钮		○
13	超长列车或列车挂有装载超限货物的车辆	○	○
14	单机附挂车辆	○	○
15	半自动闭塞区间，超长列车头部越过出站信号机（未压上出站方面的轨道电路）发车	○	○
16	在非到发线上接发列车	○	○
17	调度日（班）计划以外，临时加开或停运列车（单机除外）	○	○
18	双线区间在区间内进行跨线装卸作业时，对开入其邻线的列车	○	○
19	双线区间在区间内有除雪机、起重机工作时，对开入其邻线的列车	○	○
20	双线区间在区间内发生冲突、脱轨、火灾、爆炸事故，对开入其邻线的列车	○	○
21	列尾装置故障（丢失）的货物列车继续运行	○	
22	改按天气恶劣难以辨认信号的办法行车或恢复正常行车		○
23	动车组列车转入或退出隔离模式（被救援时除外）	○	
24	动车组列车在列控车载设备控车和列车运行监控装置控车之间人工转换	○	○
25	临时利用本务机车调车作业	○	○
26	利用天窗施工、维修作业		○
27	施工、维修作业较指定时间延迟结束		○
28	运行揭示调度命令与实际限速、行车方式或设备不符时	○	○

序号	命 令 项 目	受令者	
		司机	车站值班员
29	正线、到发线接触网停电或送电（接触网倒闸、跳闸后试送电、向中性区送电或弓网故障排查除外）		○
30	正线、到发线接触网停电后准许登顶作业	○	○
31	双管供风旅客列车运行途中改为单管供风	○	○
32	列车调度员认为有必要记录的上述以外的命令	有关人员	

注：1. 划○者为受令人员。

2. 天窗维修作业在指定的时间内完成并销记后，列车调度员不再发布维修作业结束恢复行车的调度命令。

3. 动车组列车改按列车运行监控装置方式运行需将列控车载设备隔离时，列车调度员仅发布改按列车运行监控装置方式行车的调度命令。

4. 因调车作业动车组控车模式转换，不发布调度命令。自动站间闭塞法行车转为半自动闭塞法行车及转回的调度命令，可不发给司机。

上述调度命令如涉及其他单位和人员时，应同时发给。

列车调度员向司机发布调度命令时，应在列车进入关系区间（车站）前向司机发布或指定车站向司机交付，如来不及时应使列车停车进行发布或交付。

对于需向司机发布的调度命令，列车调度员可使用调度命令无线传送系统或按规定使用语音记录装置良好的列车无线调度通信设备向司机发布。由车站交付的调度命令，车站值班员可使用调度命令无线传送系统或按规定使用语音记录装置良好的列车无线调度通信设备向司机转达。

对跨局的列车，接车铁路局列车调度员可委托发车铁路局列车调度员发布调度命令。更换机车或变更限速条件时，应由有关铁路局列车调度员重新发给相关调度命令。途中乘务人员换班时，应将调度命令内容交接清楚。

使用计算机、传真机、调度命令无线传送系统发布调度命令时，命令接受人员确认无误后应及时反馈回执。使用电话发收调度命令时，应填记《调度命令登记簿》（附件7），指定受令人员中一人复诵，并记明发收人员姓名及时刻。

第232条 有计划的施工，涉及限速、行车方式发生变化或设备变化时应发布运行揭示调度命令，司机按运行揭示调度命令执行。因施工提前、延迟或其他原因造成运行揭示调度命令与实际限速、行车方式或设备不符时，列车调度员应取消前发运行揭示调度命令，向有关车站值班员、司机、施工负责人重新发布全部内容的调度命令。

【车站技术管理】

第239条 车站道岔及股道编号。

道岔编号，从列车到达方向起顺序编号，上行为双号，下行为单号；尽头线上，向线路终点方向顺序编号。车站划分车场时，每个车场的道岔单独编号。一个车站的道岔不得有相同的编号。

股道编号，单线区段内的车站，从靠近站舍的线路起，向远离站舍方向顺序编号；双线区段内的车站，从正线起顺序编号，上行一侧为双号，下行一侧为单号；尽头式车站，向终点方向由左侧开始顺序编号，如站舍位于线路一侧时，从靠近站舍的线路起，向远离站舍方向顺序编号。一个车站（分场时为一个车场）的股道不准有相同的编号。

【对行车有关人员的要求】

第 240 条 行车有关人员，在任职、提职、改职前，必须按照铁路职业技能培训规范要求，进行拟任岗位资格性培训，并经职业技能鉴定和考试考核，取得相应职业资格证书和岗位培训合格证书后，方可任职。

在任职期间，须按照铁路职业技能培训规范等规定，定期参加岗位适应性培训和业务考试，考试不合格的，不得继续履职。

第 241 条 行车有关人员，在任职前必须经过健康检查，身体条件不符合拟任岗位职务要求的，不得上岗作业。

在任职期间，要定期进行身体检查，身体条件不符合任职岗位要求的，应调整工作岗位。

第 242 条 对行车有关人员，应进行日常安全生产知识和劳动纪律的教育、考核，并有计划地组织好在职人员的日常政治和技术业务学习。

第 243 条 驾驶机车、动车组、自轮运转特种设备（铁路救援起重机除外）的人员，必须持有国家铁路局颁发的驾驶证。变更驾驶机（车）型前，必须经过相应的技术培训并考试合格。

实习和学习驾驶机车、动车组、自轮运转特种设备和操纵信号或重要机械、设备及办理行车作业的人员，必须在正式值乘、值班人员的亲自指导和负责下，方准操作。

第 244 条 行车有关人员在执行职务时，必须坚守岗位，穿着规定的服装，佩戴易于识别的证章或携带相应证件，讲普通话。

第 245 条 行车有关人员，接班前须充分休息，严禁饮酒，如有违反，立即停止其所承担的任务。

§1-2-2 编组列车

【一般要求】

第 247 条 列车应按本规程、列车编组计划和列车运行图规定的编挂条件、车组、重量或长度编组。

列车重量应根据机车牵引力、区段内线路状况及其设备条件确定。编组超重列车时，编组站、区段站应商得机务段调度员同意，在中间站应得到司机的同意，并均须经列车调度员准许。

列车长度应根据运行区段内各站到发线的有效长，并须预留 30 m 的附加制动距离确定。超长列车运行办法，由铁路局规定。

动车组以外的旅客列车按列车编组表编组，机车后第一位编挂一辆未搭乘旅客的车辆作为隔离车。行李车、邮政车、发电车等非乘坐旅客的车辆应分别挂于机车后第一位和列车尾部，起隔离作用；在装设集中联锁的区段，并设有列车运行监控装置时，旅客列车可不挂隔离车。如隔离车在途中发生故障摘下时，可无隔离车继续运行。局管内旅客列车经铁路局长批准，可不隔离。

军用列车的编组，按有关规定办理。

【列尾装置的摘挂及运用】

第 253 条 动车组以外的旅客列车应安装列尾装置。特殊情况下，无法安装或使用列尾装置时，应制定具体办法。

半自动闭塞区段货物列车尾部须挂列尾装置，其他区段货物列车尾部宜挂列尾装置。货物列车尾部未挂列尾装置时应以吊起尾部车辆软管代替尾部标志。尾部车辆软管的吊起，有列检作业的列车由列检人员负责，无列检作业的列车由车务人员负责。

第 254 条 旅客列车列尾装置尾部主机的安装与摘解、风管及电源的连结与摘解，由车辆部门负责。

货物列车列尾装置尾部主机的安装与摘解，由车务人员负责。软管连结，有列检作业的列车，由列检人员负责；无列检作业的列车，由车务人员负责。特殊情况，由铁路局规定。

【列车中机车的编挂】

第 256 条 工作机车应挂于列车头部，正向运行（牵引小运转、路用、救援列车的机车除外）；无转向设备的，可逆向运行。

双机或多机牵引时，本务机车的职务由第一位机车担当。

补机原则上应挂于本务机车的前位或次位，在特殊区段或需途中返回时，经铁路局批准，可挂于列车后部，如后部补机不接软管时，由铁路局规定保证安全办法。

第 257 条 铁路局所属的内燃机车回送时，原则上采用有动力方式；电力机车跨交路区段回送时，原则上采用无动力方式。回送机车在交路区段外单机运行时，应派带道人员添乘。

铁路局所属的机车附挂回送时，原则上附挂货物列车；走行部和制动装置良好的客运机车（出入厂、段的修程机车除外）需附挂旅客列车跨铁路局回送时，按铁路总公司调度命令办理。

回送机车，应挂于本务机车次位，挂有重联机车时为重联机车次位。20‰ 及以上坡道的区段，禁止办理机车专列回送。

回送铁路救援起重机，应挂于列车后部。铁路救援起重机的回送限制速度见第 14 表，第 14 表以外的按设计文件要求速度回送。

第 14 表　铁路救援起重机回送限制速度表

型　　号	名　　称	回送速度（km/h）
NS2000	200 t 伸缩臂式铁路救援起重机	120
	吊臂平车	120
NS1600	160 t 伸缩臂式铁路救援起重机（1 680 t·m）	120
	吊臂平车	120
NS1600	160 t 伸缩臂式铁路救援起重机（1 600 t·m）	120
	吊臂平车	120
NS1601	160 t 伸缩臂式铁路救援起重机	120
	吊臂平车	120
NS1602	160 t 伸缩臂式铁路救援起重机	120
	吊臂平车	120
N1601	160 t 固定臂式铁路救援起重机	85
	吊臂平车	85
N1602	160 t 固定臂式铁路救援起重机	85
	吊臂平车	85
NS1601G	160 t 伸缩臂式铁路救援起重机	120
	吊臂平车	120
NS1602G	160 t 伸缩臂式铁路救援起重机	120
	吊臂平车	120
NS1251	125 t 伸缩臂式铁路救援起重机	120
	吊臂平车	120
NS1252	125 t 伸缩臂式铁路救援起重机	120
	吊臂平车	120
NS1001	100 t 伸缩臂式铁路救援起重机	80
	吊臂平车	80
N1002	100 t 固定臂式铁路救援起重机	80
	吊臂平车	80
NS100G	100 t 伸缩臂式铁路救援起重机	80
	吊臂平车	80

第258条 单机挂车的辆数，线路坡度不超过 12‰ 的区段，以 10 辆为限；超过 12‰ 的区段，由铁路局规定。

单机挂车时，应遵守下列规定：

1. 所挂车辆的自动制动机作用必须良好，发车前列检（无列检时由车站发车人员）按规定进行制动试验；

2. 连挂前按规定彻底检查货物装载状态，并将编组顺序表和货运单据交与司机；

3. 在区间被迫停车后的防护工作由机车乘务组负责，开车前应确认附挂辆数和制动主管贯通状态是否良好；

4. 列车调度员应严格掌握，不得影响机车固定交路和乘务员劳动时间；

5. 不准挂装载爆炸品、超限货物的车辆。

单机挂车时，可不挂列尾装置。

【机车车辆重量及长度】

第259条 机车、车辆、铁路救援起重机编入列车时，重量及长度按第 15、16、17 表确定。

第 15 表 机车重量及长度表

种类	机型	自重（t）	换算长度	备注
电力	SS_1	137	1.9	
	SS_{3B}	276	4.0	按双节计算
	SS_4	184	3.0	按双节计算
	SS_3、SS_6、SS_{6B} SS_7、SS_{7B}、6K	138	2.0	
	SS_{7C}	132	2.0	
	SS_{7D}、SS_{7E}、SS_9	126	2.0	
	SS_8	87/89	1.6	无列车供电/有列车供电
	8G、DJ1	184	3.2	按双节计算
	8K	184	3.4	按双节计算
	HXD_1	200	3.2	按双节计算
	HXD_2	200	3.5	按双节计算
	HXD_{1B}、HXD_{2B}、HXD_{3B}	150	2.1	
	HXD_{1C}、HXD_{2C}	138/150	2.1	
	HXD_3、HXD_{3C}	138/150	1.9	
	HXD_{1D}、HXD_{3D}	126	2.1	

续上表

种类	机 型	自重（t）	换算长度	备 注
内燃	DF_4、DF_{4B}、DF_{4C}、DF_{4D}	127	1.9	
	DF_5、DF_7、DF_{7B}、DF_{7C}	130	1.7	
	DF_{7D}	132	1.7	山区型自重 127 t，双司机室机车换长 1.8
	DF_{7E}	145	1.8	
	DF_{7G}	132	1.8	
	DF_8	130	2.0	
	DF_{8B}	131	2.0	25 t 轴重 DF_{8B} 自重 139 t
	DF_{11}	133	1.9	
	DF_{11G}	133	2.0	
	DFH_2	58	1.2	
	DFH_3	84	1.7	
	DFH_5	81	1.4	
	BJ	84	1.5	
	ND_2	114	1.6	
	ND_3	122	1.7	
	ND_5	126	1.8	
	NY_6、NY_7	124	2.1	
	HXN_5	150	2.1	
	HXN_3	150	2.0	
	NJ_2	138	2.1	

第 16 表　车辆重量及长度

1. 客车		
客车种类	平均每辆总重量（t）	平均每辆换算长度
各种客车	按车体外部标记计算	按车体外部标记计算
2. 货车		
货车种类	平均每辆自重（t）	平均每辆换算长度

续上表

货车种类	平均每辆自重(t)	平均每辆换算长度
标记载重 60 t 四轴棚车（P_{62K}、P_{63K}）	24.0	1.5
标记载重 58 t 四轴棚车（P_{64K}）	25.4	1.5
标记载重 58 t 四轴棚车（P_{64AK}）	25.7	1.5
标记载重 58 t 四轴棚车（P_{65}）	26.0	1.5
标记载重 70 t 四轴棚车（P_{70}）	24.9	1.6
标记载重 60 t 四轴敞车（CF、CF_K）	22.4	1.2
标记载重 60 t 四轴敞车（C_{62A}、C_{62AK}）	21.7	1.2
标记载重 60 t 四轴敞车（C_{62B}、C_{62BK}）	22.3	1.2
标记载重 61 t 四轴敞车（C_{63}、C_{63A}）	22.5	1.1
标记载重 61 t 四轴敞车（C_{64K}）	23.0	1.2
标记载重 60 t 四轴敞车（C_{61}）	23.0	1.1
标记载重 70 t 四轴敞车（C_{70}）	23.8	1.3
标记载重 70 t 四轴敞车（C_{70E}）	24.0	1.3
标记载重 80 t 四轴敞车（C_{80}、C_{80B}）	20.0	1.1
标记载重 100 t 六轴敞车（C_{100A}、C_{100AH}）	26.0	1.4
标记载重 50 t 四轴集装箱平车（X_{1K}）	19.8	1.3
标记载重 60 t 四轴集装箱平车（X_{6A}）	17.8	1.3
标记载重 60 t 四轴集装箱平车（X_{6K}）	18.0	1.2
标记载重 70 t 四轴集装箱平车（X_{4K}）	21.8	1.8
标记载重 70 t 四轴集装箱平车（X_{70}）	22.4	1.2
标记载重 80 t 四轴集装箱平车（X_{2K}）	22.0	1.8
标记载重 60 t 四轴平车（N_{17AK}）	21.0	1.3
标记载重 60 t 四轴平车（N_{17GK}）	21.9	1.3
标记载重 60 t 四轴平车（N_{17K}）	20.5	1.3
标记载重 60 t 四轴平集共用车（NX_{17AK}）	22.9	1.3
标记载重 60 t 四轴平集共用车（NX_{17K}）	22.4	1.3
标记载重 60 t 四轴平集共用车（NX_{17BK}）	22.9	1.5

货车种类	平均每辆自重（t）	平均每辆换算长度
标记载重70 t四轴平集共用车（NX_{70}）	23.8	1.5
标记载重70 t四轴平集共用车（NX_{70A}）	23.8	1.3
标记载重53 t四轴罐车（G_{60K}）	21.0	1.1
标记载重60 t四轴罐车（G_{70K}）	20.4	1.1
标记载重70 t四轴罐车（GQ_{70}）	23.6	1.1
标记载重70 t四轴罐车（GN_{70}）	23.8	1.1
标记载重70 t四轴罐车（GHA_{70}）	23.8	1.2
标记载重70 t四轴氧化铝粉罐车（GF_{70}）	23.6	1.2
标记载重50 t四轴毒品车（W_{5SK}）	26.5	1.5
标记载重60 t四轴毒品车（W_{6S}）	24.6	1.5
标记载重70 t四轴毒品车（W_{70S}）	25.2	1.6
标记载重60 t石碴车（K_{13K}）	21.5	1.1
标记载重70 t石碴车（KZ_{70}）	23.8	1.1
标记载重60 t煤炭漏斗车（K_{18K}）	24.0	1.3
标记载重70 t煤炭漏斗车（KM_{70}）	23.8	1.3
标记载重60 t散装粮食车（L_{17K}）	23.5	1.3
标记载重60 t散装粮食车（L_{18}）	23.8	1.3
标记载重70 t散装粮食车（L_{70}）	24.8	1.5
标记载重60 t散装水泥车（U_{60}）	26.0	1.2
标记载重60 t散装水泥车（U_{60WK}）	24.5	1.1
标记载重60 t散装水泥车（U_{61WK}）	22.3	1.1
标记载重20 t双层小汽车运输车（SQ_5）	37.0	2.4
标记载重22 t双层小汽车运输车（SQ_6）	36.2	2.4
标记载重40 t机械冷藏车（B_{10A}）	41.1	2.0

注：1. 旅客列车重量按客车总重（包括旅客及行李的重量）计算，回送空客车按自重计算。

2. 列车中其他各型货车的自重及换算长度和货物的重量按《铁路货车统计规则》规定计算。

3. 机车、车辆长度的计算，以前后两钩舌内侧面距离按11 m为换算单位（一辆），各型机车、车辆按上述换算单位得出的比值，称为换算长度。

第 17 表　铁路救援起重机重量及长度表

型号	名　　称	自重(t)	换算长度
NS2000	200 t 伸缩臂式铁路救援起重机	208	1.5
	吊臂平车	45	2.2
NS1600	160 t 伸缩臂式铁路救援起重机(1 600 t·m)	192	1.4
	160 t 伸缩臂式铁路救援起重机(1 680 t·m)	205	1.4
	吊臂平车	45	2.2
NS1601	160 t 伸缩臂式铁路救援起重机	186.4	1.1
	吊臂平车	42	2.2
NS1602	160 t 伸缩臂式铁路救援起重机	184	1.1
	吊臂平车	38	1.8
N1601	160 t 固定臂式铁路救援起重机	187	1.1
	吊臂平车	38	1.9
N1602	160 t 固定臂式铁路救援起重机	190	1.1
	吊臂平车	40	2.2
NS1601G	160 t 伸缩臂式铁路救援起重机	186.4	1.1
	吊臂平车	38	1.9
NS1602G	160 t 伸缩臂式铁路救援起重机	186.4	1.1
	吊臂平车	40	2.2
NS1251	125 t 伸缩臂式铁路救援起重机	139	1.0
	吊臂平车	40	1.9
NS1252	125 t 伸缩臂式铁路救援起重机	138	1.1
	吊臂平车	40	1.9
NS1001	100 t 伸缩臂式铁路救援起重机	138	1.0
	吊臂平车	32	1.8
N1002	100 t 固定臂式铁路救援起重机	132	1.0
	吊臂平车	31.4	1.8
NS100G	100 t 伸缩臂式铁路救援起重机	140	1.0
	吊臂平车	32	1.8

【列车制动限速及其编组要求】

第261条 动车组以外的列车的换算闸瓦压力，按第19、20表规定计算。

第19表　机车计算重量及每台换算闸瓦压力表

种类	机　型	计算重量（t）	换算闸瓦压力（kN）
电力	SS_3、SS_6	138	700
	SS_1	138	830
	SS_{3B}、SS_{6B}	138	680
	SS_4	184	900
	SS_7	138	1 100
	SS_{7E}、SS_9	126	770
	SS_8	90	520
	DJ_1	184	1 120
	6K	138	780
	8G、8K	184	880
	HXD_1、HXD_2	200	900（320）
	HXD_{1B}、HXD_{2B}、HXD_{3B}	150	680（240）
	HXD_{1C}、HXD_{2C}、HXD_3、HXD_{3C}	138/150	680（240）
	HXD_{1D}、HXD_{3D}	126	790（280）
内燃	DF_4、DF_5、DF_7、DF_8、DF_{11}	138	680
	DF_{11G}、DF_{11Z}	145	770
	DF_{7B}、DF_{7C}、DF_{7D}	138	680
	DF_{8B}	150	900
	BJ	90	680
	ND_5	135	800
	HXN_5、HXN_3	150	680（240）
	NJ_2	138	620（220）

注：1. 表中为按铸铁闸瓦换算闸瓦压力。

2. 新型机车根据120 km/h速度下紧急制动距离在1 100 m以内要求计算，括弧内为按H高摩合成闸瓦换算闸瓦压力。

第 20 表　车辆换算闸瓦压力表

种类	车　　型		每辆换算闸瓦压力（kN）		
			自动制动机列车主管压力		人力制动机
			500 kPa	600 kPa	
客车	普通客车（120 km/h）	（踏面制动）		（350）	（80）
	新型客车（盘形制动，120 km/h，140 km/h，160 km/h）	120 km/h	自重 41~45 t		137（412）	13
			自重 46~50 t		147（441）	
			自重 51~55 t		159（477）	
			自重 ≥ 56 t		173（519）	
客车	新型客车（盘形制动，120 km/h，140 km/h，160 km/h）	140 km/h 及 160 km/h	双层		178（534）	13
			自重 41~45 t		146（438）	13
			自重 46~50 t		156（468）	
			自重 51~55 t		167（501）	
			自重 ≥ 56 t		176（528）	
	特快货物班列中的车辆（盘形制动，160 km/h）			180（540）	13
货车	快速货物班列中的车辆（18 t 轴重）	重车位		140	40
		空车位		55	40
	普通货车（21 t 轴重）	重车位	145	165	40
		空车位	60	70	40
	普通货车（23 t 轴重）	重车位	160	180	40
		空车位	65	75	40
	重载货车（25 t 轴重）	重车位	170	195	50
		空车位	70	80	50

注：1. 按 H 高摩合成闸瓦计算，括弧内为按铸铁闸瓦计算。

2. 空重车自动调整装置的空重位压力比为 1：2.5；对装有空重车手动调整装置的车辆，当车辆总重（自重＋载重）达到 40 t 时，按重车位调整。

3. 旅客列车、特快及快速货物班列自动制动机主管压力为 600 kPa；其他列车为 500 kPa。长大下坡道区段货物列车及重载货物列车的自动制动机主管压力，由铁路局根据管内相关试验结果和列车实际操纵需要可提高至 600 kPa；遇机车换挂需将自动制动机列车主管压力由 600 kPa 改为 500 kPa 时，摘机前应对列车主管实施一次 170 kPa 的最大减压量操纵。

4. 快运货物班列车辆和货车以外的其他车辆，在列车主管压力为 500 kPa 时的闸瓦压力，按 600 kPa 时的闸瓦压力的 1：1.15 换算。

列车制动限速受每百吨列车重量换算闸瓦压力及下坡道坡度限制。计算制动距离 800 m 的普通货物列车（计长 88.0 及以下列车）按第 21 表规定；计算制动距离 1 400 m 的 120 km/h 货物列车按第 22 表规定；快速货物班列按第 23 表规定。普通旅客列车按第 24 表规定；140 km/h 旅客列车按第 25 表规定；160 km/h 旅客列车按第 26 表规定。列车下坡道制动限速随下坡道千分数的增加而递减，坡道每增加 1‰，限速减少 1 km/h 左右。

第 21 表　普通货物列车制动限速表（km/h）

（计算制动距离 800 m，H 高摩合成闸瓦/L 低摩合成闸瓦）

每百吨列车重量（机车除外）的换算闸瓦压力（kN）

$i \backslash P$	100	120	140	160	180	200	220	240	260	280	300	320	340	360
0	78/55	83/59	88/63	94/66	/69	/72	/75	/78	/81	/83	/85	/87	/89	/91
1	76/53	81/57	87/61	93/64	/67	/71	/74	/77	/80	/82	/84	/86	/88	/90
2	75/52	80/56	86/60	92/63	/66	/70	/73	/76	/79	/81	/83	/85	/87	/89
3	74/51	79/55	85/58	91/61	/65	/69	/72	/75	/78	/81	/83	/85	/87	/89
4	73/49	78/53	84/57	90/60	95/64	/68	/71	/74	/77	/80	/82	/84	/86	/88
5	72/48	77/52	83/55	89/59	94/63	/67	/70	/73	/76	/79	/81	/83	/85	/87
6	71/46	76/50	82/54	88/58	93/62	/66	/69	/72	/75	/78	/80	/82	/84	/86
7	70/44	75/48	81/52	87/56	92/60	/64	/67	/71	/74	/77	/80	/82	/84	/86
8	69/43	74/47	80/51	86/55	91/59	/63	/67	/70	/73	/76	/79	/81	/83	/85
9	68/41	73/46	79/50	85/54	90/58	/62	/66	/69	/72	/75	/78	/80	/82	/84
10	67/39	72/44	78/49	84/53	89/57	95/61	/65	/68	/71	/74	/77	/79	/81	/83
11	65/37	70/42	76/47	82/51	87/55	93/60	/64	/67	/70	/73	/76	/78	/80	/82
12	64/36	69/41	75/45	81/50	86/54	92/59	/63	/66	/69	/72	/75	/77	/79	/81
13	63/34	68/39	74/43	80/48	85/53	91/58	/62	/65	/68	/71	/74	/76	/78	/80
14	61/32	67/37	72/42	78/47	84/52	90/57	/61	/64	/67	/70	/73	/75	/77	/79
15	60/31	66/36	71/41	77/46	83/51	89/55	95/59	/63	/67	/70	/72	/74	/76	/78
16	59/30	65/35	70/40	76/45	82/50	88/54	94/58	/62	/66	/69	/71	/73	/75	/77
17	58/28	64/33	69/38	75/43	81/48	87/53	93/57	/61	/65	/68	/70	/73	/75	/77
18	56/27	62/32	68/37	74/42	80/47	86/52	92/56	/60	/64	/67	/70	/72	/74	/76
19	55/26	61/31	67/36	73/41	79/46	85/50	91/55	/59	/63	/66	/69	/71	/73	/75
20	54/24	60/29	66/34	72/39	78/44	84/49	90/54	95/58	/62	/65	/68	/71	/73	/75

注：1. 根据第 20 表普通货物列车最高速度为 90 km/h 时，每百吨列车重量按 H 高摩合成闸瓦换算闸瓦压力不得低于 150 kN。
2. 列车装备条件：H 高摩合成闸瓦/L 低摩合成闸瓦。
3. 对于超过 20‰ 的下坡道，列车制动限速表由各铁路局根据实际试验规定。
4. i 为下坡道千分数（‰）；P 为每百吨列车重量的换算闸瓦压力，单位 kN；v 为货物列车制动限速，单位 km/h。
5. 适用计长 88.0 吨及以下的货物列车（快速货物列车除外）。

第 22 表　120 km/h 货物列车制动限速表（km/h）

（计算制动距离 1 400 m，H 高摩合成闸瓦）

v ＼ P ＼ i	每百吨列车重量（机车除外）的换算闸瓦压力（kN）						
	140	150	160	170	180	190	200
0	120						
1	119						
2	118						
3	117						
4	115	119					
5	114	118					
6	113	117					
7	112	116	119				
8	110	114	118				
9	109	113	117				
10	108	112	116	119			
11	106	110	114	117			
12	105	109	113	116			
13	104	108	112	115			
14	102	106	110	114	117		
15	101	105	109	113	116		
16	100	104	108	112	115		
17	98	102	106	110	114		
18	97	101	105	109	113	116	
19	96	100	104	108	112	115	
20	95	99	103	107	111	114	117

注：1. 根据第 20 表普通货物列车最高速度为 120 km/h 时，每百吨列车重量按 H 高摩合成闸瓦换算闸瓦压力不得低于 150 kN。

2. 由于制动热负荷限制，最高速度不超过 120 km/h。

3. 本表中的闸瓦压力为按照 H 高摩合成闸瓦的换算闸瓦压力。

4. i 为下坡道千分数（‰）；P 为每百吨列车重量的换算闸瓦压力，单位 kN；v 为货物列车制动限速，单位 km/h。

5. 适用计长 88.0 及以下、速度 120 km/h 的货物列车（快速货物班列除外）。

第 23 表　快速货物班列制动限速表（km/h）

（计算制动距离 1 100 m，H 高摩合成闸瓦，30 辆以下编组，18 t 轴重）

v P i	每百吨列车重量（机车除外）的换算闸瓦压力（kN）							
	130	140	150	160	170	180	190	200
0	106	109	113	116	119			
1	105	108	112	115	118			
2	104	107	111	114	117			
3	103	106	110	113	116	119		
4	102	105	109	112	115	118		
5	100	103	107	111	114	117	120	
6	99	102	106	110	113	116	119	
7	98	101	105	109	112	115	118	
8	97	100	104	108	111	114	117	
9	96	99	103	107	110	113	116	119
10	94	98	101	105	108	111	115	118
11	93	97	100	104	107	110	114	117
12	92	96	99	103	106	109	113	116
13	91	95	98	102	105	109	112	115
14	90	94	97	101	104	108	111	114
15	88	92	95	99	103	107	110	113
16	87	91	94	98	102	106	109	112
17	86	90	94	98	101	105	108	111
18	85	89	93	97	100	104	107	110
19	84	88	92	96	99	103	106	109
20	82	86	90	94	98	102	105	108

　　注：1. 根据第 20 表快速货物班列最高速度为 120 km/h 时，每百吨列车重量按 H 高摩合成闸瓦换算闸瓦压力不得低于 175 kN。

　　2. 由于制动热负荷限制，最高速度不超过 120 km/h。

　　3. 本表中的闸瓦压力为按照 H 高摩合成闸瓦的换算闸瓦压力。

　　4. i 为下坡道千分数（‰）；P 为每百吨列车重量的换算闸瓦压力，单位 kN；v 为货物列车制动限速，单位 km/h。

第 24 表　旅客列车制动限速表(km/h)

(计算制动距离 800 m,高磷铸铁闸瓦)

v \ P i	每百吨列车重量的换算闸瓦压力(kN)													
	500	520	540	560	580	600	620	640	660	680	700	720	740	760
0	106	107	109	110	111	112	113	114	115	116	117	118	119	120
1	105	107	108	109	110	111	113	114	115	116	117	118	118	119
2	105	106	107	109	110	111	112	113	114	115	116	117	118	118
3	104	105	107	108	109	110	111	112	114	115	116	117	117	118
4	103	105	106	107	109	110	111	112	113	114	115	116	117	117
5	102	104	106	107	108	109	110	111	112	113	114	115	116	116
6	102	104	105	106	107	109	110	111	112	113	114	115	116	116
7	101	103	104	106	107	108	109	110	111	112	113	114	115	115
8	100	102	103	105	106	107	109	110	111	112	113	114	115	115
9	99	101	102	104	105	106	108	109	110	111	112	113	114	114
10	98	100	102	103	104	106	107	109	110	111	112	112	113	113
11	97	99	101	103	104	105	107	108	109	110	111	112	113	113
12	97	99	101	102	103	105	106	107	109	110	111	111	112	112
13	96	98	100	102	103	104	106	107	108	109	110	111	112	112
14	96	98	100	101	102	104	105	106	107	109	110	110	111	111
15	95	97	99	101	102	103	105	106	107	108	109	110	111	111
16	95	97	99	100	101	103	104	105	106	107	108	109	110	110
17	94	96	98	100	101	102	103	105	106	107	108	109	109	110
18	94	96	98	99	100	102	103	104	105	106	107	108	108	109
19	93	95	97	99	100	101	102	103	104	105	106	107	108	109
20	93	95	97	98	99	100	101	102	103	104	105	106	107	108

　　注:1. 每百吨列车重量的闸瓦压力低于 760 kN 需限速运行。例如 22 型客车(踏面制动)编成列车在每百吨列车重量的闸瓦压力 660 kN 条件下的制动限速为 115 km/h。

　　2. 对于超过 20‰的下坡道,列车制动限速由铁路局根据实际试验规定。

　　3. i 为下坡道千分数(‰);P 为每百吨列车重量的换算闸瓦压力,单位 kN;v 为旅客列车制动限速,单位 km/h。

　　4. 本表每百吨列车重量的换算闸瓦压力计算包括机车。

　　5. 本表适用 120 km/h 旅客列车。

第 25 表　140 km/h 旅客列车制动限速表（km/h）

（计算制动距离 1 100 m，盘形制动）

v P i	每百吨列车重量的换算闸瓦压力（kN）							
	230	240	250	260	270	280	290	300
0	138	140						
1	137	139						
2	136	138						
3	135	137	140					
4	135	137	139					
5	134	136	138					
6	133	135	137	140				
7	132	134	136	139				
8	132	134	136	139				
9	131	133	135	138				
10	130	132	134	137	140			
11	129	131	133	136	139			
12	128	130	132	135	138			
13	128	130	132	134	137	140		
14	127	129	131	133	136	139		
15	126	128	130	132	135	138		
16	125	127	129	131	134	137	140	
17	125	127	129	131	134	137	139	
18	124	126	128	130	133	136	139	
19	123	125	127	129	132	135	138	
20	122	124	126	128	131	134	137	139

注：1. 新型客车（盘形制动）每百吨列车重量按高摩合成闸片换算闸瓦压力应在 275 kN 以上。

2. 对于超过 20‰ 的下坡道，列车制动限速由铁路局根据实际试验规定。

3. i 为下坡道千分数（‰）；P 为每百吨列车重量的换算闸瓦压力，单位 kN；v 为旅客列车制动限速，单位 km/h。

4. 本表每百吨列车重量的换算闸瓦压力计算包括机车。

第 26 表　160 km/h 旅客列车制动限速表（km/h）

（计算制动距离 1 400 m，盘形制动）

v　　P　　i	每百吨列车重量的换算闸瓦压力（kN）								
	230	240	250	260	270	280	290	300	310
0	155	158	160						
1	154	157	159						
2	153	156	159						
3	152	155	158	160					
4	151	154	157	159					
5	150	153	156	159					
6	149	152	155	158	160				
7	148	151	154	157	159				
8	147	150	153	156	159				
9	146	149	152	155	158	160			
10	146	149	152	155	157	159			
11	145	148	151	154	156	159			
12	144	147	150	153	155	158	160		
13	143	146	149	152	155	157	159		
14	142	145	148	151	154	156	158		
15	141	144	147	150	153	155	157	160	
16	140	143	146	149	152	154	157	159	
17	139	142	145	148	151	154	156	159	
18	138	141	144	147	150	153	155	158	160
19	137	140	143	146	149	152	154	157	159
20	137	140	143	146	149	151	153	156	158

注：1. 新型客车（盘形制动）每百吨列车重量按高摩合成闸片换算闸瓦压力应在 275 kN 以上。

2. 对于超过 20‰ 的下坡道，列车制动限速由铁路局根据实际试验规定。

3. i 为下坡道千分数（‰）；P 为每百吨列车重量的换算闸瓦压力，单位 kN；v 为旅客列车制动限速，单位 km/h。

4. 本表每百吨列车重量的换算闸瓦压力计算包括机车。

5. 本表也适用特快货物班列。

第 262 条　列车中的机车和车辆的自动制动机，均应加入全列车的制动系统。

货物列车中因装载的货物规定需停止制动作用的车辆，自动制动机临时发生故障的车辆，准许关闭截断塞门（简称关门车），但列检作业场所在站编组始发的列车中，不得有制动故障关门车。编入列车的关门车数不超过现车总辆数的 6%（尾数不足一辆按四舍五入计算）时，可不计算每百吨列车重量的换算闸瓦压力，不填发制动效能证明书；超过 6% 时，按第 261 条规定计算闸瓦压力，并填发制动效能证明书交与司机。关门车不得挂于机车后部三辆车之内；在列车中连续连挂不得超过两辆；列车最后一辆不得为关门车；列车最后第二、三辆不得连续关门。对于不适于连挂在列车中部但走行部良好的车辆，经列车调度员准许，可挂于列车尾部，以一辆为限，如该车辆的自动制动机不起作用时，须由车辆人员采取安全措施，保证不致脱钩。

旅客列车、特快货物班列不准编挂关门车。在运行途中（包括在站折返）如遇自动制动机临时故障，在停车时间内不能修复时，准许关闭一辆，但列车最后一辆不得为关门车，120 km/h 速度等级及编组小于 8 辆的 140 km/h、160 km/h 速度等级列车按规定关门时需限速运行，车辆乘务员须向司机递交限速证明书。

编有货车的军用列车、路用列车编挂关门车时，除有特殊规定外，执行货物列车的规定。

第 263 条　列车在任何线路上的紧急制动距离限值按第 27 表规定。

第 27 表　列车紧急制动距离限值表

列车类型	最高运行速度（km/h）	紧急制动距离限值（m）
旅客列车（动车组列车除外）	120	800
	140	1 100
	160	1 400
特快货物班列	160	1 400
快速货物班列	120	1 100
货物列车（货车轴重 < 25 t，快速货物班列除外）	90	800
	120	1 400
货物列车（货车轴重 ≥ 25 t）	100	1 400

【列车中车辆的连挂】

第 264 条　动车组以外的列车中相互连挂的车钩中心水平线的高度差，不得超过 75 mm。

第 266 条　列车机车与第一辆车的连挂，由机车乘务员负责。单班单司机值乘的由列检人员负责；无列检作业的列车，由车辆乘务员负责；无车辆乘务员的列车，由车站人员负责。

列车机车与第一辆车的车钩摘解、软管摘结，由列检人员负责。无列检作业的列车，车钩、软管摘解由机车乘务员（单班单司机值乘的由车辆乘务员）负责，软管连结由车辆乘务员负责；无车辆乘务员的列车，由机车乘务员（单班单司机值乘的由车站人员）负责。

列车机车与第一辆车电气连接线的连结与摘解由客列检作业人员负责,无客列检作业人员时,由车辆乘务员负责。

货物列车本务机车在车站调车作业时,无论单机或挂有车辆,与本列的车辆摘挂和软管摘结,均由调车作业人员负责。

旅客列车在途中摘挂车辆时,车辆的摘挂和软管摘结,由调车作业人员负责,密封风挡和电气连接线的连结与摘解由车辆乘务员负责,其他由列检作业人员负责,无列检作业人员时,由车辆乘务员负责,必要时打开车门,以便于调车作业。装有密接式车钩的客车车辆摘挂时,过渡车钩的安装与拆卸由列检人员负责,无列检人员时由车辆乘务员负责。

列车机车与动车组过渡车钩的连结与摘解、软管摘结、电气连接线的连结与摘解,由随车机械师负责。

【列车中的车辆检查及修理】

第 271 条 在有列检作业的车站,发现列车中有技术不良的车辆,因条件限制不能修理时,应由列车中摘下修理。在其他车站发现列车中有技术不良的车辆,因特殊情况不能摘下时,如能确保行车安全,经车辆调度员同意,可回送到指定地点进行处理。

动车组列车运行途中遇空气弹簧故障时,运行速度不得超过 160 km/h(CRH2、CRH380A/AL 型为 120 km/h),其他旅客列车运行途中遇车辆空气弹簧故障时,运行速度不得超过 120 km/h。采用密接式车钩的旅客列车,在运行途中因故障更换 15 号过渡车钩后,运行速度不得超过 140 km/h。

第 274 条 动车组以外的列车自动制动机应按下列规定进行试验。

1. 全部试验

(1)货车列检对解体列车到达后施行一次到达全部试验,对编组列车始发前施行一次始发全部试验,对有调车作业中转列车到达后首先施行到达全部试验,发车前只施行始发全部试验中的漏泄试验;

(2)货车特级列检和安全保证距离在 500 km 左右的一级列检对无调车作业中转列车始发前施行一次始发全部试验;

(3)无列检作业场车站始发的列车,在途经第一个列检作业场进行无调车中转技术检查作业时施行一次始发全部试验;

(4)列检作业场对运行途中自动制动机发生故障的到达列车;

(5)旅客列车库内检修作业;

(6)在有客列检作业的车站折返的旅客列车。

站内设有试风装置时,应使用列车试验器试验,连挂机车后只做简略试验。对装有空气弹簧等装置的旅客列车应同时检查辅助用风系统的泄漏。

2. 简略试验

(1)货车列检对始发列车、中转作业列车连挂机车后;

(2)客列检作业后和旅客列车始发前;

(3)更换机车或更换机车乘务组时;

（4）无列检作业的始发列车发车前；

（5）列车软管有分离情况时；

（6）列车停留超过 20 min 时；

（7）列车摘挂补机，或第一机车的自动制动机损坏交由第二机车操纵时；

（8）机车改变司机室操纵时；

（9）单机附挂车辆时；

（10）列车进行摘、挂作业开车前。

在站简略试验：有列检作业的由列检人员负责，无列检作业的由车辆乘务员负责，无车辆乘务员的由车站人员负责。挂有列尾装置的列车由司机负责（挂有列尾装置的旅客列车，始发前、摘挂作业开车前及在途中换挂机车站、客列检作业站，有列检作业的由列检人员负责，无列检作业的由车辆乘务员负责）。

3. 持续一定时间的全部试验

有列检作业场的车站发出的货物列车运行前方途经长大下坡道区间的，在始发、中转作业时应进行持续一定时间的全部试验，列检应填发制动效能证明书交给司机；在有列检作业场车站至长大下坡道区间间的各站始发或进行摘挂作业的列车，是否进行持续一定时间的全部试验并填发制动效能证明书交给司机，由铁路局规定。具体试验和凉闸的地点、办法，由铁路局规定。

旅客列车出库前应进行持续一定时间的全部试验，在接近长大下坡道区间的车站，是否进行持续一定时间的全部试验，由铁路局规定。

长大下坡道为：线路坡度超过 6‰，长度为 8 km 及以上；线路坡度超过 12‰，长度为 5 km 及以上；线路坡度超过 20‰，长度为 2 km 及以上。

【练习题】（填空 14 题，选择 28 题，判断 42 题，简答 9 题，综合 2 题，合计 95 题）

一、填空题

1. 行车工作必须坚持**集中领导**、（　　　　　　）、**逐级负责**的原则。J227

2. 途中乘务人员换班时，应将调度命令内容（　　　　　　）。J231

3.【历年真题】因施工提前、延迟或其他原因造成运行揭示调度命令与实际限速、行车方式或设备（　　　　）时，列车调度员应取消前发运行揭示调度命令，向有关车站值班员、司机、施工负责人重新发布全部内容的调度命令。J232

4. 实习和学习驾驶机车、动车组、自轮运转特种设备和操纵信号或重要机械、设备及办理行车作业的人员，必须在正式值乘、值班人员的（　　　　　　）指导和负责下，方准操作。J243

5.（　　　　）闭塞区段货物列车尾部须挂列尾装置，其他区段货物列车尾部宜挂列尾装置。J253

6. 双机或多机牵引时，本务机车的职务由（　　　　　　）机车担当。J256

7. 回送机车，应挂于本务机车（　　　　　　）。J257

8. 单机挂车在区间被迫停车后的防护工作由机车乘务组负责,开车前应确认( )和**制动主管贯通状态**是否良好。J258

9.【历年真题】单机挂车在区间被迫停车后的防护工作由机车乘务组负责,开车前应确认附挂辆数和( )是否良好。J258

10.【历年真题】列车制动限速受( )列车重量换算闸瓦压力及下坡道坡度限制。J261

11. 货物列车中因装载的货物规定需停止制动作用的车辆,自动制动机临时发生故障的车辆,准许关闭( )。J262

12.【历年真题】120 km/h 速度等级及编组小于 8 辆的 140 km/h、160 km/h 速度等级列车按规定关门时需限速运行,车辆乘务员须向司机递交( )。J262

13. 机车改变司机室操纵时,应按规定对列车自动制动机进行( )试验。J274

14. 无列检作业的始发列车发车前,应按规定对列车自动制动机进行( )试验。J274

二、选择题

1. 在调度集中区段,调度集中控制车站有关行车工作由该区段( )指挥。J227
A. 车站值班员
B. 列车调度员
C. 车站值班员和列车调度员共同

2. 指挥列车运行的命令(运行揭示调度命令除外)和口头指示,只能由( )发布。J231
A. 车站值班员　　　　B. 机车调度员　　　　C. 列车调度员

3. 双管供风的旅客列车运行途中改为单管供风时,列车调度员( )。J231
A. 须发给司机调度命令　　B. 给予司机口头指示　　C. 通知车辆乘务员即可

4.【历年真题】双管供风的旅客列车运行途中改为单管供风时,列车调度员须向( )发布调度命令。J231
A. 司机和车站值班员
B. 车站值班员和车辆乘务员
C. 司机和车辆乘务员

5. 驾驶机车的人员,必须持有( )颁发的驾驶证。J243
A. 铁路局　　　　B. 国家铁路集团公司　　　C. 国家铁路局

6. 编组超重列车时,在中间站应得到( )的同意,并均须经列车调度员准许。J247
A. 司机　　　　B. 车站值班员　　　　C. 车站调度员

7. 旅客列车列尾装置尾部主机的安装与摘解、风管及电源的连结与摘解,由( )人员负责。J254

A．车辆部门   B．车务部门   C．机务部门

8．货物列车列尾装置尾部主机的安装与摘解，由（   ）人员负责。J254

A．车辆   B．车务   C．机务

9．补机原则上应挂于本务机车的（   ），在特殊区段或需途中返回时，经铁路局批准，可挂于列车后部。J256

A．前位   B．次位   C．前位或次位

10．单机挂车的辆数，线路坡度不超过 12‰ 的区段，以（   ）辆为限；超过 12‰ 的区段，由铁路局规定。J258

A．5   B．10   C．15

11．单机挂车在区间被迫停车后的防护工作由（   ）负责，开车前应确认附挂辆数和制动主管贯通状态是否良好。J258

A．机车乘务组   B．车辆乘务员   C．车站人员

12．机车、车辆长度的计算，以前后两钩舌内侧面距离按（   ）m 为换算单位（一辆）。J259

A．10   B．11   C．15

13．旅客列车、特快及快速货物班列自动制动机主管压力为（   ）kPa。J261

A．500   B．550   C．600

14．遇机车换挂需将自动制动机列车主管压力由 600 kPa 改为 500 kPa 时，摘机前应对列车主管实施一次（   ）kPa 的最大减压量操纵。J261

A．100   B．140   C．170

15．【历年真题】货物列车中因装载的货物规定需停止制动作用的车辆，自动制动机临时发生故障的车辆，准许关闭（   ）塞门。J262

A．折角   B．制动缸   C．截断

16．编入货物列车的关门车数超过现车总辆数的（   ）时，按规定计算闸瓦压力，并填发制动效能证明书交与司机。J262

A．6%   B．10%   C．12%

17．关门车编入货物列车时，不得挂于机车后部（   ）辆车之内。J262

A．一   B．两   C．三

18．关门车编入货物列车时，在列车中连续连挂不得超过（   ）辆。J262

A．一   B．两   C．三

19．运行速度不超过 120 km/h 的旅客列车（动车组列车除外）在任何线路上的紧急制动距离限值为（   ）m。J263

A．800   B．1 000   C．1 200

20．运行速度不超过 120 km/h 的快速货物班列在任何线路上的紧急制动距离限值为（   ）m。J263

A．800   B．1 000   C．1 100

21. 动车组以外的列车中相互连挂的车钩中心水平线的高度差,不得超过(   )mm。J264

    A. 75   B. 80   C. 85

22. 列车机车与第一辆车的连挂,由(   )负责。J266

    A. 调车作业人员   B. 机车乘务员   C. 车站值班员

23. 【历年真题】货物列车本务机车在车站单机进行调车作业时,与本列的车辆摘挂和软管摘结,均由(   )负责。J266

    A. 列检人员   B. 机车乘务员   C. 调车作业人员

24. 动车组列车以外的旅客列车运行途中遇车辆空气弹簧故障时,运行速度不得超过(   )km/h。J271

    A. 100   B. 120   C. 140

25. 采用密接式车钩的旅客列车,在运行途中因故障更换 15 号过渡车钩后,运行速度不得超过(   )km/h。J271

    A. 100   B. 120   C. 140

26. 列车停留超过(   )时,应对列车自动制动机应进行简略试验。J274

    A. 10 min   B. 15 min   C. 20 min

27. 【历年真题】无列检作业的始发列车发车前,应按规定对列车自动制动机进行(   )试验。J274

    A. 全部   B. 简略   C. 持续一定时间的全部

28. 挂有列尾装置的货物列车,对列车自动制动机进行简略试验时,由(   )负责。J274

    A. 列检   B. 车站   C. 司机

三、判断题

1. 列车或单机在车站时,所有乘务人员应按车站值班员的指挥进行工作。

                                                                   (   )J227

2. 列车和单机由车站值班员负责指挥。   (   )J227

3. 列车运行,原则上以开往北京方向为上行,反之为下行。   (   )J229

4. 列车须按规定编定车次。上行列车编为双数,下行列车编为单数。(   )J229

5. 有关行车人员必须执行列车调度员命令,服从调度指挥。   (   )J230

6. 半自动闭塞区间,超长列车头部越过出站信号机(未压上出站方面的轨道电路)发车时,司机在得到车站值班员的同意后,即可按规定发车。   (   )J231

7. 对于需向司机发布的调度命令,列车调度员可使用调度命令无线传送系统或按规定使用语音记录装置良好的列车无线调度通信设备向司机发布。   (   )J231

8. 临时变更或恢复原行车闭塞法时,列车调度员须向司机发布口头指示。

                                                                     (   )J231

9. 单机附挂车辆时,列车调度员无须向司机发布调度命令。   (   )J231

10. 自动站间闭塞法行车转为半自动闭塞法行车及转回的调度命令，可不发给司机。

（　　）J231

11. 对于需向司机发布的调度命令，列车调度员、车站值班员均可使用调度命令无线传送系统或列车无线调度通信设备向司机发布或转达。（　　）J231

12. 有计划的施工，涉及限速、行车方式发生变化或设备变化时，列车调度员应发布调度命令，司机按调度命令执行。（　　）J232

13. 因施工提前、延迟或其他原因造成运行揭示调度命令与实际限速、行车方式或设备不符时，列车调度员应取消前发运行揭示调度命令，向有关车站值班员、司机、施工负责人重新发布全部内容的调度命令。（　　）J232

14. 道岔编号，从列车出发方向起顺序编号，上行为双号，下行为单号。

（　　）J239

15. 双线区段内的车站，从靠近站舍的线路起，向远离站舍方向顺序编号。

（　　）J239

16. 在任职期间，须按照铁路职业技能培训规范等规定，定期参加岗位适应性培训和业务考试，考试不合格的，不得继续履职。（　　）J240

17. 行车有关人员，在任职、提职、改职前，必须按照铁路职业技能培训规范要求，进行拟任岗位资格性培训，并经职业技能鉴定和考试考核，取得相应职业资格证书和岗位培训合格证书后，方可任职。（　　）J240

18. 行车有关人员，在任职前必须经过健康检查，身体条件不符合拟任岗位职务要求的，不得上岗作业。（　　）J241

19. 行车有关人员，在任职期间，要定期进行身体检查，身体条件不符合任职岗位要求的，应调整工作岗位。（　　）J241

20. 对行车有关人员，应进行日常安全生产知识和劳动纪律的教育、考核，并有计划地组织好在职人员的日常政治和技术业务学习。（　　）J242

21. 实习和学习驾驶机车、动车组的人员，必须在正式值乘、值班人员的亲自指导和负责下，方准操作。（　　）J243

22. 行车有关人员在执行职务时，必须坚守岗位，穿着规定的服装，佩戴易于识别的证章或携带相应证件，讲普通话。（　　）J244

23. 行车有关人员，接班前须充分休息，严禁饮酒，如有违反，立即停止其所承担的任务。（　　）J245

24. 动车组以外的旅客列车应安装列尾装置。（　　）J253

25. 【历年真题】铁路局所属的内燃机车回送时，原则上采用有动力方式；电力机车跨交路区段回送时，原则上采用无动力方式。（　　）J257

26. 单机挂车的辆数，线路坡度超过 12‰ 的区段，以 10 辆为限。（　　）J258

27. 【历年真题】单机挂车的辆数，线路坡度不超过 12‰ 的区段，以 12 辆为限。

（　　）J258

28. 单机挂车时，可不挂列尾装置。　　　　　　　　　　　　　（　　）J258

29. 单机挂车时，所挂车辆的自动制动机作用必须良好，发车前列检（无列检时由车站发车人员）按规定进行制动试验。　　　　　　　　　　　　（　　）J258

30. 列车制动限速受每百吨列车重量换算闸瓦压力及下坡道坡度限制。（　　）J261

31. 列车中的机车和车辆的自动制动机，均应加入全列车的制动系统。（　　）J262

32.【历年真题】货物列车中因装载的货物规定需停止制动作用的车辆，自动制动机临时发生故障的车辆，准许关闭折角塞门。　　　　　　　　　（　　）J262

33. 旅客列车、特快货物班列不准编挂关门车。　　　　　　　　（　　）J262

34.【历年真题】旅客列车、特快货物班列只准编挂一辆关门车。　（　　）J262

35. 运行速度不超过 160 km/h 的特快货物班列在任何线路上的紧急制动距离限值为 1 100 m。　　　　　　　　　　　　　　　　　　　　　　（　　）J263

36. 货物列车本务机车在车站单机进行调车作业时，与本列的车辆摘挂和软管摘结，均由机车乘务员负责。　　　　　　　　　　　　　　　（　　）J266

37.【历年真题】空气弹簧故障时，运行速度不得超过 140 km/h。（　　）J271

38. 更换机车或更换乘务组时，应对列车自动制动机进行全部试验。（　　）J274

39. 列车进行摘挂作业开车前，应对列车自动制动机进行简略试验。（　　）J274

40. 挂有列尾装置的旅客列车，始发前、摘挂作业开车前及在途中换挂机车站、客列检作业站的简略试验，有列检作业的由列检人员负责，无列检作业的由车辆乘务员负责。
（　　）J274

41. 单机附挂车辆开车前应对列车自动制动机进行全部试验。　　（　　）J274

42.【历年真题】单机附挂车辆开车前应对列车自动制动机进行感度试验。
（　　）J274

四、简答题

1.【历年真题】对列车和单机的指挥有何规定？　J227

2. 列车中机车的编挂有何规定？　J256

3. 单机挂车的辆数有何规定？　J258

4.【历年真题】何谓关门车？　J262

5. 货物列车中编挂关门车时，编挂位置有何限制？　J262

6. 旅客列车、特快货物班列关门车的编挂有何规定？　J262

7. 列车机车与第一辆车的连挂有何规定？　J266

8. 列车机车与第一辆车的车钩摘解、软管摘结有何规定？　J266

9. 何为长大下坡道？　J274

五、综合题

1. 单机挂车时，应遵守哪些规定？　J258

2. 货物列车中编挂关门车时，在数量和位置上有何限制？　J262

【练习题答案】

一．填空题

1. 统一指挥；2. 交接清楚；3. 不符；4. 亲自；5. 半自动；

6. 第一位；7. 次位；8. 附挂辆数；9. 制动主管贯通状态；

10. 每百吨；11. 截断塞门；12. 限速证明书；13. 简略；14. 简略

二．选择题

1. B；2. C；3. A；4. A；5. C；6. A；7. A；8. B；9. C；

10. B；11. A；12. B；13. C；14. C；15. C；16. A；17. C；

18. B；19. A；20. C；21. A；22. B；23. C；24. B；25. C；

26. C；27. B；28. C

三、判断题

1. √；2. ×　正确：司机；3. √；4. √；5. √；

6. ×　正确：得到列车调度员的命令；7. √；8. ×　正确：调度命令；

9. ×　正确：须；10. √；11. √；

12. ×　正确：应发布运行揭示调度命令；13. √；

14. ×　正确：到达方向；

15. ×　正确：从正线起顺序编号，上行一侧为双号，下行一侧为单号；

16. √；17. √；18. √；19. √；20. √；21. √；22. √；23. √；

24. √；25. √；26. ×　正确：不超过12‰；27. ×　正确：10辆；

28. √；29. √；30. √；31. √；32. ×　正确：截断塞门；33. √；

34. ×　正确：不准编挂；35. ×　正确：1 400；

36. ×　正确：由调车作业人员负责；37. ×　正确：120 km/h；

38. ×　正确：简略试验；39. √；40. √；

41. ×　正确：简略试验；42. ×　正确：简略试验

四、简答题

1. 对列车和单机的指挥有何规定？（5分）

【答】列车和单机由司机负责指挥（1分）。列车或单机在车站时，所有乘务人员应按车站值班员的指挥进行工作（2分）。在调度集中区段，调度集中控制车站有关行车工作由该区段列车调度员直接指挥（1分）；但转为车站控制时，由车站值班员指挥（1分）。

2. 列车中机车的编挂有何规定？（5分）

【答】工作机车应挂于列车头部，正向运行（牵引小运转、路用、救援列车的机车除外）（1分）；无转向设备的，可逆向运行（1分）。

双机或多机牵引时，本务机车的职务由第一位机车担当（1分）。

补机原则上应挂于本务机车的前位或次位（1分），在特殊区段或需途中返回时，经铁路局批准，可挂于列车后部，如后部补机不接软管时，由铁路局规定保证安全办法（1分）。

3．单机挂车的辆数有何规定？（5 分）

【答】单机挂车的辆数，线路坡度不超过 12‰ 的区段，以 10 辆为限（3 分）；超过 12‰ 的区段，由铁路局规定（2 分）。

4．何谓关门车？（5 分）

【答】货物列车中因装载的货物规定需停止制动作用的车辆（2 分），自动制动机临时发生故障的车辆（2 分），准许关闭截断塞门，简称关门车（1 分）。

5．货物列车中编挂关门车时，编挂位置有何限制？（5 分）

【答】关门车不得挂于机车后部三辆车之内（1 分）；在列车中连续连挂不得超过两辆（1 分）；列车最后一辆不得为关门车（1 分）；列车最后第二、三辆不得连续关门（2 分）。

6．旅客列车、特快货物班列关门车的编挂有何规定？（5 分）

【答】旅客列车、特快货物班列不准编挂关门车（1 分）。在运行途中（包括在站折返）如遇自动制动机临时故障，在停车时间内不能修复时，准许关闭一辆，但列车最后一辆不得为关门车（2 分），120 km/h 速度等级及编组小于 8 辆的 140 km/h、160 km/h 速度等级列车按规定关门时需限速运行，车辆乘务员须向司机递交限速证明书（2 分）。

7．列车机车与第一辆车的连挂有何规定？（5 分）

【答】列车机车与第一辆车的连挂，由机车乘务员负责（1 分）。单班单司机值乘的由列检人员负责；无列检作业的列车，由车辆乘务员负责（2 分）；无车辆乘务员的列车，由车站人员负责（2 分）。

8．列车机车与第一辆车的车钩摘解、软管摘结有何规定？（5 分）

【答】列车机车与第一辆车的车钩摘解、软管摘结，由列检人员负责（1 分）。无列检作业的列车，车钩、软管摘解由机车乘务员（单班单司机值乘的由车辆乘务员）负责，软管连结由车辆乘务员负责（2 分）；无车辆乘务员的列车，由机车乘务员（单班单司机值乘的由车站人员）负责（2 分）。

9．何为长大下坡道？（5 分）

【答】长大下坡道为：线路坡度超过 6‰，长度为 8 km 及以上（2 分）；线路坡度超过 12‰，长度为 5 km 及以上（2 分）；线路坡度超过 20‰，长度为 2 km 及以上（1 分）。

五、综合题

1．单机挂车时，应遵守哪些规定？（10 分）

【答】（1）所挂车辆的自动制动机作用必须良好，发车前列检（无列检时由车站发车人员）按规定进行制动试验；（2 分）

（2）连挂前按规定彻底检查货物装载状态，并将编组顺序表和货运单据交与司机；（2 分）

（3）在区间被迫停车后的防护工作由机车乘务组负责，开车前应确认附挂辆数和制动主管贯通状态是否良好；（2 分）

（4）列车调度员应严格掌握，不得影响机车固定交路和乘务员劳动时间；（2 分）

（5）不准挂装载爆炸品、超限货物的车辆。（1 分）

单机挂车时，可不挂列尾装置。（1 分）

2．货物列车中编挂关门车时，在数量和位置上有何限制？（10 分）

【答】编入列车的关门车数不超过现车总辆数的 6%（尾数不足一辆按四舍五入计算）时（1 分），可不计算每百吨列车重量的换算闸瓦压力（1 分），不填发制动效能证明书（1 分）；超过 6% 时（1 分），按第 261 条规定计算闸瓦压力（1 分），并填发制动效能证明书交与司机（1 分）。关门车不得挂于机车后部三辆车之内（1 分）；在列车中连续连挂不得超过两辆（1 分）；列车最后一辆不得为关门车（1 分）；列车最后第二、三辆不得连续关门（1 分）。

§1-2-3　调车工作

【一般要求】

第 280 条　调车工作要固定作业区域、线路使用、调车机车、人员、班次、交接班时间、交接班地点、工具数量及其存放地点。

作固定替换用的调车机车及小运转机车，应符合调车机车的条件（有前后头灯、扶手把、防滑踏板等）。

第 281 条　调车工作繁忙、配线较多的车站，可划分几个调车区。

没有做好联系和防护，不准越区或转场作用。

调车机车越区作业的联系和防护办法，应在《站细》内规定。

第 282 条　使用机车进行调车作业时，应采用无线调车灯显设备（机车摘挂、转线等不进行车辆摘挂的作业，列车在到达线路内拉道口、直接后部摘车除外），并使用规定频率，其显示方式须符合有关要求。无线调车灯显设备应与列车运行监控装置配合使用。

无线调车灯显设备正常使用时停用手信号，对灯显以外的作业指令采用通话方式；无线调车灯显设备发生故障时，改用手信号作业。

无线调车灯显设备、无线调车机车信号和监控系统的使用、维修及管理办法由铁路局规定。

【领导及指挥】

第 285 条　调车作业由调车长单一指挥。利用本务机车进行调车作业时，可由车站值班员或助理值班员担任指挥工作。遇有特殊情况，可由经鉴定、考试合格取得调车长资格的胜任人员代替。

第 287 条　司机在调车作业中应做到：

1. 组织机车乘务人员正确及时地完成调车任务；

2. 负责操纵调车机车，做好整备，保证机车质量良好；

3. 时刻注意确认信号，不间断地进行瞭望，认真执行呼唤应答制，正确及时地执行信号显示（作业指令）和调车速度的要求，没有信号（指令）不准动车，信号（指令）不清立即停车；

4. 负责调车作业的安全。

【计划及准备】

第 288 条　调车领导人应正确及时地编制、布置调车作业计划。布置调车作业计划，应使用调车作业通知单。中间站利用本务机车调车，应使用有示意图的调车作业通知单（示意图可另附）。使用无线调车灯显设备的车站，调车作业计划布置方法，由铁路局规定。

列车在到达线路内拉道口、对货位、直接后部摘车、本务机车（包括重联机车、补机）摘挂及转线、企业自备机车进入站内交接线整列取送作业，可不使用调车作业通知单。

自轮运转特种设备调车作业是否需要使用调车作业通知单由铁路局规定。

调车领导人与调车指挥人必须亲自交接计划。由于设备原因，亲自交接计划确有困难以及设有调车作业通知单传输装置的车站，交接办法在《站细》内规定。

调车指挥人应根据调车作业计划制定具体作业方法，连同注意事项，亲自向司机交递和传达；对其他有关人员，应亲自或指派连结员进行传达。具体传达办法，在《站细》内规定。

调车指挥人确认有关人员均已了解调车作业计划后，方可开始作业。

动车段（所）调车工作的计划编制及下达办法由铁路局规定。

第289条 一批作业（指一张调车作业通知单）不超过三钩或变更计划不超过三钩时，可用口头方式布置（中间站利用本务机车调车除外），有关人员必须复诵。变更股道时，必须停车传达。仅变更作业方法或辆数时，不受口头传达三钩的限制，但调车指挥人必须向有关人员传达清楚，有关人员必须复诵。

驼峰解散车辆，只变更钩数、辆数、股道时，可不通知司机，但调车机车变更为下峰作业或向禁溜线送车前，须通知司机。

第290条 调车作业必须做好下列准备：

1. 提前排风、摘管，核对计划，确认进路，检查线路、道岔（集中联锁区除外）、停留车及车辆防溜等情况；

2. 人力制动机的选闸、试闸，系好安全带；

3. 准备足够的良好制动铁鞋和防溜器具；

4. 无线调车灯显设备试验良好。

【调车作业】

第291条 调车作业时，调车人员必须正确及时地显示信号；机车乘务人员要认真确认信号，并回示。

推进车辆连挂时，要显示十、五、三车的距离信号，没有显示十、五、三车的距离信号，不准挂车，没有司机回示，应立即显示停车信号。

推送车辆时，要先试拉。车列前部应有人瞭望，及时显示信号。

当调车指挥人确认停留车位置有困难时，应派人显示停留车位置信号。

调车人员不足2人，不准进行调车作业。

第292条 在调车作业中，单机运行或牵引车辆运行时，前方进路的确认由司机负责；推进车辆运行时，前方进路的确认由调车指挥人负责，如调车指挥人所在位置确认前方进路有困难时，可指派调车组其他人员确认。

没有看到调车指挥人的起动信号，不准动车（但单机返岔子或机车出入段时，可根据扳道员显示的道岔开通信号或调车信号机显示的允许运行的信号动车）。无扳道员和调车信号机时, 调车指挥人确认道岔开通正确 (如为集中操纵的道岔, 还须与操纵人员联系) 后, 向司机显示起动信号。

非集中区调车作业时, 要认真执行要道还道制度。扳道员之间的要道还道办法及集中区与非集中区间的作业办法, 在《站细》内规定。连续溜放和驼峰解散车辆时, 第一钩应实行要道还道制度 (集中联锁设备除外), 从第二钩起, 按调车作业通知单的要求扳动道岔。

第 293 条 调车作业要准确掌握速度及安全距离, 并遵守下列规定:

1. 在空线上牵引运行时, 不准超过 40 km/h; 推进运行时, 不准超过 30 km/h。

2. 调动乘坐旅客或装载爆炸品、气体类危险货物、超限货物的车辆时, 不准超过 15 km/h。

3. 接近被连挂的车辆时, 不准超过 5 km/h。

4. 推上驼峰解散车辆时的速度和装有加、减速顶的线路上的调车速度, 在《站细》内规定。经过道岔侧向运行的速度, 由工务部门根据道岔具体条件规定, 并纳入《站细》。

5. 在尽头线上调车时, 距线路终端应有 10 m 的安全距离; 遇特殊情况, 必须近于 10 m 时, 要严格控制速度。

6. 电力机车、动车组在有接触网终点的线路上调车时, 应控制速度, 距接触网终点标应有 10 m 的安全距离; 遇特殊情况, 必须近于 10 m 时, 要严格控制速度。

7. 旅客未上下车完毕, 除本务机车、补机摘挂作业外, 不得进行旅客列车 (车底) 的连挂作业。

8. 遇天气不良等非正常情况, 应适当降低速度。

第 295 条 调车作业摘车时, 必须停妥, 按规定采取好防溜措施, 方可摘开车钩; 挂车时, 没有连挂妥当, 不得撤除防溜措施。

转场或在超过 2.5‰ 坡度的线路上调车时 (驼峰作业除外), 10 辆及以下是否需要连结软管及连结软管的数量, 11 辆及以上必须连结软管的数量, 以及以解散作业为目的的牵出是否需要连结软管, 由车站和机务段根据具体情况共同确定, 并纳入《站细》。

第 297 条 线路两旁堆放货物, 距钢轨头部外侧不得小于 1.5 m。站台上堆放货物, 距站台边缘不得小于 1 m。货物应堆放稳固, 防止倒塌。

不足上述规定距离时, 不得进行调车作业。

【 在正线、到发线上的作业 】

第 302 条 越出站界调车时, 双线区间正方向, 必须区间 (自动闭塞区间为第一个闭塞分区) 空闲; 单线自动闭塞区间, 闭塞系统必须在发车位置, 第一个闭塞分区空闲, 经车站值班员口头准许并通知司机后, 方可出站调车。

单线半自动闭塞区间和双线反方向出站调车时, 须有停止使用基本闭塞法的调度命令, 与邻站办理闭塞手续, 并发给司机出站调车通知书 (附件 5)。

第 303 条 跟踪出站调车, 只准许在单线区间及双线正方向线路上办理, 并须经列车调度员口头准许，取得邻站值班员承认的电话记录号码，发给司机跟踪调车通知书（附件 5）。在先发列车尾部越过预告、接近信号机（或靠近车站的第一个预告标）或《站细》规定的间隔时间后，方可跟踪出站调车，但最远不得越出站界 500 m。

遇下列情况，禁止跟踪出站调车：

1. 出站方向区间内有瞭望不良的地形或有长大上坡道（站名表由铁路局公布）；
2. 先发列车需由区间返回，或挂有由区间返回的后部补机；
3. 一切电话中断；
4. 降雾、暴风雨雪时；
5. 动车组调车作业。

跟踪调车作业完毕，车站值班员确认跟踪调车通知书收回后，向邻站发出电话记录号码。列车虽已到达邻站，但跟踪调车通知书尚未收回时，禁止办理区间开通手续。

第 304 条　车站值班员要认真掌握机车出入段的经路。

有固定机车走行线时，出入段机车必须走固定走行线。机车固定走行线上禁止停留机车车辆。

没有固定走行线或临时变更走行线时，应通知司机经路（集中联锁的车站除外），司机按固定信号或扳道员显示的允许运行的信号行车。

【机车车辆的停留】

第 305 条　机车车辆必须停在警冲标内方。调车作业中，车辆临时停在警冲标外方时，一批作业完了后，应立即送入警冲标内方。因特殊情况需在警冲标外方进行装卸作业时，须经车站值班员、调车区长准许，在不影响列车到发及调车作业的情况下方可进行，装卸完了后，应立即送入警冲标内方。

安全线及避难线上，禁止停留机车车辆；在超过 6‰ 坡度的线路上，不得无动力停留机车车辆。

装载爆炸品、气体类危险货物的车辆及救援列车，必须停放在固定的线路上，两端道岔应扳向不能进入该线的位置并加锁；临时停留公务车线路上的道岔也应扳向不能进入该线的位置并加锁。集中操纵的道岔可在控制台上进行单独锁闭。

第 306 条　编组站、区段站在到发线、调车线以外的线路上停留车辆，不进行调车作业时，应连挂在一起，并须拧紧两端车辆的人力制动机，或以铁鞋（止轮器、防溜枕木等）牢靠固定。因装卸车对货位等情况，不能连挂在一起时，应分组做好防溜措施。

中间站停留车辆，无论停留的线路是否有坡道，均应连挂在一起，拧紧两端车辆的人力制动机，并以铁鞋（止轮器、防溜枕木等）牢靠固定。因装卸车对货位等情况，不能连挂在一起时，应分组做好防溜措施。一批调车作业中临时停留的车辆，须拧紧两端车辆的人力制动机或以铁鞋（止轮器）止轮。

编组站和区段站的到发线、调车线是否需要防溜以及作业量较大中间站执行上述规定有困难时，由铁路局规定。

§1-2-4　行车闭塞

【一般要求】

第 308 条　列车运行是以车站、线路所所划分的区间及自动闭塞区间的通过信号机所划分的闭塞分区作间隔。

区间及闭塞分区的界限，按下列规定划分：

1. 站间区间

（1）在单线上，车站与车站间以进站信号机柱的中心线为车站与区间的分界线；

（2）在双线或多线上，车站与车站间分别以各该线的进站信号机柱或站界标的中心线为车站与区间的分界线。

2. 所间区间

两线路所间或线路所与车站间，以该线上的通过信号机柱的中心线为所间区间的分界线。设有进站信号机的线路所，所间区间的分界方法与站间区间相同。

3. 闭塞分区

自动闭塞区间同方向相邻的两架色灯信号机间，以该线上的通过信号机柱的中心线为闭塞分区的分界线。

第 309 条　车站均须装设基本闭塞设备。行车基本闭塞法采用下列三种：

1. 自动闭塞；

2. 自动站间闭塞；

3. 半自动闭塞。

电话闭塞法是当基本闭塞法不能使用时所采用的代用闭塞法。

原则上不使用隔时续行办法，如必须使用时，由铁路局规定。

第 311 条　遇下列情况，应停止使用基本闭塞法，改用电话闭塞法行车：

1. 基本闭塞设备发生故障导致基本闭塞法不能使用、自动闭塞区间内两架及以上通过信号机故障或灯光熄灭时；

2. 无双向闭塞设备的双线区间反方向发车或改按单线行车时；

3. 发出由区间返回的列车，或发出挂有由区间返回后部补机的列车时；

4. 自动站间闭塞、半自动闭塞区间，由未设出站信号机的线路上发车，或超长列车头部越过出站信号机并压上出站方面轨道电路发车时；

5. 在夜间或遇降雾、暴风雨雪，为消除线路故障或执行特殊任务，开行轻型车辆时。

自动站间闭塞设备故障，半自动闭塞设备良好时，可根据调度命令改按半自动闭塞法行车。

【自动闭塞】

第 314 条　使用自动闭塞法行车时，列车进入闭塞分区的行车凭证为出站或通过信号机显示的允许运行的信号。

　　自动闭塞区段的车站，办理发车前应向接车站预告；单线自动闭塞区段的车站，还须得到列车调度员的同意（列车调度员已下达列车运行调整计划时除外）。已向接车站预告，但列车不能出发时，发车站须通知接车站取消预告。

　　第315条　自动闭塞区段遇下列情况发车的行车凭证见第32表。

第32表　自动闭塞区段特殊情况行车凭证表

列车出发情况	行车凭证	发给行车凭证的依据	附带条件
1. 出站信号机故障时发出列车 2. 由未设出站信号机的线路上发出列车 3. 超长列车头部越过出站信号机发出列车	绿色许可证（附件2）	1. 监督器表示第一个闭塞分区空闲，不表示时为接到前次列车到达邻站的通知或前次列车发出后不少于10 min的时间 2. 确认道岔位置正确及进路空闲 3. 单线须取得对方站确认区间内无迎面列车的电话记录号码	从监督器上不能确认第一个闭塞分区空闲时，车站应发给司机书面通知（附件8），司机以在瞭望距离内能随时停车的速度，最高不超过20 km/h，运行到第一架通过信号机，按其显示的要求执行
4. 发车进路信号机发生故障时发出列车 5. 超长列车头部越过发车进路信号机发出列车		确认道岔位置正确及进路空闲	列车到达次一信号机按其显示的要求执行
6. 自动闭塞作用良好，监督器故障时发出列车	出站信号机显示的允许运行的信号		与邻站车站值班员及本站信号员联系
7. 双线双向闭塞设备的车站，反方向发出列车		1. 区间占用表示灯表示区间空闲 2. 双线反方向行车的调度命令	反方向发车进路表示器显示正确（进路表示器故障时通知司机）

　　注：在四显示区段，因设备不同，执行上述条款困难的，可按铁路局规定办理。

　　第316条　自动闭塞区间通过信号机显示停车信号（包括显示不明或灯光熄灭）时，列车必须在该信号机前停车，司机应使用列车无线调度通信设备通知车辆乘务员（随车机械师）。停车等候2 min，该信号机仍未显示允许运行的信号时，即以遇到阻碍能随时停车的速度继续运行，最高不超过20 km/h，运行到次一通过信号机（进站信号机），按其显示的要求运行。在停车等候同时，必须与车站值班员、列车调度员联系，如确认前方闭塞分区内有列车时，不得进入。

　　装有容许信号的通过信号机，显示停车信号时，准许铁路局规定停车后起动困难的货物列车，在该信号机前不停车，按上述速度通过。当容许信号灯光熄灭或容许信号和通过信号机灯光都熄灭时，司机在确认信号机装有容许信号时，仍按上述速度通过该信号机。

　　装有连续式机车信号的列车，遇通过信号机灯光熄灭，而机车信号显示允许运行的信号时，应按机车信号的显示运行。

司机发现通过信号机故障时，应将故障信号机的号码通知前方站（列车调度员）。车站值班员（列车调度员）发现或得到区间通过信号机故障的报告后，在故障修复前，对尚未进入区间的后续列车，改按站间组织行车。

【自动站间闭塞】

第 317 条 使用自动站间闭塞法行车时，列车凭出站信号机或线路所通过信号机显示的允许运行的信号进入区间。

自动站间闭塞须与集中联锁设备结合使用，自动检查区间空闲，发车站办理发车进路后即自动构成站间闭塞。列车到达接车站或返回发车站并出清区间后，自动解除闭塞。

发车站在办理发车进路前，须确认区间空闲、接车站未办理同一区间的发车进路，并向接车站预告。发车站已向接车站预告，但列车不能出发时，在取消发车进路后，须通知接车站。

【半自动闭塞】

第 319 条 使用半自动闭塞法行车时，列车凭出站信号机或线路所通过信号机显示的允许运行的信号进入区间。

开放出站信号机或通过信号机前，双线区段必须得到前次列车到达前方站的到达信号；单线区段必须得到接车站的同意闭塞信号。

发车站办理闭塞手续后，列车不能出发时，应将事由通知接车站，取消闭塞。

第 320 条 半自动闭塞区段，遇超长列车头部越过出站信号机而未压上出站方面的轨道电路发车时，行车凭证为出站信号机显示的允许运行的信号，并发给司机调度命令；遇发车进路信号机故障或超长列车头部越过发车进路信号机发车时，列车越过发车进路信号机的行车凭证为半自动闭塞发车进路通知书（附件 9）。

【电话闭塞】

第 321 条 使用电话闭塞法行车时，列车占用区间的行车凭证为路票（附件 1）。当挂有由区间返回的后部补机时，另发给补机司机路票副页。

单线或双线反方向发车（正方向首列发车）时，根据《行车日志》查明区间已空闲，并取得接车站承认的电话记录号码，在发车进路准备妥当后，方可填发路票。双线正方向发车（首列除外）时，根据收到的前次发出的列车到达的电话记录号码，在发车进路准备妥当后，即可填发路票。

第 323 条 路票应由车站值班员或指定的助理值班员填写。

对于填写的路票，车站值班员应根据《行车日志》的记录，进行认真核对，确认无误，并加盖站名印后，方可送交司机。

双线反方向行车使用路票时，应在路票上加盖"反方向行车"章；两线、多线区间使用路票时，应在路票上加盖"××线行车"章。

【电话中断时的行车】

第324条 车站行车室内一切电话中断，单线行车按书面联络法，双线行车按时间间隔法，列车进入区间的行车凭证均为红色许可证（附件3）。

在双线自动闭塞区间，如闭塞设备作用良好时，列车运行仍按自动闭塞法行车，但车站与列车司机应以列车无线调度通信设备直接联系（说明车次及注意事项等）。如列车无线调度通信设备故障时，列车必须在车站停车联系。

第328条 一切电话中断时，禁止发出下列列车：

1. 在区间内停车工作的列车（救援列车除外）；
2. 开往区间岔线的列车；
3. 须由区间内返回的列车；
4. 挂有须由区间内返回后部补机的列车；
5. 列车无线调度通信设备故障的列车。

第330条 单线区间的车站，经以闭塞电话、列车调度电话或其他电话呼唤5 min无人应答时，由列车调度员查明该站及其相邻区间确无列车（包括单机、大型养路机械及重型轨道车）后，可发布调度命令，封锁相邻区间，按封锁区间办法向不应答站发出列车。

该列车应在不应答站的进站信号机外停车，判明不应答原因及准备好进路后，再行进站。司机或车站值班员应将经过情况报告列车调度员。

【练习题】（填空23题，选择31题，判断32题，简答11题，综合6题，合计103题）

一、填空题

1. 调车工作要固定**作业区域**、**线路使用**、**调车机车**、**人员**、**班次**、**交接班**（　　）、**交接班地点**、**工具数量**及其存放地点。J280

2. 调车工作要固定（　　）、线路使用、调车机车、人员、班次、交接班时间、交接班地点、工具数量及其存放地点。J280

3. 无线调车灯显设备发生故障时，改用（　　）作业。J282

4. 司机在调车作业中应做到时刻注意**确认信号**，不间断地进行瞭望，认真执行呼唤应答制，正确及时地执行**信号显示**（作业指令）和（　　）的要求，没有信号（指令）不准动车，信号（指令）不清**立即停车**。J287

5. 司机在调车作业中应做到时刻注意确认信号，没有信号（指令）不准动车，信号（指令）不清（　　）。J287

6. 司机在调车作业中应做到组织机车乘务人员（　　）地完成调车任务。J287

7. 调车指挥人应根据调车作业计划制定具体作业方法，连同（　　），亲自向司机交递和传达。J288

8. 调车作业时，调车人员必须正确及时地显示信号；机车乘务人员要认真确认信号，并（　　）。J291

9. 推送车辆时，要先（　　）。车列前部应有人瞭望，及时显示信号。J291

10.【**历年真题**】在调车作业中，单机运行或牵引车辆运行时，前方进路的确认由（　　　　）负责。J292

11. 调车作业摘车时，必须停妥，按规定采取好（　　　　　）措施，方可摘开车钩。J295

12. 没有固定走行线或临时变更走行线时，应通知司机经路（集中联锁的车站除外），司机按（　　　　）或扳道员显示的**允许运行**的信号行车。J304

13. 列车运行是以车站、线路所所划分的区间及自动闭塞区间的**通过信号机**所划分的（　　　　）作间隔。J308

14.【**历年真题**】列车运行是以车站、线路所所划分的区间及自动闭塞区间的（　　　　）所划分的闭塞分区作间隔。J308

15. 自动闭塞、自动站间闭塞、半自动闭塞故障时均使用（　　　　　）。J309

16. 使用自动闭塞法行车时，列车进入闭塞分区的行车凭证为（　　　　）信号机显示的**允许运行**的信号。J314

17. 自动闭塞区段，发车进路信号机发生故障时发出列车，列车进入闭塞分区的行车凭证为（　　　　）。J315

18. 自动闭塞区段，双线双向闭塞设备的车站，反方向发出列车，列车进入区间的行车凭证是**出站信号机显示的允许运行**的信号，还须发给司机双线反方向行车的（　　　　）。J315

19.【**历年真题**】自动闭塞区段，双线双向闭塞设备的车站，反方向发出列车，列车进入区间的行车凭证是出站信号机显示的（　　　　）的信号，还须发给司机双线反方向行车的调度命令。J315

20. 自动闭塞区间通过信号机显示停车信号（包括显示不明或灯光熄灭）时，列车必须在该信号机前（　　　　）。J316

21. 司机发现通过信号机故障时，应将故障信号机的（　　　　）通知前方站（列车调度员）。J316

22. 使用自动站间闭塞法行车时，列车凭**出站信号机**或**线路所通过信号机**显示的（　　　　）的信号进入区间。J317

23. 使用半自动闭塞法行车时，列车凭**出站信号机**或（　　　　）通过信号机显示的**允许运行**的信号进入区间。J319

二、选择题

1. 调车作业由（　　）单一指挥。J285

A. 调车领导人　　　　　　B. 调车长　　　　　　C. 连结员

2. 调车人员不足（　　）人，不准进行调车作业。J291

A. 1　　　　　　　　　　B. 2　　　　　　　　　　C. 3

3. 在调车作业中，单机运行或牵引车辆运行时，前方进路的确认由（　　　　）负责。J292

A．调车人员　　　　　　　B．司机　　　　　　　　C．扳道员

4．调车作业要准确掌握速度，在空线上推进运行时，不准超过（　　）km/h。J293

A．30　　　　　　　　　B．40　　　　　　　　　C．45

5．电力机车、动车组在有接触网终点的线路上调车时，应控制速度，距接触网终点标应有（　　）m的安全距离。J293

A．10　　　　　　　　　B．20　　　　　　　　　C．30

6．调动乘坐旅客或装载爆炸品、气体类危险货物、超限货物的车辆时，不准超过（　　）km/h。J293

A．10　　　　　　　　　B．15　　　　　　　　　C．20

7．调车作业要准确掌握速度，接近被连挂的车辆时，不准超过（　　）km/h。J293

A．3　　　　　　　　　B．5　　　　　　　　　C．7

8．调车作业要准确掌握速度，在空线上牵引运行时，不准超过（　　）km/h。J293

A．15　　　　　　　　　B．30　　　　　　　　　C．40

9．在尽头线上调车时，距线路终端应有（　　）m的安全距离。J293

A．10　　　　　　　　　B．20　　　　　　　　　C．30

10．线路两旁堆放货物，距钢轨头部外侧不得小于（　　）m。不足规定距离时，不得进行调车作业。J297

A．1　　　　　　　　　B．1.5　　　　　　　　　C．2

11．站台上堆放货物，距站台边缘不得小于（　　）m。不足规定距离时，不得进行调车作业。J297

A．1　　　　　　　　　B．1.5　　　　　　　　　C．2

12．双线自动闭塞区间正方向越出站界调车时，司机应得到（　　）后，方可出站调车。J302

A．出站调车通知书　　　B．车站值班员口头准许　　C．调度命令

13．双线反方向出站调车时，应发给司机（　　）。J302

A．绿色许可证　　　　　B．路票　　　　　　　　C．出站调车通知书

14．【历年真题】双线反方向出站调车时，应发给司机（　　）。J302

A．反方向运行的调度命令和出站调车通知书

B．停止使用基本闭塞法的调度命令和路票

C．停止使用基本闭塞法的调度命令和出站调车通知书

15．单线半自动闭塞区间出站调车时，须发给司机（　　）。J302

A．半自动闭塞发车进路通知书

B．路票

C．出站调车通知书

16．跟踪出站调车，只准许在单线区间及双线正方向线路上办理，并发给司机（　　）。J303

A．路票   B．出站调车通知书   C．跟踪调车通知书

17．跟踪出站调车，最远不得越出站界（   ）m。J303

A．200   B．500   C．800

18．【历年真题】下列选项中，对跟踪出站调车描述不正确的是（   ）。J303

A．最远不得越出站界 500 m

B．须发给司机出站调车通知书

C．只准许在单线区间及双线正方向线路上办理

19．调车作业中，在超过（   ）‰ 坡度的线路上，不得无动力停留机车车辆。J305

A．2   B．4   C．6

20．行车基本闭塞法采用（   ）。J309

A．自动闭塞、自动站间闭塞、半自动闭塞

B．自动闭塞、半自动闭塞

C．自动闭塞、半自动闭塞、电话闭塞

21．在半自动闭塞区间，超长列车头部越过出站信号机并压上出站方面轨道电路发车时，列车占用区间的行车凭证为（   ）。J311、J321

A．调度命令

B．路票

C．出站信号机显示的允许运行的信号及车站值班员的通知

22．在自动站间闭塞区段，超长列车头部越过出站信号机并压上出站方面轨道电路发车时，列车占用区间的行车凭证为（   ）。J311、J321

A．调度命令   B．路票   C．绿色许可证

23．自动闭塞区段，超长列车头部越过出站信号机时发出列车，列车进入闭塞分区的行车凭证为（   ）。J315

A．绿色许可证

B．路票

C．出站信号机显示的允许运行的信号及调度命令

24．自动闭塞区段，超长列车头部越过发车进路信号机发出列车时，行车凭证为（   ）。J315

A．调度命令   B．绿色许可证   C．路票

25．自动闭塞区段，出站信号机故障时发出列车，列车进入闭塞分区的行车凭证为（   ）。J315

A．绿色许可证   B．调度命令   C．路票

26．半自动闭塞区段，遇发车进路信号机故障或超长列车头部越过发车进路信号机发车时，列车越过发车进路信号机的行车凭证为（   ）。J320

A．半自动闭塞发车进路通知书

B．绿色许可证

C. 路票

27. 半自动闭塞区段，遇超长列车头部越过出站信号机而未压上出站方面的轨道电路发车时，行车凭证为（　　　），并发给司机调度命令。J320

A. 半自动闭塞发车进路通知书

B. 出站信号机显示的允许运行的信号

C. 路票

28. 使用电话闭塞法行车时，列车占用区间的行车凭证为（　　　）。J321

A. 绿色许可证

B. 半自动闭塞发车进路通知书

C. 路票

29. 车站行车室内一切电话中断时，单线行车按书面联络法，双线行车按时间间隔法，列车进入区间的行车凭证均为（　　　）。J324

A. 路票　　　　　　　　B. 绿色许可证　　　　　　C. 红色许可证

30. 车站行车室内一切电话中断时，在双线自动闭塞区间，如闭塞设备作用良好时，列车运行（　　　）行车。J324

A. 按路票　　　　　　　B. 按红色许可证　　　　　C. 仍按自动闭塞法

31. 单线区间的车站，经以闭塞电话、列车调度电话或其他电话呼唤（　　　）无人应答时，由列车调度员查明该站及其相邻区间确无列车（包括单机、大型养路机械及重型轨道车）后，可发布调度命令，封锁相邻区间，按封锁区间办法向不应答站发出列车。J330

A. 3 min　　　　　　　　B. 5 min　　　　　　　　C. 8 min

三、判断题

1. 无线调车灯显设备正常使用时应与调车手信号配合使用。　　　　　（　　　）J282

2. 调车作业由车站值班员、调车领导人、调车长共同指挥。　　　　　（　　　）J285

3.【历年真题】司机在调车作业中应时刻注意确认信号，没有信号（指令）不准动车，信号（指令）不清立即停车。　　　　　　　　　　　　　　　（　　　）J287

4. 中间站利用本务机车调车，应使用附有示意图的调车作业通知单。　（　　　）J288

5. 列车在到达线路内对货位必须使用调车作业通知单。　　　　　　　（　　　）J288

6. 调车机车调车作业时仅变更作业方法或辆数时，不受口头传达三钩的限制。

（　　　）J289

7. 中间站利用本务机车调车时，一批作业（指一张调车作业通知单）不超过三钩或变更计划不超过三钩时，可用口头方式布置，有关人员必须复诵。（　　　）J289

8. 调车作业变更股道，如变更计划不超过三钩时，可用口头方式不停车传达布置。

（　　　）J289

9. 调车作业前，无线调车灯显设备必须试验良好。　　　　　　　　　（　　　）J290

10. 推进车辆连挂时，要显示十、五、三车的距离信号，没有显示十、五、三车的距离信号，不准挂车，没有司机回示，应立即显示停车信号。　　　　　（　　　）J291

11．集中区调车作业时，要认真执行要道还道制度。 （　　）J292

12．在调车作业中，单机返岔子或机车出入段时，可根据扳道员显示的道岔开通信号或调车信号机显示的允许运行的信号动车。 （　　）J292

13．在调车作业中，单机运行时，前方进路的确认由司机负责；牵引车辆运行时，前方进路的确认由调车指挥人负责。 （　　）J292

14．机车车辆必须停在警冲标内方。 （　　）J305

15．在超过 2.5‰ 坡度的线路上，不得无动力停留机车车辆。 （　　）J305

16．安全线上，在超过 6‰ 坡度的线路上，不得无动力停留机车车辆。 （　　）J305

17．一批调车作业中临时停留的车辆，须拧紧两端车辆的人力制动机或以铁鞋（止轮器）止轮。 （　　）J306

18．站间区间在单线上，车站与车站间以出站信号机柱的中心线为车站与区间的分界线。 （　　）J308

19．站间区间在双线或多线上，车站与车站间分别以各该线的进站信号机柱或站界标的中心线为车站与区间的分界线。 （　　）J308

20．双线双向区间反方向行车，应停止使用基本闭塞法，改用电话闭塞法。
（　　）J311

21．【历年真题】自动闭塞故障停用时应使用电话闭塞法行车。 （　　）J311

22．自动闭塞区段，由未设出站信号机的线路上发出列车时，列车进入闭塞分区的行车凭证是绿色许可证。 （　　）J315

23．【历年真题】自动闭塞区段，由未设出站信号机的线路上发出列车时，列车进入闭塞分区的行车凭证是路票。 （　　）J315

24．自动闭塞区段，双线双向闭塞设备的车站反方向发出列车时，列车进入区间的行车凭证是列车调度员的命令。 （　　）J315

25．装有连续式机车信号的列车，遇通过信号机显示停车信号，而机车信号显示允许运行的信号时，应按机车信号的显示运行。 （　　）J316

26．装有连续式机车信号的列车，遇通过信号机灯光熄灭，而机车信号显示允许运行的信号时，应按地面信号的显示运行。 （　　）J316

27．半自动闭塞区段，遇超长列车头部越过出站信号机而未压上出站方面的轨道电路发车时，行车凭证为半自动闭塞发车进路通知书。 （　　）J320

28．两线、多线区间行车使用路票时，应在路票上加盖"××线行车"章。
（　　）J323

29．【历年真题】双线、多线区间行车使用路票时，应在路票上加盖"××线行车"章。 （　　）J323

30．双线反方向行车使用路票时，应在路票上加盖"××线行车"章。 （　　）J323

31．一切电话中断时，禁止发出列车无线调度通信设备故障的列车。 （　　）J328

32. 按封锁区间办法向不应答站发出列车时，该列车应在不应答站的进站信号机外停车，判明不应答原因及准备好进路后，再行进站。司机或车站值班员应将经过情况报告列车调度员。（　　）J330

四、简答题

1. 调车作业中，推进车辆连挂时，有何规定？ J291

2. 【历年真题】在调车作业中，牵引或推进车辆运行时，前方进路的确认，各有何规定？ J292

3. 调车作业摘车、挂车时，有何规定？ J295

4. 【历年真题】自动闭塞区间遇哪些情况，应发给司机绿色许可证？ J315

5. 【历年真题】简述"书面通知"对司机行车的要求。附件8，J315

6. 使用基本闭塞法行车时，列车进入区间或闭塞分区的行车凭证是什么？ J314，J317，J319

7. 半自动闭塞区段，遇超长列车头部越过出站信号机而未压上出站方面的轨道电路发车时，行车凭证是什么？ J320

8. 使用电话闭塞法行车时，列车占用区间的行车凭证为什么？ J321

9. 车站行车室内一切电话中断时的行车办法是什么？ J324

10. 一切电话中断，在双线自动闭塞区间，如闭塞设备作用良好时，应如何行车？ J324

11. 单线区间向不应答车站发出列车时，列车运行中应遵守哪些规定？ J330

五、综合题

1. 在调车指挥作业中，司机应做到哪些？ J287

2. 【历年真题】调车作业要准确掌握速度及安全距离，并遵守哪些规定？ J293

3. 越出站界调车有何规定？ J302

4. 跟踪出站调车有何规定？ J303

5. 在哪些情况下禁止跟踪出站调车？ J303

6. 自动闭塞区间通过信号机显示停车信号（包括显示不明或灯光熄灭）时，司机应如何处理？ J316

【练习题答案】

一、填空题

1．时间；2．作业区域；3．手信号；4．调车速度；5．立即停车；

6．正确及时；7．注意事项；8．回示；9．试拉；10．司机；

11．防溜；12．固定信号；13．闭塞分区；14．通过信号机；

15．电话闭塞法；16．出站或通过；17．绿色许可证；

18．调度命令；19．允许运行；20．停车；21．号码；

22．允许运行；23．线路所

二、选择题

1．B；2．B；3．B；4．A；5．A；6．B；7．B；8．C；9．A；

10．B；11．A；12．B；13．C；14．C；15．C；16．C；17．B；

18．B；19．C；20．A；21．B；22．B；23．A；24．B；25．A；

26．A；27．B；28．C；29．C；30．C；31．B

三、判断题

1．×　正确：停用手信号；2．×　正确：由调车长单一指挥；3．√；

4．√；5．×　正确：可不使用；6．√；7．×　正确：用书面方式布置；

8．×　正确：必须停车传达；9．√；10．√；11．×　正确：非集中区；

12．√；13．×　正确：均由司机负责；14．√；15．×　正确：6‰；

16．×　正确：安全线上禁止停留机车车辆；17．√；18．×　正确：进站；

19．√；20．×　正确：无双向闭塞设备的双线区间反方向发车或改按单线行车时；

21．√；22．√；23．×　正确：绿色许可证；

24．×　正确：行车凭证是出站信号机显示的允许运行的信号；

25．×　正确：遇通过信号机灯光熄灭；

26．×　正确：应按机车信号的显示运行；27．×　正确：行车凭证为出

站信号机显示的允许运行的信号，并发给司机调度命令；28．√；

29．×　正确：两线、多线；30．×　正确："反方向行车"；

31．√；32．√

四、简答题

1．调车作业中，推进车辆连挂时，有何规定？（5分）

【答】推进车辆连挂时，要显示十、五、三车的距离信号（1分），没有显示十、五、三车的距离信号，不准挂车（2分），没有司机回示，应立即显示停车信号（2分）。

2．在调车作业中，牵引或推进车辆运行时，前方进路的确认，各有何规定？（5分）

【答】在调车作业中，牵引车辆运行时，前方进路的确认由司机负责（2分），推进车辆运行时，前方进路的确认由调车指挥人负责（2分），如调车指挥人所在位置确认前方进路有困难时，可指派调车组其他人员确认（1分）。

3．调车作业摘车、挂车时，有何规定？（5分）

【答】调车作业摘车时，必须停妥（1分），按规定采取好防溜措施，方可摘开车钩（2分）；挂车时，没有连挂妥当，不得撤除防溜措施（2分）。

4．自动闭塞区间遇哪些情况，应发给司机绿色许可证？（5分）

【答】（1）出站信号机故障时发出列车（1分）；

（2）由未设出站信号机的线路上发出列车（1分）；

（3）超长列车头部越过出站信号机发出列车（1分）；

（4）发车进路信号机发生故障时发出列车（1分）；

（5）超长列车头部越过发车进路信号机发出列车（1分）。

5．简述"书面通知"对司机行车的要求。（5分）

【答】司机以在瞭望距离内能随时停车的速度（1分），最高不超过20 km/h（2分），运行到第一架通过信号机（1分），按其显示的要求执行（1分）。

6．使用基本闭塞法行车时，列车进入区间或闭塞分区的行车凭证是什么？（5分）

【答】使用自动闭塞法行车时，列车进入闭塞分区的行车凭证是出站或通过信号机显示的允许运行的信号（2分）。使用半自动或自动站间闭塞法行车时，列车进入区间的行车凭证是出站信号机或线路所通过信号机显示的允许运行的信号（3分）。

7．半自动闭塞区段，遇超长列车头部越过出站信号机而未压上出站方面的轨道电路发车时，行车凭证是什么？（5分）

【答】行车凭证为出站信号机显示的允许运行的信号（2分），并发给司机调度命令（3分）。

8．使用电话闭塞法行车时，列车占用区间的行车凭证为什么？（5分）

【答】列车占用区间的行车凭证为路票（附件1）（2分）。当挂有由区间返回的后部补机时，另发给补机司机路票副页（3分）。

9．车站行车室内一切电话中断时的行车办法是什么？（5分）

【答】车站行车室内一切电话中断，单线行车按书面联络法（1分），双线行车按时间间隔法（1分），列车进入区间的行车凭证均为红色许可证（附件3）（3分）。

10．一切电话中断，在双线自动闭塞区间，如闭塞设备作用良好时，应如何行车？（5分）

【答】列车运行仍按自动闭塞法行车（1分），但车站与列车司机应以列车无线调度通信设备直接联系（说明车次及注意事项等）（2分）。如列车无线调度通信设备故障时（1分），列车必须在车站停车联系（1分）。

11．单线区间向不应答车站发出列车时，列车运行中应遵守哪些规定？（5分）

【答】该列车应在不应答站的进站信号机外停车（1分），判明不应答原因及准备好进路后，再行进站（2分）。司机或车站值班员应将经过情况报告列车调度员（2分）。

五、综合题

1．在调车指挥作业中，司机应做到哪些？（10分）

【答】（1）组织机车乘务人员正确及时地完成调车任务（2分）；

（2）负责操纵调车机车，做好整备，保证机车质量良好（2分）；

（3）时刻注意确认信号，不间断地进行瞭望，认真执行呼唤应答制（1分），正确及时地执行信号显示（作业指令）和调车速度的要求（1分）。没有信号（指令）不准动车（1分），信号（指令）不清立即停车（1分）；

（4）负责调车作业的安全（2分）。

2. 调车作业要准确掌握速度及安全距离，并遵守哪些规定？（10分）

【答】（1）在空线上牵引运行时，不准超过40 km/h；推进运行时，不准超过30 km/h（1.5分）。

（2）调动乘坐旅客或装载爆炸品、气体类危险货物、超限货物的车辆时，不准超过15 km/h（1.5分）。

（3）接近被连挂的车辆时，不准超过5 km/h（1分）。

（4）推上驼峰解散车辆时的速度和装有加、减速顶的线路上的调车速度，在《站细》内规定。经过道岔侧向运行的速度，由工务部门根据道岔具体条件规定，并纳入《站细》（1分）。

（5）在尽头线上调车时，距线路终端应有10 m的安全距离；遇特殊情况，必须近于10 m时，要严格控制速度（1.5分）。

（6）电力机车、动车组在有接触网终点的线路上调车时，应控制速度，距接触网终点标应有10 m的安全距离；遇特殊情况，必须近于10 m时，要严格控制速度（1.5分）。

（7）旅客未上下车完毕，除本务机车、补机摘挂作业外，不得进行旅客列车（车底）的连挂作业（1分）。

（8）遇天气不良等非正常情况，应适当降低速度（1分）。

3. 越出站界调车有何规定？（10分）

【答】越出站界调车时，双线区间正方向，必须区间（自动闭塞区间为第一个闭塞分区）空闲（2分）；单线自动闭塞区间，闭塞系统必须在发车位置，第一个闭塞分区空闲（1分），经车站值班员口头准许并通知司机后，方可出站调车（2分）。

单线半自动闭塞区间和双线反方向出站调车时，须有停止使用基本闭塞法的调度命令（2分），与邻站办理闭塞手续（1分），并发给司机出站调车通知书（附件5）（2分）。

4. 跟踪出站调车有何规定？（10分）

【答】跟踪出站调车，只准许在单线区间及双线正方向线路上办理（1分），并须经列车调度员口头准许，取得邻站值班员承认的电话记录号码（2分），发给司机跟踪调车通知书（附件5）（2分）。在先发列车尾部越过预告、接近信号机（或靠近车站的第一个预告标）或《站细》规定的间隔时间后，方可跟踪出站调车（3分），但最远不得越出站界500 m（2分）。

5. 在哪些情况下禁止跟踪出站调车？（10分）

【答】遇下列情况，禁止跟踪出站调车：（1）出站方向区间内有瞭望不良的地形或有长大上坡道（站名表由铁路局公布）（2分）；（2）先发列车需由区间返回，或挂有由区间返回的后部补机（2 分）；（3）一切电话中断（2 分）；（4）降雾、暴风雨雪时（2 分）；（5）动车组调车作业（2 分）。

6. 自动闭塞区间通过信号机显示停车信号（包括显示不明或灯光熄灭）时，司机应如何处理？（10 分）

【答】自动闭塞区间通过信号机显示停车信号（包括显示不明或灯光熄灭）时，列车必须在该信号机前停车（1 分），司机应使用列车无线调度通信设备通知车辆乘务员（随车机械师）（1 分）。停车等候 2 min，该信号机仍未显示允许运行的信号时，即以遇到阻碍能随时停车的速度继续运行，最高不超过 20 km/h（1 分），运行到次一通过信号机（进站信号机），按其显示的要求运行（1 分）。在停车等候同时，必须与车站值班员、列车调度员联系（1 分），如确认前方闭塞分区内有列车时，不得进入（1 分）。

装有容许信号的通过信号机，显示停车信号时，准许铁路局规定停车后起动困难的货物列车，在该信号机前不停车，按上述速度通过（1 分）。当容许信号灯光熄灭或容许信号和通过信号机灯光都熄灭时，司机在确认信号机装有容许信号时，仍按上述速度通过该信号机（1 分）。

装有连续式机车信号的列车，遇通过信号机灯光熄灭，而机车信号显示允许运行的信号时，应按机车信号的显示运行（1 分）。

司机发现通过信号机故障时，应将故障信号机的号码通知前方站（列车调度员）（1 分）。

§1-2-5 列车运行

【一般要求】

第 331 条 列车是指编成的车列并挂有机车及规定的列车标志。动车组列车为自走行固定编组列车。

单机、大型养路机械及重型轨道车,虽未完全具备列车条件,亦应按列车办理。

旅客列车的尾部标志应使用电灯,动车组以外的旅客列车尾部标志灯的摘挂、保管,由车辆部门负责。对中途转向的动车组以外的旅客列车应有备用标志灯,以备转向时使用。

第 333 条 列车运行中,各有关作业人员应按规定执行车机联控。

第 335 条 动车组以外的列车司机在列车运行中,应做到:

1. 列车在出发前输入监控装置有关数据;按规定对列车自动制动机进行试验,在制动保压状态下列车制动主管的压力 1 min 内漏泄不得超过 20 kPa,确认列尾装置作用良好。

装备机车综合无线通信设备的机车,开车前司机要选定机车综合无线通信设备通信模式和运行线路。在 GSM-R 区段运行时,机车综合无线通信设备、GSM-R 手持终端按规定注册列车车次,并确认正确。

2. 遵守列车运行图规定的运行时刻和各项允许及限制速度。彻底瞭望,确认信号,执行呼唤应答制度,严格按信号显示要求行车,确保列车安全正点。遇有信号显示不明或危及行车和人身安全时,应立即采取减速或停车措施。

3. 机车信号、列车无线调度通信设备、列车运行监控装置(轨道车运行控制设备)和列尾装置必须全程运转,严禁擅自关机。

运行途中,遇列尾装置、机车信号、列车运行监控装置(轨道车运行控制设备)发生故障时,司机应立即使用列车无线调度通信设备报告车站值班员或列车调度员,并根据实际情况掌握速度运行;遇机车信号、列车运行监控装置(轨道车运行控制设备)发生故障时,司机应控制列车运行至前方站停车处理或请求更换机车,在自动闭塞区间,列车运行速度不超过 20 km/h;遇列车无线调度通信设备发生故障时,司机应在前方站停车报告。

4. 起动稳,加速快,精心操纵,停车准确,按规定鸣笛,防止列车冲动和断钩。

5. 随时检查机车总风缸、制动主管的压力。检查内燃机车柴油机的润滑油压力、冷却水的温度及其转数等情况。注意电力机车的各种仪表的显示及接触网状态。

6. 在区间内列车停车进行防护、分部运行、装卸作业或使用紧急制动阀停车后再开车时,司机必须检查试验列车制动主管的贯通状态,确认列车完整,具备开车条件后,方可起动列车。

7. 单机、自轮运转特种设备在自动闭塞区间紧急制动停车或被迫停在调谐区内时,司机须立即通知后续列车司机、向两端站车站值班员(列车调度员)报告停车位置(具备移动条件时司机须先将机车移动不少于 15 m），并在轨道电路调谐区外使用短路铜线短接轨道电路。

8. 等会列车时，不准关闭空气压缩机，并应按规定显示列车标志。

9. 负责货运票据的交接与保管。

10. 将列车运行中发生的问题及使用紧急制动阀的情况，及时报告列车调度员。

第 338 条 遇天气恶劣，信号机显示距离不足 200 m 时，司机或车站值班员须立即报告列车调度员，列车调度员应及时发布调度命令，改按天气恶劣难以辨认信号的办法行车。

1. 列车按机车信号的显示运行。当接近地面信号机时，司机应确认地面信号，遇地面信号与机车信号显示不一致时，应立即采取减速或停车措施。

2. 当无法辨认出站（进路）信号机显示时，在列车具备发车条件后，司机凭车站值班员列车无线调度通信设备（其语音记录装置须作用良好）的发车通知起动列车，在确认出站（进路）信号机显示正确后，再行加速。

3. 天气转好时，应及时报告列车调度员发布调度命令，恢复正常行车。

第 339 条 汛期暴风雨行车应急处理：

1. 列车通过防洪重点地段时，司机要加强瞭望，并随时采取必要的安全措施。

2. 当洪水漫到路肩时，列车应按规定限速运行；遇有落石、倒树等障碍物危及行车安全时，司机应立即停车，排除障碍并确认安全无误后，方可继续运行。

3. 列车遇到线路塌方、道床冲空等危及行车安全的突发情况时，司机应立即采取应急性安全措施，并立刻通知追踪列车、邻线列车及邻近车站。配备列车防护报警装置的列车应首先使用列车防护报警装置进行防护。

第 340 条 车辆乘务人员应按技术作业过程的规定检查车辆，并参加制动试验。在列车运行途中，应监控车辆运用状态，及时处理车辆故障，并将本身不能完成的不摘车检修工作，预报前方站列检。前方站列检应积极组织人力修复车辆故障，保持原编组运用。是否摘车检修，由当地列检决定并处理。

车辆乘务员应配备列车无线调度通信设备及响墩、火炬、短路铜线、信号旗（灯）等防护用品，在值乘中还应做到：

1. 列尾装置故障时，列车出发前、停车站进站前和出站后，应按规定与司机核对列车尾部风压；

2. 列车发生紧急制动停车后，联系司机，检查车辆技术状态，可继续运行时通知司机开车；

3. 向司机通报使用紧急制动阀的情况，并协助司机处理有关行车事宜。

第 342 条 双管供风旅客列车运行途中发生双管供风设备故障或用单管供风机车救援接续牵引，需改为单管供风时，双管改单管作业应在站内进行。旅客列车在区间发生故障需双管改单管供风时，由车辆乘务员通知司机向列车调度员（车站值班员）提出在前方站停车处理的请求，并通知司机以不超过 120 km/h 速度运行至前方站。列车调度员发布双管改单管供风的调度命令，车辆乘务员根据调度命令在站内将客车风管路改为单管供风状态。旅客列车改为单管供风跨局运行时，由铁路总公司发布调度命令通知有关铁路局，按单管供风办理，直至终到站。

第 346 条　机车乘务组以外人员登乘机车时，除铁路机车运用管理规则指定的人员外，须凭登乘机车证登乘。登乘动车组司机室须凭动车组司机室登乘证。

登乘机车、动车组司机室的人员，在不影响乘务人员工作的前提下，经检验准许后方可登乘。

第 347 条　列车运行限制速度规定见第 33 表。

第 33 表　列车运行限制速度表

项　目	速　度（km/h）
四显示自动闭塞区段通过显示绿黄色灯光的信号机	在前方第三架信号机前能停车的速度
通过显示黄色灯光的信号机及位于定位的预告信号机	在次一架信号机前能停车的速度
通过显示一个黄色闪光灯光和一个黄色灯光的信号机	该信号机防护进路上道岔侧向的允许通过速度
通过减速地点标	标明的速度，未标明时为 25
推　进	30
退　行	15
接入站内尽头线，自进入该线起	30

【接车与发车】

第 357 条　在站内无空闲线路的特殊情况下，只准许接入为排除故障、事故救援、疏解车辆等所需要的救援列车、不挂车的单机及重型轨道车。上述列车均应在进站信号机外停车，由接车人员向司机通知事由后，以调车手信号旗（灯）将列车领入站内。

第 358 条　列车进站后，应停于接车线警冲标内方。在设有出站（进路）信号机的线路，列车头部不得越过出站（进路）信号机。

如列车尾部停在警冲标外方或压轨道绝缘时，车站接车人员应使用列车无线调度通信设备等通知司机或显示向前移动的手信号，使列车向前移动。

当超长列车尾部停在警冲标外方，接入相对方向的列车时，在进站信号机外制动距离内进站方向为超过 6‰ 的下坡道，而接车线末端无隔开设备，须使列车在站外停车后，再接入站内。如在邻线上未设调车信号机，又无隔开设备，相对方向需要进行调车作业时，必须派人以停车手信号对列车进行防护。

第 359 条　进站、接车进路信号机不能使用时，应开放引导信号。引导信号不能开放或无进站信号机时，应派引导人员接车。

引导接车时，列车以不超过 20 km/h 速度进站，并做好随时停车的准备。由引导人员接车时，应在引导员接车地点标处（未设的，引导人员应在进站信号机、进路信号机或站界标外方），显示引导手信号接车。列车头部越过引导信号，即可关闭信号或收回引导手信号。

在无联锁的线路上接发列车时，车站值班员除严格按接发列车手续办理外，并应将进路上无联锁的有关对向道岔及邻线上防护道岔加锁。进路上无联锁的分动外锁闭道岔无论对向或顺向，均应对密贴尖轨、斥离尖轨和可动心轨加锁。具体加锁办法，由铁路局规定。

第361条 货物列车在站停车时，司机必须使列车保持制动状态（铁路局指定的凉闸站除外）。发车前，司机施行缓解，确认发车条件具备后，方可起动列车。

第362条 动车组列车由列车长确认旅客上下完毕后，通知司机关闭车门；列车进站停车时，司机按动车组停车位置标停车，确认列车停稳、对准停车位置后开启车门。按钮不在司机操作台上的，由列车长通知随车机械师关闭车门；列车到站停稳后，由随车机械师开启车门。如自动开关门装置故障或特殊情况需单独开关车门时，由司机通知列车工作人员手动开关车门。

动车组列车在车站出发，动车组列车司机在确认行车凭证和开车时间，车门关闭后，即可起动列车。

动车组以外的列车在车站发车前，有关人员应做到：

1. 发车进路准备妥当，行车凭证已交付，出站（进路）信号机已开放，发车条件完备后，车站值班员（助理值班员）方可显示发车信号。

2. 司机必须确认行车凭证及发车信号显示正确后，方可起动列车。

3. 语音记录装置良好的车站，准许使用列车无线调度通信设备发车。

第363条 列车在站内临时停车，待停车原因消除且继续运行时，应按下列规定办理：

1. 司机主动停车时，自行起动列车；

2. 其他列车乘务人员使用紧急制动阀（紧急制动装置）停车时，由车辆乘务员（随车机械师）通知司机开车；

3. 车站接发车人员使列车在站内临时停车时，由车站按规定发车（动车组列车由车站通知司机开车）；

4. 其他原因的临时停车，车站值班员应组织司机、车辆乘务员（随车机械师）等查明停车原因，在列车具备运行条件后，由车站按规定发车（动车组列车由车站通知司机开车）。

上述第1、2、4项列车停车后，司机应立即报告车站值班员，并说明停车原因。

第364条 进站、出站、进路及线路所通过信号机发生故障时，应置于关闭状态，进站信号机及线路所通过信号机发生不能关闭的故障时，应将灯光熄灭或遮住。在将灯光熄灭或遮住以及信号机灭灯时，于夜间应在信号机柱距钢轨顶面不低于2 m处，加挂信号灯，向区间方面显示红色灯光。

第365条 出站信号机发生故障时，除按规定交递行车凭证外，对通过列车应预告司机,并显示通过手信号。装有进路表示器或发车线路表示器的出站信号机,当该表示器不良时,由办理发车人员通知司机后,列车凭出站信号机的显示出发。

【列车被迫停车后的处理】

第366条 列车在区间被迫停车不能继续运行时,司机应立即使用列车无线调度通信设备通知两端站(列车调度员)及车辆乘务员(随车机械师),报告停车原因和停车位置,根据需要迅速请求救援。需要防护时,列车前方由司机负责,列车后方由车辆乘务员(随车机械师)负责,无车辆乘务员(随车机械师)为列车乘务员负责。配备列车防护报警装置的列车应首先使用列车防护报警装置进行防护。单班单司机值乘的列车防护作业办法由铁路局规定。

如遇自动制动机故障,动车组以外的旅客列车司机应通知车辆乘务员立即组织列车乘务人员拧紧全列人力制动机,以保证就地制动;其他列车司机应立即采取安全措施,并向车站值班员(列车调度员)报告,请求救援。

对已请求救援的列车,不得再行移动,并按规定对列车进行防护。

车站值班员(列车调度员)接到司机通知后,应将区间内列车运行情况通知司机,并立即使用列车无线调度通信设备转告区间内有关列车。在停车原因消除前不得再放行追踪、续行列车。

需组织旅客疏散时,车站值班员得到列车调度员准许后,扣停邻线列车并通知司机,司机通知有关作业人员办理。

第367条 列车被迫停车可能妨碍邻线时,司机应立即用列车无线调度通信设备通知邻线上运行的列车和两端站(列车调度员),并与车辆乘务员(随车机械师)分别在列车的头部和尾部附近邻线上点燃火炬;在自动闭塞区间,还应对邻线来车方向短路轨道电路。配备列车防护报警装置的列车应首先使用列车防护报警装置进行防护。司机应亲自或指派人员沿邻线一侧对列车进行检查,发现妨碍邻线时,应立即派人按规定防护。如发现邻线有列车开来时,应鸣示紧急停车信号。

单班单司机值乘的列车防护作业办法由铁路局规定。

车站值班员(列车调度员)接到列车被迫停车可能妨碍邻线的通知后,应立即通知邻线有关列车停车,在原因消除前不得向邻线放行列车。

第368条 列车在区间被迫停车后,根据下列规定放置响墩防护:

1. 已请求救援时,从救援列车开来方面(不明时,从列车前后两方面),距离列车不小于300 m处防护;

2. 一切电话中断后发出的列车(持有附件3通知书1的列车除外),应于停车后,立即从列车后方按线路最大速度等级规定的列车紧急制动距离位置处防护;

3. 对于邻线上妨碍行车地点,应从两方面按线路最大速度等级规定的列车紧急制动距离位置处防护,如确知列车开来方向时,仅对来车方面防护;

4. 列车分部运行,机车进入区间挂取遗留车辆时,应从车列前方距离不小于300 m

处防护。

防护人员设置的响墩待停车原因消除后可不撤除（运行动车组列车的区段除外）。

第 369 条 在不得已情况下，列车必须分部运行时，司机应报告前方站（列车调度员），并做好遗留车辆的防溜和防护工作。司机在记明遗留车辆辆数和停留位置后，方可牵引前部车辆运行至前方站。在运行中仍按信号机的显示进行，但在半自动闭塞区间或按电话闭塞法行车时，该列车必须在进站信号机外停车（司机已报告前方站或列车调度员列车为分部运行时除外），将情况通知车站值班员后再进站。车站值班员应立即报告列车调度员封锁区间，待将遗留车辆拉回车站，确认区间空闲后，方可开通区间。

下列情况列车不准分部运行：

1. 采取措施后可整列运行时；

2. 对遗留车辆未采取防护、防溜措施时；

3. 遗留车辆无人看守时；

4. 司机与车站值班员及列车调度员均联系不上时；

5. 遗留车辆停留在超过 6‰ 坡度的线路上时。

第 370 条 列车发生火灾、爆炸应急处理：

1. 列车发生火灾、爆炸时，须立即停车（停车地点应尽量避开特大桥梁、长大隧道等，选择便于旅客疏散的地点），车站不再向区间放行列车，并通知邻线及后续相关列车停车。电气化区段，现场需停电时，应立即通知供电部门停电。

2. 列车需要分隔甩车时，应根据风向及货物性质等情况而定。一般为先甩下列车后部的未着火车辆，再甩下着火车辆，然后将机后未着火车辆拉至安全地段。

对甩下的车辆，在车站由车站人员负责采取防溜措施；在区间由司机、车辆乘务员负责采取防溜措施。

第 371 条 列车（动车组列车除外）运行途中发生车辆故障应急处理：

1. 发现客车车辆轮轴故障、车体下沉（倾斜）、车辆剧烈振动等危及行车安全的情况时，须立即采取停车措施。由车辆乘务员检查，对抱闸车辆应关闭截断塞门，排除工作风缸和副风缸中的余风，确认安全无误后，方可继续运行；如车轮踏面损坏超过限度或车辆故障不能继续运行时，应甩车处理。

2. 列车调度员接到热轴报告后，应按热轴预报等级要求果断处理。必要时，立即安排停车检查（司机应采用常用制动，列车停车后由车辆乘务员负责检查，无车辆乘务员的由司机确认能否继续安全运行）或就近站甩车处理。

3. 遇客车安全监控系统报警或其他故障需要列车限速运行时，车辆乘务员应使用列车无线调度通信设备通知司机，司机根据要求限速运行并报告车站值班员（列车调度员）。

第 372 条 在不得已情况下，列车必须退行时，车辆乘务员或随车机械师（无车辆乘务员或随车机械师时为指派的胜任人员）应站在列车尾部注视运行前方，发现危及行车或人身安全时，应立即使用紧急制动阀（紧急制动装置）或使用列车无线调度通信设备通知司机，使列车停车。

列车退行速度,不得超过 15 km/h。未得到后方站(线路所)车站值班员准许,不得退行到车站的最外方预告标或预告信号机(双线区间为邻线预告标或特设的预告标)的内方。

车站接到列车退行的报告后,除立即报告列车调度员外,根据线路占用情况,可开放进站信号机或按引导办法将列车接入站内。

下列情况列车不准退行:

1. 按自动闭塞法运行时(列车调度员或后方站车站值班员确认该列车至后方站间无列车,并准许时除外);

2. 在降雾、暴风雨雪及其他不良条件下,难以辨认信号时;

3. 一切电话中断后发出的列车(持有附件 3 通知书 1 的列车除外)。

挂有后部补机的列车,除上述情况外,是否准许退行,由铁路局规定。

【救援列车的开行】

第 374 条　车站值班员接到司机或工务、电务、供电等人员的救援请求后,应立即报告列车调度员。需封锁区间派出救援列车时,列车调度员应向有关车站发布命令封锁区间,并派出救援列车。

向封锁区间发出救援列车时,不办理行车闭塞手续,以列车调度员的命令,作为进入封锁区间的许可。

当列车调度电话不通时,应由接到救援请求的车站值班员根据救援请求办理,救援列车以车站值班员的命令,作为进入封锁区间的许可。

司机接到救援命令后,必须认真确认。命令不清、停车位置不明确时,不准动车。

救援列车进入封锁区间后,在接近被救援列车或车列 2 km 时,要严格控制速度,同时,使用列车无线调度通信设备与请求救援的机车司机进行联系,或以在瞭望距离内能够随时停车的速度运行,最高不得超过 20 km/h,在防护人员处或压上响墩后停车,联系确认,并按要求进行作业。

【施工及路用列车的开行】

第 381 条　遇有施工又必须接发列车的特殊情况时,可按以下施工特定行车办法办理:

1. 车站采用固定进路的办法接发列车。施工开始前,车站须将正线进路开通,并对进路上所有道岔按规定加锁(集中联锁良好的道岔可在控制台上进行单独锁闭)。有关道岔密贴的确认及具体的加锁办法,由铁路局规定。

2. 引导接车并正线通过时,准许列车司机凭特定引导手信号的显示,以不超过 60 km/h 速度进站。

3. 准许车站不向司机递交书面行车凭证和调度命令。但车站仍按规定办理行车手续,并使用列车无线调度通信设备(其语音记录装置须作用良好)将行车凭证号码(路票为电话记录号码、绿色许可证为编号)和调度命令号码通知司机,得到司机复诵正确后,方可显示通过手信号。列车凭通过手信号通过车站。

其他具体安全行车办法，由铁路局规定。

第382条　向施工封锁区间开行路用列车时，列车进入封锁区间的行车凭证为调度命令。该命令中应包括列车车次、停车地点、到达车站的时刻等有关事项，需限速运行时在命令中一并注明。

向施工封锁区间开行路用列车，原则上每端只准进入一列，如超过时，其安全措施及运行办法由铁路局规定。

第383条　路用列车应由施工单位指派胜任人员携带列车无线调度通信设备值乘，并在区间协助司机作业。路用列车或施工机械进入施工地段时，应在施工防护人员显示的停车手信号前停车，根据施工负责人的要求，按调车办法，进入指定地点。

第384条　列车在区间装卸车时，装卸车负责人应指挥列车停于指定地点。装卸车完毕后，其负责人应负责检查装卸货物的装载、堆码状态，确认限界，清好道沿，关好车门，通知司机开车。

第397条　在区间线路上进行不影响行车的作业，不需要以停车信号或移动减速信号防护，应在作业地点两端500~1 000 m处列车运行方向左侧（双线在线路外侧）的路肩上设置作业标，设立位置如第24图所示，显示方式如第215图所示。司机见此标志须注意瞭望，在非限鸣区域，司机须长声鸣笛；在限鸣区域，除遇危及行车安全等情况，限制鸣笛，装备机车限鸣示警系统的应开启灯显示警设备。

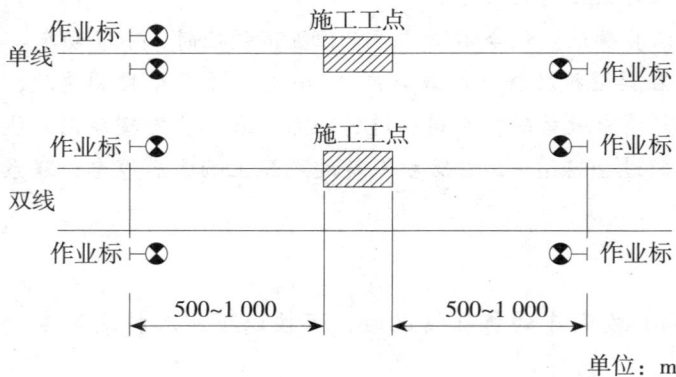

第24图

第215图

【固定行车设备检修及故障处理】

第405条　线路发生故障时的防护办法如下：

1. 应立即使用列车无线调度通信设备通知车站值班员或列车司机紧急停车，同时在故障地点设置停车信号。

2. 当确知一端先来车时，应急速奔向列车，用手信号旗（灯）或徒手显示停车信号。

3. 如不知来车方向，应在故障地点注意倾听和瞭望，发现来车，应急速奔向列车，用手信号旗(灯)或徒手显示停车信号。

设有固定信号机时,应先使其显示停车信号。

站内线路、道岔发生故障时,应按规定设置停车信号防护。

第 407 条 铁路职工或其他人员发现设备故障危及行车和人身安全时,应立即向开来列车发出停车信号,并迅速通知就近车站、工务、电务或供电人员。

【**练习题**】(填空 45 题,选择 27 题,判断 27 题,简答 18 题,综合 13 题,合计 130 题)

一、填空题

1. 列车是指**编成的车列**并挂有**机车**及规定的( )。J331

2. 司机在列车运行中,遇有信号显示不明或危及行车和人身安全时,应立即采取( )措施。J335

3. 列车运行途中,遇**列尾装置**、( )、**列车运行监控装置**(轨道车运行控制设备)发生故障时,司机应立即使用列车无线调度通信设备报告车站值班员或列车调度员,并根据实际情况掌握速度运行。J335

4. 司机在列车运行中,应随时检查**机车总风缸**、( )的压力。J335

5. 装备机车综合无线通信设备的机车,开车前司机要选定机车综合无线通信设备**通信模式**和( )。J335

6. 【**历年真题**】装备机车综合无线通信设备的机车,开车前司机要选定机车综合无线通信设备( )和运行线路。J335

7. 在 GSM-R 区段运行时,机车综合无线通信设备、GSM-R 手持终端按规定注册( ),并确认正确。J335

8. 【**历年真题**】在( )区段运行时,机车综合无线通信设备、GSM-R 手持终端按规定注册列车车次,并确认正确。J335

9. 司机在列车运行中,应**彻底瞭望,确认信号**,执行( )制度,严格按信号显示要求行车,确保列车安全正点。J335

10. 【**历年真题**】司机在列车运行中,应( ),执行呼唤应答制度,严格按信号显示要求行车,确保列车安全正点。J335

11. 机车信号、列车无线调度通信设备、列车运行监控装置(轨道车运行控制设备)和列尾装置必须**全程运转**,严禁擅自( )。J335

12. 【**历年真题**】在列车运行中,司机应做到起动稳,加速快,精心操纵,停车准确,按规定鸣笛,防止列车冲动和( )。J335

13. 在区间内列车使用紧急制动阀停车后再开车时,司机必须检查试验列车**制动主管**的( )状态,确认列车完整,具备开车条件后,**方可起动列车**。J335

14. 等会列车时,不准关闭空气压缩机,并应按规定显示( )。J335

15. 改按天气恶劣难以辨认信号的办法行车时,列车按( )的显示运行。J338

16．改按天气恶劣难以辨认信号的办法行车，当接近地面信号机时，司机应确认地面信号，遇地面信号与机车信号显示**不一致**时，应立即采取（　　　　　）措施。J338

17．当天气恶劣无法辨认出站（进路）信号机显示时，在列车具备发车条件后，司机凭车站值班员列车无线调度通信设备（其语音记录装置须作用良好）的发车通知起动列车，在确认出站（进路）信号机（　　　　　）后，再行**加速**。J338

18．列尾装置故障时，车辆乘务员在列车（　　　　　）、**停车站进站前**和**出站后**，应按规定与司机核对列车尾部风压。J340

19．旅客列车改为单管供风跨局运行时，由铁路总公司发布调度命令通知有关铁路局，按单管供风办理，直至（　　　　　）。J342

20．机车乘务组以外人员登乘机车时，除铁路机车运用管理规则指定的人员外，须凭（　　　　　）登乘。J346

21．列车退行的限制速度是（　　　　　）km/h。J347

22．通过显示黄色灯光的信号机及位于定位的预告信号机时，列车运行限制速度为在（　　　　　）信号机前能停车的速度。J347

23．向站内有车线接车时，列车应在进站信号机外停车，由接车人员向司机通知事由后，以（　　　　　）将列车领入站内。J357

24．列车进站后，应停于接车线（　　　　　）内方。在设有出站（进路）信号机的线路，列车头部不得越过出站（进路）信号机。J358

25．货物列车在站停车时，司机必须使列车保持（　　　　　）状态。J361

26．货物列车在站停车时，司机必须使列车保持**制动状态**（铁路局指定的凉闸站除外）。发车前，司机施行缓解，确认（　　　　　）具备后，方可起动列车。J361

27．动车组以外的列车在车站发车前，司机必须确认（　　　　　）及发车信号**显示正确**后，方可起动列车。J362

28．进站信号机及线路所通过信号机发生不能关闭的故障时，应将灯光**熄灭**或（　　　　　）。J364

29．装有进路表示器或发车线路表示器的出站信号机，当该表示器不良时，由办理发车人员通知司机后，列车可凭（　　　　　）的显示出发。J365

30．列车在区间被迫停车不能继续运行时，司机应立即使用列车无线调度通信设备通知两端站（列车调度员）及车辆乘务员（随车机械师），报告（　　　　　）和**停车位置**，根据需要迅速请求救援。J366

31．对已请求救援的列车，不得再行移动，并按规定对列车进行（　　　　　）。J366

32．列车分部运行，机车进入区间挂取遗留车辆时，应从车列前方距离不小于（　　　　　）m处防护。J368

33．一切电话中断后发出的列车（持有附件3通知书1的列车除外），应于停车后，立即从列车（　　　　　）按线路最大速度等级规定的列车紧急制动距离位置处防护。J368

34．在不得已情况下，列车必须分部运行时，司机应报告前方站（列车调度员），并

做好遗留车辆的( )和**防护**工作。J369

35. 列车发生火灾、爆炸时,须**立即停车**,停车地点应尽量避开( )、长大隧道等,选择便于旅客疏散的地点。J370

36. 列车(动车组列车除外)运行途中司机接到因热轴需停车检查的通知后,应采用( ),列车停车后由车辆乘务员负责检查,无车辆乘务员的由司机确认能否继续安全运行。J371

37.【历年真题】列车运行途中司机发现客车车辆轮轴故障、车体下沉(倾斜)、车辆剧烈振动等危及行车安全的情况时,须立即采取停车措施,停车后由( )负责检查处理。J371

38. 向封锁区间开行救援列车时,司机接到救援命令后,必须认真确认。命令不清、( )不明确时,不准动车。J374

39. 遇有施工引导接车并正线通过时,准许列车司机凭( )手信号的显示,以不超过 60 km/h 速度进站。J381

40. 向施工封锁区间开行路用列车时,列车进入封锁区间的行车凭证为( )。J382

41. 路用列车应由**施工单位**指派胜任人员携带列车无线调度通信设备值乘,并在区间协助( )作业。J383

42. 路用列车或施工机械进入施工地段时,应在施工防护人员显示的停车手信号前停车,根据施工负责人的要求,按( )办法,进入指定地点。J383

43. 在非限鸣区域,列车接近作业标时,司机须( )。J397

44. 站内线路、道岔发生故障时,应按规定设置( )信号防护。J405

45. 线路发生故障时,如设有固定信号机,应先使其显示( )信号。J405

二、选择题

1. 列车在出发前按规定对列车自动制动机进行试验,在制动保压状态下列车制动主管的压力( )内漏泄不得超过 20 kPa,确认列尾装置作用良好。J335

A. 1 min B. 2 min C. 3 min

2. 列车在出发前按规定对列车自动制动机进行试验,在制动保压状态下列车制动主管的压力 1 min 内漏泄不得超过( ),确认列尾装置作用良好。J335

A. 10 kPa B. 20 kPa C. 100 kPa

3.【历年真题】遇下列情况,司机应立即采取减速或停车措施的是( )。J335

A. 信号显示不明

B. 列车发生火灾

C. 落石、倒树等障碍物危及行车安全

4. 在自动闭塞区间,列车在运行途中遇机车信号发生故障时,运行速度不得超过( )km/h。J335

A. 20 B. 25 C. 30

5．运行途中，遇列车无线调度通信设备发生故障时，司机应（　　）报告。J335

A．立即停车　　　　　　　　B．在前方站停车　　　　　　C．前方停车站

6．运行途中，遇（　　）发生故障时，司机应控制列车运行至前方站停车处理或请求更换机车，在自动闭塞区间，列车运行速度不超过 20 km/h。J335

A．机车信号　　　　　　　　B．列尾装置　　　　　　　　C．列车无线调度通信设备

7．单机在自动闭塞区间被迫停在调谐区内，当具备移动条件时司机须先将机车移动不少于（　　）m。J335

A．10　　　　　　　　　　　B．15　　　　　　　　　　　C．20

8．遇天气恶劣，信号机显示距离不足（　　）m 时，司机或车站值班员须立即报告列车调度员，列车调度员应及时发布调度命令，改按天气恶劣难以辨认信号的办法行车。J338

A．200　　　　　　　　　　B．400　　　　　　　　　　C．1 000

9．在汛期暴风雨中行车，当列车通过防洪重点地段时，司机要（　　），并随时采取必要的安全措施。J339

A．加强瞭望　　　　　　　　B．减速运行　　　　　　　　C．立即停车

10．列车运行途中遇有落石、倒树等障碍物危及行车安全时，司机应（　　），排除障碍并确认安全无误后，方可继续运行。J339

A．加强瞭望　　　　　　　　B．按规定限速运行　　　　　C．立即停车

11．在汛期暴风雨中行车，当洪水漫到路肩时，列车应按规定（　　）。J339

A．加强瞭望　　　　　　　　B．限速运行　　　　　　　　C．立即停车

12．双管供风旅客列车运行途中发生双管供风设备故障或用单管供风机车救援接续牵引，需改为单管供风时，双管改单管作业应在（　　）进行。J342

A．区间停车　　　　　　　　B．运行途中　　　　　　　　C．站内

13．旅客列车在区间发生故障需双管改单管供风时，由车辆乘务员通知司机向列车调度员（车站值班员）提出在前方站停车处理的请求，并通知司机以不超过（　　）km/h速度运行至前方站。J342

A．120　　　　　　　　　　B．140　　　　　　　　　　C．160

14．四显示自动闭塞区段通过显示绿黄色灯光的信号机时，要求列车以在前方（　　）信号机前能停车的速度运行。J347

A．第一架　　　　　　　　　B．第二架　　　　　　　　　C．第三架

15．列车通过减速地点标时的限制速度为标明的速度，未标明时为（　　）km/h。J347

A．15　　　　　　　　　　　B．25　　　　　　　　　　　C．45

16．列车接入站内尽头线，自进入该线起速度不得超过（　　）km/h。J347

A．15　　　　　　　　　　　B．20　　　　　　　　　　　C．30

17．在自动闭塞区段，当接车进路信号机不能使用时，列车凭（　　）越过。J359

A．路票　　　　　　　　　　B．绿色许可证　　　　　　　C．引导信号

18. 在半自动闭塞区段，当接车进路信号机不能使用时，列车凭（　　）越过。J359

A. 路票

B. 半自动闭塞发车进路通知书

C. 引导信号

19. 在自动闭塞区段，当进站信号机不能使用时，列车凭（　　）进站。J359

A. 路票　　　　　　　　B. 绿色许可证　　　　　　C. 引导信号

20. 在半自动闭塞区段，当进站信号机不能使用时，列车凭（　　）进站。J359

A. 路票

B. 半自动闭塞发车进路通知书

C. 引导信号

21. 引导接车时，列车以不超过（　　）km/h 速度进站，并做好随时停车的准备。J359

A. 20　　　　　　　　　　B. 30　　　　　　　　　　C. 60

22. 装有进路表示器的出站信号机，当该表示器不良时，由办理发车人员（　　）后，列车凭出站信号机的显示出发。J365

A. 发给司机调度命令　　　B. 发给司机绿色许可证　　C. 通知司机

23. 已请求救援时，从救援列车开来方面（不明时，从列车前后两方面），距离列车（　　）处放置响墩防护。J368

A. 不小于 300 m

B. 不小于 800 m

C. 按线路最大速度等级规定的列车紧急制动距离位置

24. 列车在区间被迫停车后，对于邻线上妨碍行车地点，应从两方面（　　）处防护，如确知列车开来方向时，仅对来车方面防护。J368

A. 不小于 300 m

B. 不小于 800 m

C. 按线路最大速度等级规定的列车紧急制动距离位置

25. 列车（动车组列车除外）运行途中司机发现客车车辆轮轴故障、车体下沉（倾斜）、车辆剧烈振动等危及行车安全的情况时，须立即采取停车措施，停车后由（　　）负责检查处理。J371

A. 机车乘务员　　　　　　B. 车辆乘务员　　　　　　C. 车站（助理）值班员

26. 遇有施工引导接车并正线通过时，准许列车司机凭特定引导手信号的显示，以不超过（　　）km/h 速度进站。J381

A. 20　　　　　　　　　　B. 30　　　　　　　　　　C. 60

27. 【历年真题】路用列车应由（　　）指派胜任人员携带列车无线调度通信设备值乘，并在区间协助司机作业。J383

A. 车站值班员　　　　　　B. 列车调度员　　　　　　C. 施工单位

三、判断题

1. 单机未完全具备列车条件，所以不按列车办理。（　）J331

2. 列车运行中，各有关作业人员应按规定执行车机联控。（　）J333

3. 列车司机在列车运行中负责货运票据的交接与保管。（　）J335

4. 司机应将列车运行中发生的问题及使用紧急制动阀的情况，及时报告列车调度员。（　）J335

5. 改按天气恶劣难以辨认信号的办法行车，遇地面信号与机车信号显示不一致时，应按地面信号机显示运行。（　）J338

6. 列车遇到线路塌方、道床冲空等危及行车安全的突发情况时，司机停车后应首先使用列车防护报警装置进行防护。（　）J339

7. 列车发生紧急制动停车后，车辆乘务员应联系司机，检查车辆技术状态，可继续运行时通知司机开车。（　）J340

8. 【历年真题】列车发生紧急制动停车后，车辆乘务员应检查车辆技术状态，可继续运行时通知司机开车。（　）J340

9. 列车使用紧急制动阀停车后，车辆乘务员应向司机通报使用紧急制动阀的情况，并协助司机处理有关行车事宜。（　）J340

10. 【历年真题】列车使用紧急制动阀停车后，车长应向司机通报使用紧急制动阀的情况，并协助司机处理有关行车事宜。（　）J340

11. 登乘机车、动车组司机室的人员，在不影响乘务人员工作的前提下，经检验准许后方可登乘。（　）J346

12. 四显示自动闭塞区段通过显示绿黄色灯光的信号机时，应以在前方第二架信号机前能停车的速度运行。（　）J347

13. 列车通过减速地点标时，运行速度不得超过 25 km/h。（　）J347

14. 列车进站后，如列车尾部停在警冲标外方或压轨道绝缘时，车站接车人员应使用列车无线调度通信设备等通知司机或显示向前移动的手信号，使列车向前移动。（　）J358

15. 进站、接车进路信号机不能使用由引导人员接车时，应在引导员接车地点标处（未设的，引导人员应在进站信号机、进路信号机或站界标内方），显示引导手信号接车。（　）J359

16. 出站信号机发生故障时，除按规定交递行车凭证外，对通过列车应预告司机，并显示引导手信号。（　）J365

17. 已请求救援的列车，待停车原因消除后可自行开车。（　）J366

18. 【历年真题】列车在区间被迫停车已请求救援时，从救援列车开来方面（不明时，从列车前后两方面），距离列车不小于 300 m 处防护（　）J368

19. 列车在区间被迫停车，防护人员设置的响墩待停车原因消除后必须及时撤除。（　）J368

20．列车运行途中遇车辆乘务员使用列车无线调度通信设备通知司机列车需限速运行时，司机应根据要求限速运行并报告车站值班员（列车调度员）。　　（　　）J371

21．【历年真题】遇客车安全监控系统报警或其他故障需要列车限速运行时，车辆乘务员应使用列车无线调度通信设备通知司机，司机根据要求限速运行并报告车站值班员（列车调度员）。　　（　　）J371

22．按施工特定行车办法行车时，列车凭特定引导手信号通过车站。　（　　）J381

23．按施工特定行车办法行车时，车站不向司机递交书面行车凭证和调度命令，并使用列车无线调度通信设备将行车凭证号码（路票为电话记录号码、绿色许可证为编号）和调度命令号码通知司机，列车凭通过手信号通过车站。　（　　）J381

24．【历年真题】按施工特定行车办法行车时，车站不向司机递交书面行车凭证和调度命令，并使用列车无线调度通信设备将行车凭证号码（路票为电话记录号码、绿色许可证为编号）和调度命令号码通知司机，列车凭手信号通过车站。　（　　）J381

25．路用列车进入施工地段时，应在施工防护人员显示的停车手信号前停车，根据施工负责人的要求，按调车办法，进入指定地点。　（　　）J383

26．列车在区间装卸车时，装卸车负责人应指挥列车停于指定地点。装卸车完毕后，司机确认车门关闭后开车。　（　　）J384

27．铁路职工或其他人员发现设备故障危及行车和人身安全时，应立即向开来列车发出停车信号，并迅速通知就近车站、工务、电务或供电人员。　（　　）J407

四、简答题

1．何谓列车？J331

2．【历年真题】司机在列车运行中应如何严守速度、确认信号，确保列车运行安全？J335

3．列车在区间内停车进行防护、分部运行、装卸作业或使用紧急制动阀停车后再开车时，司机应注意哪些事项？J335

4．单机在自动闭塞区间紧急制动停车或被迫停在调谐区内时，司机应如何处理？J335

5．在列车运行途中，遇列尾装置、机车信号、列车运行监控装置发生故障时，司机应如何处理？J335

6．遇天气恶劣无法辨认出站（进路）信号机显示时，在列车具备发车条件后，司机应如何行车？J338

7．列车遇到线路塌方、道床冲空等危及行车安全的突发情况时，司机应如何处理？J339

8．【历年真题】列车在站内停车时，停车位置有何规定？J358

9．货车列车在车站停车时，对列车的制动、缓解应遵守哪些规定？J361

10．出站信号机发生故障，对通过列车有何规定？J365

11．装有进路表示器或发车线路表示器的出站信号机，当该表示器不良时，是如何行

车的？ J365

12．哪些情况列车不准分部运行？ J369

13．列车发生火灾、爆炸需要分隔甩车时，应如何处理？ J370

14．哪些情况列车不准退行？ J372

15．向封锁区间发出救援列车时，列车进入封锁区间的行车凭证是什么？ J374

16．司机接到救援命令后，动车前应注意哪些事项？ J374

17．救援列车进入封锁区间后，司机应如何操作？ J374

18．向施工封锁区间开行路用列车时，列车进入封锁区间的行车凭证是什么？包括哪些内容？ J382

五、综合题

1．遇天气恶劣，信号机显示距离不足 200 m 时，司机应如何行车？ J338

2．列车在汛期暴风雨中行车时，司机应如何处理？ J339

3．普速铁路《技规》对列车运行限制速度有何规定？ J347

4．什么情况下使用引导接车，引导接车有何规定？ J359

5．列车在站内临时停车，待停车原因消除且继续运行时有何规定？ J363

6．列车在区间被迫停车后不能继续运行时，司机应如何处理？ J366

7．列车被迫停车可能妨碍邻线时，司机应如何处理？ J367

8．列车在区间被迫停车后，应如何设置响墩进行防护？ J368

9．列车必须分部运行时，司机应如何处理？ J369

10．试述列车发生火灾、爆炸的应急处理办法。J370

11．在不得已情况下，列车必须退行时，司机应如何行车？ J372

12．向封锁区间开行救援列车有何规定？ J374

13．【历年真题】试述遇有施工又必须接发列车的特殊情况时，按施工特定行车办法行车的有关规定。J381

【练习题答案】

一、填空题

1. 列车标志；2. 减速或停车；3. 机车信号；4. 制动主管；

5. 运行线路；6. 通信模式；7. 列车车次；8. GSM-R；9. 呼唤应答；

10. 彻底瞭望，确认信号；11. 关机；12. 断钩；13. 贯通；

14. 列车标志；15. 机车信号；16. 减速或停车；17. 显示正确；

18. 出发前；19. 终到站；20. 登乘机车证；21. 15；22. 次一架；

23. 调车手信号旗(灯)；24. 警冲标；25. 制动；26. 发车条件；

27. 行车凭证；28. 遮住；29. 出站信号机；30. 停车原因；31. 防护；

32. 300；33. 后方；34. 防溜；35. 特大桥梁；36. 常用制动；

37. 车辆乘务员；38. 停车位置；39. 特定引导；40. 调度命令；

41. 司机；42. 调车；43. 长声鸣笛；44. 停车；45. 停车

二、选择题

1. A；2. B；3. A；4. A；5. B；6. A；7. B；8. A；9. A；

10. C；11. B；12. C；13. A；14. C；15. B；16. C；17. C；

18. C；19. C；20. C；21. A；22. C；23. A；24. C；25. B；

26. C；27. C

三、判断题

1. ×　正确：亦应按列车办理；2. √；3. √；4. √；

5. ×　正确：应立即采取减速或停车措施；6. √；7. √；

8. ×　正确：车辆乘务员应联系司机；9. √；

10. ×　正确：车辆乘务员；11. √；12. ×　正确：第三架；

13. ×　正确：未标明时不得超过；14. √；

15. ×　正确：进站信号机、进路信号机或站界标外方；

16. ×　正确：通过手信号；17. ×　正确：不得再行移动；18. √；

19. ×　正确：可不撤除(运行动车组列车的区段除外)；20. √；

21. √；22. ×　正确：通过手信号；23. √；

24. ×　正确：通过手信号；25. √；

26. ×　正确：装卸车完毕后，其负责人应负责检查装卸货物的装载、堆码状态，确认限界，清好道沿，关好车门，通知司机开车；27. √

四、简答题

1. 何谓列车？(5 分)

【答】列车是指编成的车列(2 分)并挂有机车(1 分)及规定的列车标志(2 分)。

2. 司机在列车运行中应如何严守速度、确认信号，确保列车运行安全？(5 分)

【答】遵守列车运行图规定的运行时刻和各项允许及限制速度(1 分)。彻底瞭望，确认信号，执行呼唤应答制度，严格按信号显示要求行车，确保列车安全正点(2 分)。遇

铁路机务行车安全规章考点解析与练习（J5、J6类）

有信号显示不明或危及行车和人身安全时，应立即采取减速或停车措施（2分）。

3．列车在区间内停车进行防护、分部运行、装卸作业或使用紧急制动阀停车后再开车时，司机应注意哪些事项？（5分）

【答】司机必须检查试验列车制动主管的贯通状态（2分），确认列车完整（1分），具备开车条件后（1分），方可起动列车（1分）。

4．单机在自动闭塞区间紧急制动停车或被迫停在调谐区内时，司机应如何处理？（5分）

【答】司机须立即通知后续列车司机（1分）、向两端站车站值班员（列车调度员）报告停车位置（1分）（具备移动条件时司机须先将机车移动不少于15 m）（1分），并在轨道电路调谐区外使用短路铜线短接轨道电路（2分）。

5．在列车运行途中，遇列尾装置、机车信号、列车运行监控装置发生故障时，司机应如何处理？（5分）

【答】运行途中，遇列尾装置、机车信号、列车运行监控装置发生故障时，司机应立即使用列车无线调度通信设备报告车站值班员或列车调度员（2分），并根据实际情况掌握速度运行（1分）；遇机车信号、列车运行监控装置发生故障时，司机应控制列车运行至前方站停车处理或请求更换机车（1分），在自动闭塞区间，列车运行速度不超过20 km/h（1分）。

6．遇天气恶劣无法辨认出站（进路）信号机显示时，在列车具备发车条件后，司机应如何行车？（5分）

【答】司机凭车站值班员列车无线调度通信设备（其语音记录装置须作用良好）的发车通知起动列车（3分），在确认出站（进路）信号机显示正确后，再行加速（2分）。

7．列车遇到线路塌方、道床冲空等危及行车安全的突发情况时，司机应如何处理？（5分）

【答】司机应立即采取应急性安全措施，并立刻通知追踪列车、邻线列车及邻近车站（3分）。配备列车防护报警装置的列车应首先使用列车防护报警装置进行防护（2分）。

8．列车在站内停车时，停车位置有何规定？（5分）

【答】列车进站后，应停于接车线警冲标内方（2分）。在设有出站（进路）信号机的线路（1分），列车头部不得越过出站（进路）信号机（2分）。

9．货车列车在车站停车时，对列车的制动、缓解应遵守哪些规定？（5分）

【答】货物列车在站停车时，司机必须使列车保持制动状态（铁路局指定的凉闸站除外）（2分）。发车前，司机施行缓解（1分），确认发车条件具备后（1分），方可起动列车（1分）。

10．出站信号机发生故障，对通过列车有何规定？（5分）

【答】出站信号机发生故障时，除按规定交递行车凭证外，对通过列车应预告司机（3分），并显示通过手信号（2分）。

11．装有进路表示器或发车线路表示器的出站信号机，当该表示器不良时，是如何行

车的？（5分）

【答】装有进路表示器或发车线路表示器的出站信号机，当该表示器不良时，由办理发车人员通知司机后（2分），列车凭出站信号机的显示出发（3分）。

12．哪些情况列车不准分部运行？（5分）

【答】（1）采取措施后可整列运行时（1分）；

（2）对遗留车辆未采取防护、防溜措施时（1分）；

（3）遗留车辆无人看守时（1分）；

（4）司机与车站值班员及列车调度员均联系不上时（1分）；

（5）遗留车辆停留在超过6‰坡度的线路上时（1分）。

13．列车发生火灾、爆炸需要分隔甩车时，应如何处理？（5分）

【答】列车需要分隔甩车时，应根据风向及货物性质等情况而定（1分）。一般为先甩下列车后部的未着火车辆，再甩下着火车辆，然后将机后未着火车辆拉至安全地段（2分）。对甩下的车辆，在车站由车站人员负责采取防溜措施（1分）；在区间由司机、车辆乘务员负责采取防溜措施（1分）。

14．哪些情况列车不准退行？（5分）

【答】（1）按自动闭塞法运行时（列车调度员或后方站车站值班员确认该列车至后方站间无列车，并准许时除外）（2分）；（2）在降雾、暴风雨雪及其他不良条件下，难以辨认信号时（1分）；（3）一切电话中断后发出的列车（持有附件3通知书1的列车除外）（1分）。挂有后部补机的列车，除上述情况外，是否准许退行，由铁路局规定（1分）。

15．向封锁区间发出救援列车时，列车进入封锁区间的行车凭证是什么？（5分）

【答】列车进入封锁区间的行车凭证是列车调度员的命令（2分）；当列车调度电话不通时，救援列车以车站值班员的命令，作为进入封锁区间的许可（3分）。

16．司机接到救援命令后，动车前应注意哪些事项？（5分）

【答】司机接到救援命令后，必须认真确认（2分）。命令不清（1分）、停车位置不明确时（1分），不准动车（1分）。

17．救援列车进入封锁区间后，司机应如何操作？（5分）

【答】救援列车进入封锁区间后，在接近被救援列车或车列2 km时，要严格控制速度（2分），同时，使用列车无线调度通信设备与请求救援的机车司机进行联系（1分），或以在瞭望距离内能够随时停车的速度运行，最高不得超过20 km/h（1分），在防护人员处或压上响墩后停车，联系确认，并按要求进行作业（1分）。

18．向施工封锁区间开行路用列车时，列车进入封锁区间的行车凭证是什么？包括哪些内容？（5分）

【答】行车凭证是调度命令（1分）。该命令中应包括列车车次（1分）、停车地点（1分）、到达车站的时刻等有关事项（1分），需限速运行时在命令中一并注明（1分）。

五、综合题

1．遇天气恶劣，信号机显示距离不足200 m时，司机应如何行车？（10分）

【答】遇天气恶劣，信号机显示距离不足 200 m 时，司机或车站值班员须立即报告列车调度员，列车调度员应及时发布调度命令，改按天气恶劣难以辨认信号的办法行车（1 分）。

（1）列车按机车信号的显示运行（1 分）。当接近地面信号机时，司机应确认地面信号（1 分），遇地面信号与机车信号显示不一致时，应立即采取减速或停车措施（2 分）。

（2）当无法辨认出站（进路）信号机显示时，在列车具备发车条件后（1 分），司机凭车站值班员列车无线调度通信设备（其语音记录装置须作用良好）的发车通知起动列车（1 分），在确认出站（进路）信号机显示正确后，再行加速（2 分）。

（3）天气转好时，应及时报告列车调度员发布调度命令，恢复正常行车（1 分）。

2. 列车在汛期暴风雨中行车时，司机应如何处理？（10 分）

【答】（1）列车通过防洪重点地段时，司机要加强瞭望，并随时采取必要的安全措施（2 分）。

（2）当洪水漫到路肩时，列车应按规定限速运行（1 分）；遇有落石、倒树等障碍物危及行车安全时，司机应立即停车（2 分），排除障碍并确认安全无误后，方可继续运行（1 分）。

（3）列车遇到线路塌方、道床冲空等危及行车安全的突发情况时，司机应立即采取应急性安全措施（1 分），并立刻通知追踪列车、邻线列车及邻近车站（1 分）。配备列车防护报警装置的列车应首先使用列车防护报警装置进行防护（2 分）。

3. 普速铁路《技规》对列车运行限制速度有何规定？（10 分）

【答】四显示自动闭塞区段通过显示绿黄色灯光的信号机限制速度为在前方第三架信号机前能停车的速度（2 分）；通过显示黄色灯光的信号机及位于定位的预告信号机限制速度为在次一架信号机前能停车的速度（2 分）；通过显示一个黄色闪光灯光和一个黄色灯光的信号机限制速度为该信号机防护进路上道岔侧向的允许通过速度（1 分）；通过减速地点标限制速度为标明的速度，未标明时为 25 km/h（2 分）；推进限制速度为 30 km/h（1 分）；退行限制速度为 15 km/h（1 分）；接入站内尽头线，自进入该线起限制速度为 30 km/h（1 分）。

4. 什么情况下使用引导接车，引导接车有何规定？（10 分）

【答】进站、接车进路信号机不能使用时，应开放引导信号（2 分）。引导信号不能开放或无进站信号机时，应派引导人员接车（2 分）。

引导接车时，列车以不超过 20 km/h 速度进站，并做好随时停车的准备（2 分）。由引导人员接车时，应在引导员接车地点标处（未设的，引导人员应在进站信号机、进路信号机或站界标外方），显示引导手信号接车（2 分）。列车头部越过引导信号，即可关闭信号或收回引导手信号（2 分）。

5. 列车在站内临时停车，待停车原因消除且继续运行时有何规定？（10 分）

【答】（1）司机主动停车时，自行起动列车（2 分）；

（2）其他列车乘务人员使用紧急制动阀（紧急制动装置）停车时，由车辆乘务员（随车机械师）通知司机开车（2 分）；

（3）车站接发车人员使列车在站内临时停车时，由车站按规定发车（动车组列车由车站通知司机开车）（2 分）；

（4）其他原因的临时停车，车站值班员应组织司机、车辆乘务员（随车机械师）等查明停车原因，在列车具备运行条件后，由车站按规定发车（动车组列车由车站通知司机开车）（2 分）。

上述第（1）（2）（4）项列车停车后，司机应立即报告车站值班员，并说明停车原因（2 分）。

6. 列车在区间被迫停车后不能继续运行时，司机应如何处理？（10 分）

【答】列车在区间被迫停车不能继续运行时，司机应立即使用列车无线调度通信设备通知两端站（列车调度员）及车辆乘务员（随车机械师）（1 分），报告停车原因和停车位置（1 分），根据需要迅速请求救援（1 分）。需要防护时，列车前方由司机负责，列车后方由车辆乘务员（随车机械师）负责（1 分），无车辆乘务员（随车机械师）为列车乘务员负责（1 分）。配备列车防护报警装置的列车应首先使用列车防护报警装置进行防护（1 分）。单班单司机值乘的列车防护作业办法由铁路局规定（1 分）。

如遇自动制动机故障，动车组以外的旅客列车司机应通知车辆乘务员立即组织列车乘务人员拧紧全列人力制动机，以保证就地制动（1 分）；其他列车司机应立即采取安全措施，并向车站值班员（列车调度员）报告，请求救援（1 分）。对已请求救援的列车，不得再行移动，并按规定对列车进行防护（1 分）。

7. 列车被迫停车可能妨碍邻线时，司机应如何处理？（10 分）

【答】列车被迫停车可能妨碍邻线时，司机应立即用列车无线调度通信设备通知邻线上运行的列车和两端站（列车调度员）（1 分），并与车辆乘务员（随车机械师）分别在列车的头部和尾部附近邻线上点燃火炬（2 分）；在自动闭塞区间，还应对邻线来车方向短路轨道电路（2 分）。配备列车防护报警装置的列车应首先使用列车防护报警装置进行防护（1 分）。司机应亲自或指派人员沿邻线一侧对列车进行检查（1 分），发现妨碍邻线时，应立即派人按规定防护（1 分）。如发现邻线有列车开来时，应鸣示紧急停车信号（1 分）。单班单司机值乘的列车防护作业办法由铁路局规定（1 分）。

8. 列车在区间被迫停车后，应如何设置响墩进行防护？（10 分）

【答】（1）已请求救援时，从救援列车开来方面（不明时，从列车前后两方面），距离列车不小于 300 m 处防护（2 分）；

（2）一切电话中断后发出的列车（持有附件 3 通知书 1 的列车除外），应于停车后，立即从列车后方按线路最大速度等级规定的列车紧急制动距离位置处防护（3 分）；

（3）对于邻线上妨碍行车地点，应从两方面按线路最大速度等级规定的列车紧急制动距离位置处防护，如确知列车开来方向时，仅向来车方面防护（3 分）；

（4）列车分部运行，机车进入区间挂取遗留车辆时，应从车列前方距离不小于 300 m 处防护（2 分）。

9. 列车必须分部运行时，司机应如何处理？（10 分）

【答】在不得已情况下，列车必须分部运行时，司机应报告前方站（列车调度员），并做好遗留车辆的防溜和防护工作（2 分）。司机在记明遗留车辆辆数和停留位置后，方可牵引前部车辆运行至前方站（2 分）。在运行中仍按信号机的显示进行（1 分），但在半自动闭塞区间或按电话闭塞法行车时（2 分），该列车必须在进站信号机外停车（司机已报告前方站或列车调度员列车为分部运行时除外）（2 分），将情况通知车站值班员后再进站（1 分）。

10. 试述列车发生火灾、爆炸的应急处理办法。（10 分）

【答】（1）列车发生火灾、爆炸时，须立即停车（停车地点应尽量避开特大桥梁、长大隧道等，选择便于旅客疏散的地点）（2 分），车站不再向区间放行列车，并通知邻线及后续相关列车停车（2 分）。电气化区段，现场需停电时，应立即通知供电部门停电（1 分）。

（2）列车需要分隔甩车时，应根据风向及货物性质等情况而定（1 分）。一般为先甩下列车后部的未着火车辆，再甩下着火车辆，然后将机后未着火车辆拉至安全地段（2 分）。

对甩下的车辆，在车站由车站人员负责采取防溜措施（1 分）；在区间由司机、车辆乘务员负责采取防溜措施（1 分）。

11. 在不得已情况下，列车必须退行时，司机应如何行车？（10 分）

【答】车辆乘务员或随车机械师（无车辆乘务员或随车机械师时为指派的胜任人员）应站在列车尾部注视运行前方（2 分），发现危及行车或人身安全时（1 分），应立即使用紧急制动阀（紧急制动装置）或使用列车无线调度通信设备通知司机（2 分），使列车停车（1 分）。

列车退行速度，不得超过 15 km/h（1 分）。未得到后方站（线路所）车站值班员准许（1 分），不得退行到车站的最外方预告标或预告信号机（双线区间为邻线预告标或特设的预告标）的内方（2 分）。

12. 向封锁区间开行救援列车有何规定？（10 分）

【答】向封锁区间发出救援列车时，不办理行车闭塞手续，以列车调度员的命令，作为进入封锁区间的许可（2 分）。

当列车调度电话不通时，应由接到救援请求的车站值班员根据救援请求办理，救援列车以车站值班员的命令，作为进入封锁区间的许可（1 分）。

司机接到救援命令后，必须认真确认。命令不清、停车位置不明确时，不准动车（3 分）。

救援列车进入封锁区间后，在接近被救援列车或车列 2 km 时，要严格控制速度（1 分），同时，使用列车无线调度通信设备与请求救援的机车司机进行联系（1 分），或以在瞭望距离内能够随时停车的速度运行，最高不得超过 20 km/h（1 分），在防护人员处或压上响墩后停车，联系确认，并按要求进行作业（1 分）。

13．试述遇有施工又必须接发列车的特殊情况时，按施工特定行车办法行车的有关规定。（10 分）

【答】遇有施工又必须接发列车的特殊情况时，可按以下施工特定行车办法办理：（1）车站采用固定进路的办法接发列车。施工开始前，车站须将正线进路开通，并对进路上所有道岔按规定加锁（集中联锁良好的道岔可控制台上进行单独锁闭）。有关道岔密贴的确认及具体的加锁办法，由铁路局规定（2 分）。（2）引导接车并正线通过时，准许列车司机凭特定引导手信号的显示，以不超过 60 km/h 速度进站（2 分）。（3）准许车站不向司机递交书面行车凭证和调度命令（1 分）。但车站仍按规定办理行车手续，并使用列车无线调度通信设备（其语音记录装置须作用良好）将行车凭证号码（路票为电话记录号码、绿色许可证为编号）和调度命令号码通知司机（3 分），得到司机复诵正确后，方可显示通过手信号（1 分）。列车凭通过手信号通过车站（1 分）。

§1-3　词语释义

5. **径路**：本规程中的"列车径路""运行径路"是指列车运行图、列车开行文电、调度命令等规定的列车从始发站到终到站所经过的线路。车站作为列车径路中一个点，其接发列车进路变更不属于变更列车径路。

6. **进路**：在本规程中是指在站内、岔线、段管线，列车、机车（自轮运转特种设备）或车列由一个地点运行（移动）到另一个地点，所经由（或为此准备）的一段线路，集中联锁区一般采用按压列车、调车按钮的方式办理。进路包括列车进路和调车进路。列车进路包括接车进路、发车进路和通过进路，延续进路为接车进路的一部分。

7. **经路**：在本规程中是指列车、机车（自轮运转特种设备）或车列由一个地点移动至另一地点所经过的路线，经路可以是一条进路，也可以是多条进路或进路与区间线路、联络线、走行线等综合构成。

8. **列检作业**：在本规程中是指在列检作业场由现场检车员对列车进行的技术检查作业，或在客列检所在站由现场检车员对旅客列车和特快货物班列进行的技术检查作业。

9. **运行途中**：在本规程中是指列车从始发站出发后到终到站终到前的运行过程。

10. **在站折返**：在本规程中是指旅客列车、特快货物班列到达终到站，车底不入库作业，仅完成客列检或车辆乘务技术检查等作业后，折返运行。

11. **立即停车**：在本规程中是指立即采取停车措施。司机根据现场实际情况，自行决定采取何种停车措施。

12. **双线**：在本规程中是指区间内设有两条正线，上下行列车分别在各自正线上按左侧单方向运行的线路。

13. **两线**：在本规程中是指区间内设有两条正线，分别按两条单独的线路组织行车的线路。

14. **多线**：在本规程中是指区间内设有三条及以上正线的线路。

15. **尽头线**：在本规程中是指站内股道终端设置车挡的线路。尽头线的起点应根据设备情况确定，到发线一般为进入该股道道岔的尖轨尖，正线一般为股道出发信号机。

16. **折角运行**：在本规程中是指列车在运行途中因变更列车运行方向或运行线路，需变更列车首尾方向运行。

【练习题】（填空 4 题，选择 4 题，判断 4 题，简答 12 题，合计 24 题）

一、填空题

1.**【历年真题】**径路是指（　　　　　　　）、列车开行文电、调度命令等规定的列车从始发站到终到站所经过的线路。《词语释义》5

2.**【历年真题】**在《技规》词语释义中，进路包括**列车**进路和（　　　　　　）进路。《词语释义》6

3.**【历年真题】**在《技规》词语释义中，列车进路包括接车进路、发车进路和（　　　　　　）进路。《词语释义》6

4.**【历年真题】**《技规》中的"尽头线"是指站内股道终端设置（　　　　　　）的线路。《词语释义》15

二、选择题

1.**【历年真题】**下列选项对《技规》中的"运行途中"一词描述正确的是（　　　）。《词语释义》9

A．指列车从始发站出发后到终到站终到前的运行过程

B．指列车自车站出发到前方站的运行过程，不包括列车在站停留过程

C．指列车从一个技术站运行到下一个技术站的运行过程

2.**【历年真题】**《技规》规定，列车发生火灾、爆炸时，须立即停车。下列选项中对"立即停车"描述正确的是（　　　）。《词语释义》11

A．立即采取停车措施

B．立即采取紧急制动停车

C．立即采取常用制动停车

3.**【历年真题】**《技规》规定，双线反方向行车使用路票时，应加盖"反方向行车"章。其中"双线"是指（　　　）。《词语释义》12

A．区间内设有两条及以上正线的线路

B．区间内设有两条正线，上下行列车分别在各自正线上按左侧单方向运行的线路

C．区间内设有两条正线，分别按两条单独的线路组织行车的线路

4.**【历年真题】**《技规》规定，在两线区间使用路票时，应加盖"××线行车"章。其中"两线"是指（　　　）。《词语释义》13

A．区间内设有两条及以上正线的线路

B．区间内设有两条正线，上下行列车分别在各自正线上按左侧单方向运行的线路

C．区间内设有两条正线，分别按两条单独的线路组织行车的线路

三、判断题

1．经路可以是一条进路，也可以是多条进路或进路与区间线路、联络线、走行线等综合构成。　　　　　　　　　　　　　　　（　　　）《词语释义》7

2．在客列检所在站由现场检车员对旅客列车和特快货物班列进行的技术检查作业也属于列检作业。　　　　　　　　　　　　　（　　　）《词语释义》8

91

3．多线是指区间内设有三条正线的线路。　　　　　　　　（　　）《词语释义》14

4．列车在运行途中因变更列车运行方向或运行线路，不需变更列车首尾方向运行即为折角运行。　　　　　　　　　　　　　　　　　　　　（　　）《词语释义》16

四、简答题

1．《技规》中的"径路"是何含义？　　　词语释义：第 5 条

2．《技规》中的"进路"是何含义？　　　词语释义：第 6 条

3．《技规》中的"经路"是何含义？　　　词语释义：第 7 条

4．《技规》中的"列检作业"是何含义？　词语释义：第 8 条

5．《技规》中的"运行途中"是何含义？　词语释义：第 9 条

6．《技规》中的"在站折返"是何含义？　词语释义：第 10 条

7．《技规》中的"立即停车"是何含义？　词语释义：第 11 条

8．《技规》中的"双线"是何含义？　　　词语释义：第 12 条

9．《技规》中的"两线"是何含义？　　　词语释义：第 13 条

10．《技规》中的"多线"是何含义？　　词语释义：第 14 条

11．《技规》中的"尽头线"是何含义？　词语释义：第 15 条

12．《技规》中的"折角运行"是何含义？词语释义：第 16 条

【练习题答案】

一、填空题

1. 列车运行图；2. 调车；3. 通过；4. 车挡

二、选择题

1. A；2. A；3. B；4. C

三、判断题

1. √；2. √；3. ×　正确为：三条及以上；4. ×　正确为：需变更

四、简答题

1.《技规》中的"径路"是何含义？（5分）

【答】本规程中的"列车径路""运行径路"是指列车运行图、列车开行文电、调度命令等规定的列车从始发站到终到站所经过的线路（3分）。车站作为列车径路中一个点，其接发列车进路变更不属于变更列车径路（2分）。

2.《技规》中的"进路"是何含义？（5分）

【答】在本规程中是指在站内、岔线、段管线，列车、机车（自轮运转特种设备）或车列由一个地点运行（移动）到另一个地点，所经由（或为此准备）的一段线路（2分），集中联锁区一般采用按压列车、调车按钮的方式办理（1分）。进路包括列车进路和调车进路（1分）。列车进路包括接车进路、发车进路和通过进路，延续进路为接车进路的一部分（1分）。

3.《技规》中的"经路"是何含义？（5分）

【答】在本规程中是指列车、机车（自轮运转特种设备）或车列由一个地点移动至另一地点所经过的路线（3分），经路可以是一条进路，也可以是多条进路或进路与区间线路、联络线、走行线等综合构成（2分）。

4.《技规》中的"列检作业"是何含义？（5分）

【答】在本规程中是指在列检作业场由现场检车员对列车进行的技术检查作业（2.5分），或在客列检所在站由现场检车员对旅客列车和特快货物班列进行的技术检查作业（2.5分）。

5.《技规》中的"运行途中"是何含义？（5分）

【答】在本规程中是指列车从始发站出发后（2分）到终到站终到前的运行过程（3分）。

6.《技规》中的"在站折返"是何含义？

【答】在本规程中是指旅客列车、特快货物班列到达终到站（2分），车底不入库作业（1分），仅完成客列检或车辆乘务技术检查等作业后，折返运行（2分）。

7.《技规》中的"立即停车"是何含义？（5分）

【答】在本规程中是指立即采取停车措施（2分）。司机根据现场实际情况，自行决定采取何种停车措施（3分）。

8.《技规》中的"双线"是何含义？（5分）

【答】在本规程中是指区间内设有两条正线（2分），上下行列车分别在各自正线上按左侧单方向运行的线路（3分）。

9.《技规》中的"两线"是何含义？（5分）

【答】在本规程中是指区间内设有两条正线（2分），分别按两条单独的线路组织行车的线路（3分）。

10.《技规》中的"多线"是何含义？（5分）

【答】在本规程中是指区间内设有三条及以上正线的线路。

11.《技规》中的"尽头线"是何含义？（5分）

【答】在本规程中是指站内股道终端设置车挡的线路（2分）。尽头线的起点应根据设备情况确定，到发线一般为进入该股道道岔的尖轨尖，正线一般为股道出发信号机（3分）。

12.《技规》中的"折角运行"是何含义？（5分）

【答】在本规程中是指列车在运行途中因变更列车运行方向或运行线路（3分），需变更列车首尾方向运行（2分）。

§1–4　信号显示

第 408 条　信号是指示列车运行及调车作业的命令，有关行车人员必须严格执行。

信号显示方式及使用方法，应按本规程规定执行。本规程以外的信号显示方式，须经铁路总公司批准，方可采用。

各种信号机和表示器的灯光排列、颜色和外形尺寸，必须符合国家标准、铁道行业标准及铁路总公司规定的标准。

地区性联系用的手信号，由铁路局批准。

第 412 条　信号机的关闭时机规定如下：

1. 集中联锁车站的进站、进路、出站信号机，通过信号机，当机车或车辆第一轮对越过该信号机后自动关闭。

2. 调车信号机在调车车列全部越过调车信号机后自动关闭；当调车信号机外方不设轨道占用检查装置或虽设轨道占用检查装置而占用时，应在调车车列全部出清调车信号机内方第一轨道区段后自动关闭，根据需要也可在调车车列第一轮对进入调车信号机内方第一轨道区段后自动关闭。

3. 引导信号应在列车头部越过信号机后及时关闭。

4. 非集中联锁车站的进站信号机及线路所通过信号机，在列车进入接车线轨道区段后自动关闭，出站信号机应在列车进入出站方面轨道区段后自动关闭。

5. 非集中联锁车站，由手柄操纵的信号机：进站信号机在确认列车全部进入接车线警冲标内方，出站信号机在列车全部越过最外方道岔并确认列车全部进入出站方面轨道区段后，恢复手柄，关闭信号。

特殊站（场）执行上述规定有困难时，由铁路局规定。

【**练习题**】（填空 3 题，选择 1 题，判断 1 题，合计 5 题）

一、填空题

1. 信号是指示（　　　　　）及**调车作业**的命令，有关行车人员必须严格执行。J408

2.【**历年真题**】信号是指示列车运行及（　　　　　）的命令，有关行车人员必须严格执行。J408

3. 集中联锁车站的进站、进路、出站信号机，通过信号机，当机车或车辆（　　　　）越过该信号机后自动关闭。J412

二、选择题

引导信号应在列车（　　　）越过信号机后及时关闭。J412

A. 第一轮对　　　　　　　　B. 头部　　　　　　　　C. 全部

三、判断题

调车信号机在调车车列全部越过调车信号机后自动关闭。　　　　　（　　　）J412

【练习题答案】

一、填空题

1．列车运行；2．调车作业；3．第一轮对

二、选择题

B

三、判断题

√

第2章 《铁路信号显示规范》摘录

§2-1 基本要求

5.1 本文件中的信号显示是指下列形式的视觉信号和听觉信号。

b) 听觉信号:

1) 机车、动车组、自轮运转特种设备的鸣笛声;

2) 号角、口笛、响墩发出的音响。

5.2 视觉信号的基本颜色及含义如下:

a) 红色,停车;

b) 黄色,注意或减低速度;

c) 绿色,按规定速度运行。

5.3 视觉信号分为昼间信号、夜间信号及昼夜通用信号。

在昼间遇降雾、暴风雨雪及其他情况,致使停车信号显示距离不足 1 000 m,注意信号或减速信号显示距离不足 400 m,调车信号及调车手信号显示距离不足 200 m 时,应使用夜间信号。

隧道内应采用夜间信号或昼夜通用信号。

5.4 信号机的定位显示应符合下列规定:

a) 进站信号机、出站信号机、进路信号机、调车信号机、驼峰信号机、驼峰辅助信号机均以显示停车信号为定位;

b) 线路所的通过信号机以显示停车信号为定位,其他通过信号机以显示进行信号为定位;

c) 接近信号机、进站预告信号机、非自动闭塞区段通过信号机的预告信号机及通过臂板,以显示注意信号为定位;

d) 遮断信号机、遮断预告信号机、复示信号机以无显示为定位;

e) 在自动闭塞区段内的车站(线路所),如将进站信号机、正线出站信号机及其直向进路内的进路信号机转为自动动作时,以显示进行信号为定位。

5.5 处于点亮状态的色灯信号机,遇灯光熄灭、显示不明或显示不正确时,应按下列规定执行:

a）进站信号机、出站信号机、进路信号机和通过信号机的灯光熄灭、显示不明或显示不正确时，均视为停车信号；

b）进站预告信号机或接近信号机的灯光熄灭、显示不明或显示不正确时，均视为进站信号机为关闭状态；

c）非自动闭塞区段通过信号机的预告信号机的灯光熄灭、显示不明或显示不正确时，视为通过信号机为关闭状态。

5.6 信号机不起信号作用时，应明确其无效，并应符合下列规定：

a）新设尚未开始使用及应撤除尚未撤掉的信号机，均应装设信号机无效标，并应熄灭灯光；如为臂板信号机，应将臂板置于水平位置。

b）信号机无效标为白色的十字交叉板；

1）高柱色灯信号机的无效标装在机柱上，矮型色灯信号机的无效标装在信号机构上，见图1。

2）臂板信号机的无效标装在臂板上，见图2。

c）新建铁路新设尚未开始使用的信号机（进站信号机暂用作防护车站时除外），可撤下臂板或将色灯机构向线路外侧扭转90°，并熄灭灯光。

图1 色灯信号机的无效标　　　　　图2 臂板信号机的无效标

5.7 非列控车载设备控车的列车在CTCS-2级、CTCS-3级线路运行时，遇地面信号机显示一个黄色闪光和一个黄色灯光时，表示要求列车按限速要求（最高不超过45 km/h）越过该信号机；遇机车信号机显示一个双半黄色闪光时，表示要求列车按限速要求（最高不超过45 km/h）越过接近的地面信号机。

5.8 区间不设通过信号机、在闭塞分区分界处设置闭塞分区信号标志牌的CTCS-2/CTCS-3级区段车站的进站信号机、出站信号机、进路信号机以及线路所的通过信号机常态灭灯，仅起停车位置作用。遇下列情况上述信号机应转为点亮状态：

a）接发未装设列控车载设备的列车时；

b）接发列控车载设备故障的动车组列车时；

c）需越出站界调车时。

【练习题】（填空 6 题，选择 4 题，判断 3 题，合计 13 题）

一、填空题

1. 铁路信号分为**视觉**信号和（　　　　　）信号。《TB/T 30010—2023》5.1

2. 铁路视觉信号中黄色的含义是（　　　　　）或**减低速度**。《TB/T 30010—2023》5.2

3. 出站信号机以显示（　　　　　）信号为定位。《TB/T 30010—2023》5.4

4. 进站信号机的灯光熄灭、显示不明或显示不正确时，均视为（　　　　　）信号。《TB/T 30010—2023》5.5

5. **【历年真题】**接近信号机的灯光熄灭、显示不明或显示不正确时，均视为（　　　　　）信号机为关闭状态。《TB/T 30010—2023》5.5

6. 信号机无效标为**白色**的（　　　　　）。《TB/T 30010—2023》5.6

二、选择题

1. 进站预告信号机以显示（　　）信号为定位。《TB/T 30010—2023》5.4

　A．进行　　　　　　　　B．注意　　　　　　　　C．停车

2. 进站信号机均以显示（　　）信号为定位。《TB/T 30010—2023》5.4

　A．进行　　　　　　　　B．注意　　　　　　　　C．停车

3. 出站信号机的灯光熄灭、显示不明或显示不正确时，均视为（　　）信号。《TB/T 30010—2023》5.5

　A．停车　　　　　　　　B．进行　　　　　　　　C．注意

4. 进站预告信号机灯光熄灭时，视为进站信号机显示为（　　）状态。《TB/T 30010—2023》5.5

　A．关闭　　　　　　　　B．进行　　　　　　　　C．注意

三、判断题

1. 复示信号机以无显示为定位。　　　　　　　　　（　　）《TB/T 30010—2023》5.4

2. 非列控车载设备控车的列车在 CTCS-2 级、CTCS-3 级线路运行时，遇地面信号机显示一个黄色闪光和一个黄色灯光时，表示要求列车按限速要求（最高不超过 45 km/h）越过该信号机。　　　　　　　　　　　　　（　　）《TB/T 30010—2023》5.7

3. 区间不设通过信号机、在闭塞分区分界处设置闭塞分区信号标志牌的 CTCS-2/CTCS-3 级区段车站的进站信号机、出站信号机、进路信号机以及线路所的通过信号机常态灭灯，仅起停车位置作用。　　　　　　　　　（　　）《TB/T 30010—2023》5.8

【练习题答案】

一、填空题

1. 听觉；2. 注意；3. 停车；4. 停车；5. 进站；6. 十字交叉板

二、选择题

1. B；2. C；3. A；4. A

三、判断题

1. √；2. √；3. √

§2-2 固定信号

6.1 色灯信号机

6.1.1 进站信号机

6.1.1.1 半自动闭塞、自动站间闭塞、三显示自动闭塞区段进站信号机显示下列信号：

a）一个绿色灯光：准许列车按规定速度经正线通过车站，表示出站及进路信号机在开放状态，进路上的道岔均开通直向位置，见图 3；

b）一个绿色灯光和一个黄色灯光：准许列车经道岔直向位置，进入站内越过次一架已经开放的信号机准备停车，见图 4；

图 3

图 4

c）一个黄色灯光：准许列车经道岔直向位置，进入站内正线准备停车，见图 5；

d）一个黄色闪光和一个黄色灯光：准许列车经 18 号及以上道岔侧向位置，进入站内越过次一架已经开放的信号机且该信号机防护的进路经道岔直向位置或 18 号及以上道岔侧向位置，见图 6；

图 5

图 6

e）两个黄色灯光：准许列车经道岔侧向位置［但不满足 6.1.1.1d）］进入站内准备停车，见图 7；

f）一个红色灯光：不准许列车越过该信号机，见图 8。

图7

图8

6.1.1.2 四显示自动闭塞区段进站信号机显示下列信号：

a）一个绿色灯光：准许列车按规定速度经道岔直向位置进入或通过车站，表示运行前方至少有三个闭塞分区空闲，见图3；

b）一个绿色灯光和一个黄色灯光：准许列车按规定速度经道岔直向位置进入站内，表示次一架信号机经道岔直向位置开放一个黄灯，见图4；

c）一个黄色灯光：准许列车按限速要求经道岔直向位置进入站内正线准备停车，见图5；

d）一个黄色闪光和一个黄色灯光：准许列车经18号及以上道岔侧向位置，进入站内越过次一架已经开放的信号机且该信号机防护的进路经道岔直向位置或18号及以上道岔侧向位置，见图6；

e）两个黄色灯光：准许列车按限速要求越过该信号机，经道岔侧向位置【但不满足6.1.1.2d）】进入站内准备停车，见图7；

f）一个红色灯光：不准许列车越过该信号机，见图8。

6.1.2 出站信号机

6.1.2.1 半自动闭塞或自动站间闭塞区段的出站信号机显示下列信号：

a）一个绿色灯光：准许列车由车站出发，见图9；

b）两个绿色灯光：准许列车由车站出发，开往次要线路，见图10；

图9

图10

c）一个红色灯光：不准许列车越过该信号机，见图11；

d）在兼作调车信号机时，一个月白色灯光：准许越过该信号机调车，见图12。

图 11

图 12

6.1.2.2 三显示自动闭塞区段的出站信号机显示下列信号：

a）一个绿色灯光：准许列车由车站出发，表示运行前方至少有两个闭塞分区空闲，见图 13 ；

b）一个黄色灯光：准许列车由车站出发，表示运行前方有一个闭塞分区空闲，见图 14 ；

图 13

图 14

c）两个绿色灯光：准许列车由车站出发，开往半自动闭塞或自动站间闭塞区间，见图 15 ；

d）一个红色灯光：不准许列车越过该信号机，见图 16 ；

e）在兼作调车信号机时，一个月白灯光：准许越过该信号机调车，见图 17。

图 15

图 16

图 17

6.1.2.3 四显示自动闭塞区段的出站信号机显示下列信号：

a）一个绿色灯光：准许列车由车站出发，表示运行前方至少有三个闭塞分区空闲，见图18；

b）一个绿色灯光和一个黄色灯光：准许列车由车站出发，表示运行前方有两个闭塞分区空闲，见图19；

图18

图19

c）一个黄色灯光：准许列车由车站出发，表示运行前方有一个闭塞分区空闲，见图20；

d）两个绿色灯光：准许列车由车站出发，开往半自动闭塞或自动站间闭塞区间，见图21；

图20

图21

e）一个红色灯光：不准许列车越过该信号机，见图22；

f）在兼作调车信号机时，一个月白色灯光：准许越过该信号机调车，见图23。

图22

图23

6.1.3 进路信号机

6.1.3.1 接车进路信号机及接发车进路信号机的显示与进站信号机相同。

6.1.3.2 半自动闭塞、自动站间闭塞、三显示自动闭塞区段的发车进路信号机显示下列信号：

a）一个绿色灯光：准许列车由车站经正线出发，表示出站和进路信号机均在开放状态，见图 24；

b）一个绿色灯光和一个黄色灯光：准许列车越过该信号机，表示该信号机列车运行前方次一架信号机在开放状态，见图 25；

图 24

图 25

c）一个黄色灯光：准许列车运行到次一架信号机之前准备停车，见图 26；

d）一个红色灯光：不准许列车越过该信号机，见图 27。

图 26

图 27

6.1.3.3 四显示自动闭塞区段发车进路信号机显示下列信号：

a）一个绿色灯光：表示该信号机列车运行前方至少有两架信号机经道岔直向位置在开放状态，见图 24；

b）一个绿色灯光和一个黄色灯光：表示该信号机列车运行前方次一架信号机经道岔直向位置在开放状态，见图 25；

c）一个黄色灯光：准许列车运行到次一架信号机之前准备停车，见图 26；

d）一个红色灯光：不准许列车越过该信号机，见图 27。

6.1.3.6 接车进路信号机、发车进路信号机及接发车进路信号机兼作调车信号机时，一个月白色灯光：准许越过该信号机调车，见图 28。

图 28

6.1.4　通过信号机

6.1.4.1　半自动闭塞及自动站间闭塞区段的通过信号机显示下列信号：

a）一个绿色灯光：准许列车按规定速度运行，见图 29；

b）一个红色灯光：不准许列车越过该信号机，见图 30。

6.1.4.2　三显示自动闭塞区段的通过信号机显示下列信号：

a）一个绿色灯光：准许列车按规定速度运行，表示运行前方至少有两个闭塞分区空闲，见图 29；

b）一个黄色灯光：要求列车注意运行，表示运行前方有一个闭塞分区空闲，见图 31；

c）一个红色灯光：列车应在该信号机前停车，见图 30。

图 29　　　　　　　　　图 30　　　　　　　　　图 31

6.1.4.3　四显示自动闭塞区段以及 CTCS-2 级、CTCS-3 级线路，通过信号机显示下列信号：

a）一个绿色灯光：准许列车按规定速度运行，表示运行前方至少有三个闭塞分区空闲，见图 32；

b）一个绿色灯光和一个黄色灯光：准许列车按规定速度运行，要求注意准备减速，表示运行前方有两个闭塞分区空闲，见图 33；

c）一个黄色灯光：要求列车减速运行，按规定限速要求越过该信号机，表示运行前方有一个闭塞分区空闲，见图 34；

d）一个红色灯光：列车应在该信号机前停车，见图 35。

图 32

图 33

图 34

图 35

6.1.4.4　线路所防护分歧道岔的通过信号机显示下列信号：

a）CTCS-0 级线路：

1）一个黄色闪光和一个黄色灯光：准许列车经 18 号及以上分歧道岔侧向运行，开往半自动闭塞或自动站间闭塞区间，或开往自动闭塞区间且列车运行前方次一闭塞分区空闲，见图 6。

2）两个黄色灯光：准许列车经分歧道岔侧向运行［但不满足 6.1.4.4a）1］，见图 7。

3）其他允许灯光显示含义应符合 6.1.4.1、6.1.4.2、6.1.4.3 的规定。

6.1.4.5　防护分歧道岔的线路所通过信号机，其机构外形和显示方式，应与进站信号机相同；该信号机显示红色灯光时，不准许列车越过。

CTCS-0 级线路，防护分歧道岔的线路所通过信号机，引导灯光应予封闭。

6.1.5　引导信号

进站信号机及接车进路信号机、接发车进路信号机以及 CTCS-2 级、CTCS-3 级区段线路所通过信号机的引导信号显示一个红色灯光及一个月白色灯光：准许列车在该信号机前方不停车，以不超过 20 km/h（动车组列车不超过 40 km/h）的速度进站或通过接车进路，并应准备随时停车，见图 36。

CTCS-2 级、CTCS-3 级区段，出站信号机的引导信号显示一个红色灯光及一个月白色灯光：准许列车由车站或动车段（所）以站间闭塞方式出发，发车进路列车速度不超过 20 km/h（动车组列车不超过 40 km/h），并应准备随时停车，表示前方区间空闲，见图 37。

CTCS-2 级、CTCS-3 级区段，发车进路信号机的引导信号显示一个红色灯光及一个月白色灯光：准许列车越过该信号机，发车进路列车速度不超过 20 km/h（动车组列车不超过 40 km/h），并应准备随时停车，见图 37。

图 36

图 37

6.1.6 容许信号

容许信号显示一个蓝色灯光：准许列车在通过信号机显示红色灯光的情况下不停车，以不超过 20 km/h 的速度通过，运行到次一架通过信号机，并随时准备停车，见图38。

6.1.7 遮断信号机、预告信号机及接近信号机

6.1.7.1 遮断信号机的显示：

a）一个红色灯光：不准许列车越过该信号机，见图39；

b）不点灯时，不起信号作用，见图40。

图38

图39

图40

6.1.7.2 预告信号机的显示。

a）遮断信号机的预告信号机：

1）一个黄色灯光：表示遮断信号机显示红色灯光，见图41；

2）不点灯时，不起信号作用，见图40。

b）其他预告信号机：

1）一个绿色灯光：表示主体信号机在开放状态，见图42；

2）一个黄色灯光：表示主体信号机在关闭状态，见图43。

图41

图42

图43

6.1.7.3 接近信号机显示下列信号：

a）一个绿色灯光：表示主体信号机显示一个绿色灯光，或显示一个绿色灯光和一个黄色灯光，见图44；

b）一个绿色灯光和一个黄色灯光：表示主体信号机显示一个黄色灯光，见图45；

c）一个黄色灯光：表示主体信号机在关闭状态，或表示主体信号机显示两个黄色灯光，或一个黄色闪光和一个黄色灯光，见图46。

图 44

图 45

图 46

6.1.7.4　遮断信号机及其预告信号机采用方形背板，并在机柱上涂有黑白相间的斜线，以区别于一般信号机，见图 39、图 40、图 41。

6.1.8　调车信号机

6.1.8.1　调车信号机采用一个月白色灯光和一个蓝色灯光的机构型式；不办理闭塞的站内岔线，在岔线入口处设置的调车信号机可用红色灯光代替蓝色灯光。

对列车运行起阻挡作用的调车信号机，应采用带红色灯光的矮型三显示机构型式；当该信号机的红色灯光熄灭、显示不明或显示不正确时，应视为列车的停车信号。

6.1.8.2　调车信号机显示下列信号：

a）一个月白色灯光：准许越过该信号机调车，见图 47；

b）一个月白色闪光：装有平面溜放调车区集中联锁设备时，准许溜放调车，见图 48；

c）一个蓝色灯光：不准越过该信号机调车，见图 49。

图 47

图 48

图 49

d）一个红色灯光：不准许列车及调车越过该信号机，见图 50、图 51。

图 50

图 51

6.1.9 驼峰场的信号机

6.1.9.1 驼峰信号机及其复示信号机显示下列信号：

a）一个绿色灯光：准许机车车辆按规定速度向驼峰推进，见图 52；

b）一个绿色闪光：指示机车车辆加速向驼峰推进，见图 53；

c）一个黄色闪光：指示机车车辆减速向驼峰推进，见图 54；

d）一个红色灯光：不准许机车车辆越过该信号机或指示机车车辆停止作业，见图 55；

图 52　　　　　　图 53　　　　　　图 54　　　　　　图 55

e）一个红色闪光：指示机车车辆自驼峰退回，见图 56；

f）一个月白色灯光：指示机车到峰下，见图 57；

g）一个月白色闪光：指示机车车辆去禁溜线或迂回线，见图 58。

图 56　　　　　　　图 57　　　　　　　图 58

6.1.9.2 驼峰信号机的复示信号机平时无显示，见图 59；当办理驼峰推送进路后，其显示方式与驼峰信号机相同。

6.1.9.3 驼峰辅助信号机及其复示信号机显示一个黄色灯光：指示机车车辆向驼峰预先推送，见图 60；当办理驼峰推送进路后，其灯光显示均与驼峰信号机显示相同。

图 59　　　　　　　　　　　　图 60

驼峰辅助信号机兼作发车进路信号机时，其显示含义应符合 6.1.3.2、6.1.3.3 的规定。

6.1.9.4 驼峰辅助信号机平时显示红色灯光，对列车起停车信号作用。

6.1.9.5 驼峰辅助信号机的复示信号机平时无显示，见图 59；当办理驼峰推送进路或驼峰预先推送进路后，其显示方式与驼峰辅助信号机相同。

6.1.10 复示信号机

6.1.10.1 进站信号机、接车进路信号机、接发车进路信号机以及线路所通过信号机的复示信号机采用灯列式机构，显示下列信号：

a）两个月白色灯光与水平线构成 60°角显示：表示主体信号机显示经道岔直向位置向正线接车的信号，见图 61；

b）两个月白色灯光水平位置显示：表示主体信号机显示经道岔侧向位置接车的信号，见图 62；

c）无显示：表示主体信号机在关闭状态，见图 63。

图 61   图 62   图 63

6.1.10.2 出站信号机及发车进路信号机的复示信号机显示下列信号：

a）一个绿色灯光：表示主体信号机在开放状态，见图 64；

b）无显示：表示主体信号机在关闭状态。

6.1.10.3 调车复示信号机显示下列信号：

a）一个月白色灯光：表示调车信号机在开放状态，见图 65；

b）无显示：表示调车信号机在关闭状态。

图 64   图 65

6.1.10.4 进站信号机、出站信号机、进路信号机、线路所通过信号机、驼峰信号机、驼峰辅助信号机以及调车信号机的复示信号机均采用方形背板，以区别于一般信号机。

6.3　机车信号机和车载信号

6.3.1　CTCS–0 级线路

6.3.1.1　三显示自动闭塞区段的连续式机车信号机显示下列信号：

a）一个绿色灯光：准许列车按规定速度运行，表示列车接近的地面信号机显示绿色灯光，见图 66。

b）一个半绿半黄色灯光：准许列车按规定速度注意运行，表示列车接近的地面信号机显示一个绿色灯光和一个黄色灯光，见图 67。

c）一个带"2"字的黄色闪光：要求列车注意运行，表示列车接近的地面信号机显示一个黄色灯光，并预告次一架地面信号机开放经 18 号及以上道岔侧向位置的进路，且列车运行前方第三架信号机开通直向进路或开放经 18 号及以上道岔侧向位置的进路，见图 68。

| 图 66 | 图 67 | 图 68 |

d）一个带"2"字的黄色灯光：要求列车注意运行，表示列车接近的地面信号机显示一个黄色灯光，并预告次一架地面信号机开放经道岔侧向位置的进路〔但不满足 6.3.1.1c)〕，见图 69。

e）一个黄色灯光：要求列车注意运行，表示列车接近的地面信号机显示一个黄色灯光，并预告次一架地面信号机处于关闭状态，见图 70。

| 图 69 | 图 70 |

f）一个双半黄色闪光：要求列车限速运行，表示列车接近的地面信号机开放经 18 号及以上道岔侧向位置的进路，且次一架信号机开通直向进路或开放经 18 号及以上道岔侧向位置的进路；或表示列车接近设有分歧道岔线路所的地面信号机开放经 18 号及以上道岔侧向位置的进路、显示一个黄色闪光和一个黄色灯光，见图 71。

g）一个双半黄色灯光：要求列车限速运行，表示列车接近的地面信号机开放经道岔侧向位置的进路〔但不满足 6.3.1.1f)〕、显示两个黄色灯光或其他相应显示，见图 72。

h）一个半黄半红色闪光：表示列车接近的进站、接车进路或接发车进路信号机显示引导信号或通过信号机显示容许信号，见图 73。

ｉ）一个半黄半红色灯光：要求及时采取停车措施，表示列车接近的地面信号机显示红色灯光，见图 74。

图 71

图 72

图 73

图 74

ｊ）一个红色灯光：表示列车已越过地面上显示红色灯光的信号机，见图 75。

ｋ）一个白色灯光：不复示地面上的信号显示，机车乘务人员应按地面信号机的显示运行，见图 76。

无显示时，表示机车信号机在停止工作状态。

图 75

图 76

6.3.1.2 四显示自动闭塞区段连续式机车信号机显示下列信号：

ａ）一个绿色灯光：准许列车按规定速度运行，表示列车接近的地面信号机显示绿色灯光，见图 77。

ｂ）一个半绿半黄色灯光：准许列车按规定速度注意运行，表示列车接近的地面信号机显示一个绿色灯光和一个黄色灯光，见图 78。

图 77

图 78

c）一个带"2"字的黄色闪光：要求列车减速到规定的速度等级越过接近的显示一个黄色灯光的地面信号机，并预告次一架地面信号机开放经 18 号及以上道岔侧向位置的进路，且列车运行前方第三架信号机开通直向进路或开放经 18 号及以上道岔侧向位置的进路，见图 79。

d）一个带"2"字的黄色灯光：要求列车减速到规定的速度等级越过接近的显示一个黄色灯光的地面信号机，并预告次一架地面信号机开放经道岔侧向位置的进路［但不满足6.6.1.2c）］，见图 80。

e）一个黄色灯光：要求列车减速到规定的速度等级越过接近的显示一个黄色灯光的地面信号机，并预告次一架地面信号机处于关闭状态，见图 81。

图 79   图 80   图 81

f）一个双半黄色闪光：要求列车限速运行，表示列车接近的地面信号机开放经 18 号及以上道岔侧向位置的进路，且次一架信号机开通直向进路或开放经 18 号及以上道岔侧向位置的进路；或表示列车接近设有分歧道岔线路所的地面信号机开放经 18 号及以上道岔侧向位置的进路、显示一个黄色闪光和一个黄色灯光，见图 82。

g）一个双半黄色灯光：要求列车限速运行，表示列车接近的地面信号机开放经道岔侧向位置的进路［但不满足6.3.1.2f）］、显示两个黄色灯光或其他相应显示，见图 83。

图 82   图 83

h）一个半黄半红色闪光：表示列车接近的进站、接车进路或接发车进路信号机显示引导信号或通过信号机显示容许信号，见图 84。

i）一个半黄半红色灯光：要求及时采取停车措施，表示列车接近的地面信号机显示红色灯光，见图 85。

j）一个红色灯光：表示列车已越过地面上显示红色灯光的信号机，见图 86。

k）一个白色灯光：不复示地面上的信号显示，机车乘务人员应按地面信号机的显示运行，见图 87。

无显示时，表示机车信号机在停止工作状态。

图 84 图 85

图 86 图 87

6.3.1.3 接近连续式机车信号机的显示方式与连续式机车信号机相同。

6.3.2 CTCS-2 级、CTCS-3 级线路

6.3.2.1 采用 CTCS-2 级、CTCS-3 级列控系统的连续式机车信号显示下列信号:

a)一个绿色灯光:准许非列控车载设备控车的列车按规定速度运行,表示列车运行前方至少有三个经直向进路的空闲闭塞分区,见图 88 ;

b)一个半绿半黄色灯光:准许非列控车载设备控车的列车按规定速度注意运行,表示列车运行前方有两个经直向进路的空闲闭塞分区,见图 89 ;

c)一个带"2"字的黄色闪光:要求非列控车载设备控车的列车减速到规定的速度等级越过接近的地面信号机,表示列车运行前方有一个经直向进路的空闲闭塞分区,并预告次一个闭塞分区所在的进路开通经 18 号及以上道岔侧向位置,且进路允许速度不低于 80 km/h,见图 90 ;

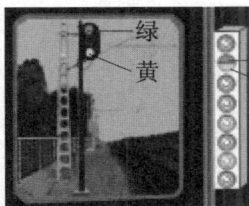
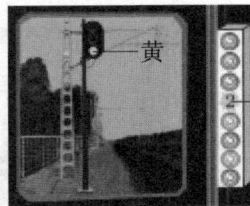

图 88 图 89 图 90

d)一个带"2"字的黄色灯光:要求非列控车载设备控车的列车减速到规定的速度等级越过接近的地面信号机,表示列车运行前方有一个经直向进路的空闲闭塞分区,并预告次一个闭塞分区所在的进路开通经道岔侧向位置的进路〔但不满足 6.3.2.1c)〕,见图 91 ;

e)一个黄色灯光:要求非列控车载设备控车的列车减速到规定的速度等级越过接近的地面信号机,表示列车运行前方仅有一个经直向进路的空闲闭塞分区,见图 92 ;

f)一个双半黄色闪光:要求非列控车载设备控车的列车限速运行(最高不超过

45 km/h），表示列车接近的地面信号机开通经 18 号及以上道岔侧向位置的进路，且进路允许速度不低于 80 km/h，见图 93；

图 91

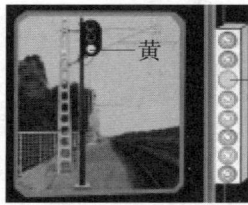

图 92

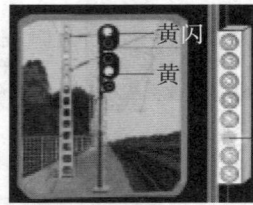

图 93

g）一个双半黄色灯光：要求非列控车载设备控车的列车限速运行（最高不超过 45 km/h），表示列车接近的地面信号机开通经道岔侧向位置的进路［但不满足 6.3.2.1f）］，见图 94；

h）一个半黄半红色闪光：表示列车接近的地面信号机开通引导进路，见图 95；

i）一个半黄半红色灯光：表示列车接近的地面信号机处于关闭状态，要求及时采取停车措施，见图 96；

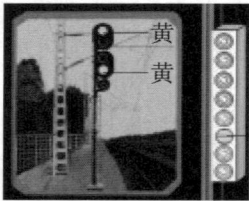

图 94

图 95

图 96

j）一个红色灯光：表示列车已越过地面上处于关闭状态的信号机，见图 97；

k）一个白色灯光：不复示地面上的信号显示，机车乘务人员应按地面信号机的显示运行，见图 98。

图 97

图 98

无显示时，表示机车信号机在停止工作状态。

【练习题】（填空 23 题，选择 22 题，判断 29 题，简答 10 题，综合 9 题，合计 93 题）

一、填空题

1. 三显示自动闭塞区段的进站信号机显示一个黄色灯光时，准许列车经道岔

（　　　　　）位置，进入站内正线准备停车。《TB/T 30010—2023》6.1.1.1

2. 三显示自动闭塞区段的进站信号机显示两个黄色灯光，准许列车经道岔（　　　　　）位置［但不满足 6.1.1.1d］，进入站内准备停车。《TB/T 30010—2023》6.1.1.1

3. 四显示自动闭塞区段的进站信号机显示一个（　　　　　）灯光时，准许列车按限速要求经道岔**直向位置**进入站内正线准备停车。《TB/T 30010—2023》6.1.1.2

4. 四显示自动闭塞区段的进站信号机显示一个绿色灯光，准许列车按规定速度经道岔直向位置进入或通过车站，表示运行前方至少有（　　　　　）闭塞分区空闲。《TB/T 30010—2023》6.1.1.2

5. 自动站间闭塞区段，出站信号机显示**两个绿色**灯光时，准许列车由车站出发，开往（　　　　　）。《TB/T 30010—2023》6.1.2.1

6. 三显示自动闭塞区段，出站信号机显示（　　　　　）灯光，准许列车由车站出发，开往半自动闭塞或自动站间闭塞区间。《TB/T 30010—2023》6.1.2.2

7. 三显示自动闭塞区段，出站信号机显示**一个绿色**灯光，准许列车由车站出发，表示运行前方至少有（　　　　　）闭塞分区空闲。《TB/T 30010—2023》6.1.2.2

8. 四显示自动闭塞区段，出站信号机显示一个**绿色灯光**和一个**黄色灯光**，准许列车由车站出发，表示运行前方有（　　　　　）闭塞分区空闲。《TB/T 30010—2023》6.1.2.3

9. 四显示自动闭塞区段出站信号机显示一个**黄色灯光**，准许列车由车站出发，表示运行前方有（　　　　　）闭塞分区空闲。《TB/T 30010—2023》6.1.2.3

10. 接车进路信号机及接发车进路信号机的显示与（　　　　　）信号机相同。《TB/T 30010—2023》6.1.3.1

11. 四显示自动闭塞区段，通过信号机显示一个**绿色灯光**，准许列车按规定速度运行，表示运行前方至少有（　　　　　）闭塞分区空闲。《TB/T 30010—2023》6.1.4.3

12. 线路所防护分歧道岔的通过信号机在 CTCS-0 级线路上显示一个黄色闪光和一个黄色灯光，准许列车经（　　　　　）号及以上分歧道岔侧向运行，开往半自动闭塞或自动站间闭塞区间，或开往自动闭塞区间且列车运行前方次一闭塞分区空闲。《TB/T 30010—2023》6.1.4.4（a）

13. 接车进路信号机的引导信号显示一个**红色**灯光及一个**月白色**灯光：准许列车在该信号机前方不停车，以不超过（　　　　　）km/h 速度通过接车进路，并应准备随时停车。《TB/T 30010—2023》6.1.5

14. 容许信号显示一个蓝色灯光，准许列车在通过信号机显示红色灯光的情况下不停车，以不超过（　　　　　）km/h 的速度通过，运行到次一架通过信号机，并随时准备停车。《TB/T 30010—2023》6.1.6

15. 预告信号机（不含遮断信号机的预告信号机）显示一个（　　　　　）灯光，表示主体信号机在开放状态。《TB/T 30010—2023》6.1.7.2

16. 接近信号机显示一个绿色灯光和一个黄色灯光，表示主体信号机显示一个（　　　　　）灯光。《TB/T 30010—2023》6.1.7.3

17. 接近信号机显示一个黄色灯光，表示主体信号机在（　　　　）。《TB/T 30010—2023》6.1.7.3

18. 不办理闭塞的站内岔线，在岔线入口处设置的调车信号机可用（　　　　）灯光代替蓝色灯光。《TB/T 30010—2023》6.1.8.1

19. 驼峰辅助信号机平时显示红色灯光，对（　　　　）起停车信号作用。《TB/T 30010—2023》6.1.9.4

20.【历年真题】出站信号机的复示信号机无显示时，表示出站信号机在（　　　　）状态。《TB/T 30010—2023》6.1.10.2

21. 进站信号机、出站信号机、进路信号机、线路所通过信号机、驼峰信号机、驼峰辅助信号机以及调车信号机的复示信号机均采用（　　　　），以区别于一般信号机。《TB/T 30010—2023》6.1.10.4

22. 在 CTCS-0 级线路，自动闭塞区段连续式机车信号机显示一个（　　　　）色灯光，表示列车接近的地面信号机显示一个绿色灯光和一个黄色灯光。《TB/T 30010—2023》6.3.1

23. 在 CTCS-0 级线路，自动闭塞区段的连续式机车信号机显示一个绿色灯光，准许列车按规定速度运行，表示列车接近的地面信号机显示（　　　　）灯光。《TB/T 30010—2023》6.3.1

二、选择题

1. 三显示自动闭塞区段的进站信号机显示一个绿色灯光时，表示出站及进路信号机在（　　　　），进路上的道岔均开通直向位置。《TB/T 30010—2023》6.1.1.1

　　A. 开放状态　　　　　　　　B. 关闭状态　　　　　　　　C. 无显示状态

2. 四显示自动闭塞区段的进站信号机显示一个黄色闪光和一个黄色灯光，准许列车经过 18 号及以上道岔（　　　　）位置，进入站内越过次一架已经开放的信号机。《TB/T 30010—2023》6.1.1.2

　　A. 侧向　　　　　　　　　　B. 直向　　　　　　　　　　C. 正向

3. 半自动闭塞区段，出站信号机显示（　　　　）灯光，准许列车由车站出发，开往次要线路。《TB/T 30010—2023》6.1.2.1

　　A. 一个绿色　　　　　　　　B. 两个绿色　　　　　　　　C. 一个月白色

4. 三显示自动闭塞区段，出站信号机显示一个（　　　　）灯光，准许列车由车站出发，表示运行前方有一个闭塞分区空闲。《TB/T 30010—2023》6.1.2.2

　　A. 绿色　　　　　　　　　　B. 黄色　　　　　　　　　　C. 月白色

5. 三显示自动闭塞区段的发车进路信号机显示一个（　　　　）灯光，准许列车运行到次一架信号机之前准备停车。《TB/T 30010—2023》6.1.3.2

　　A. 月白色　　　　　　　　　B. 黄色　　　　　　　　　　C. 绿色

6. 三显示自动闭塞区段通过信号机显示一个绿色灯光，准许列车按规定速度运行，表示运行前方至少有（　　　　）闭塞分区空闲。《TB/T 30010—2023》6.1.4.2

A．一个   B．两个   C．三个

7．四显示自动闭塞区段的通过信号机比三显示自动闭塞区段的通过信号机多了（　　　）灯光的显示方式。《TB/T 30010—2023》6.1.4.2、6.1.4.3

A．两个绿色   B．两个黄色   C．一个绿色灯光和一个黄色

8．四显示自动闭塞区段，通过信号机显示一个（　　　）灯光，要求列车减速运行，按规定限速要求越过该信号机，表示运行前方有一个闭塞分区空闲。《TB/T 30010—2023》6.1.4.3

A．红色   B．黄色   C．绿色

9．四显示自动闭塞区段，通过信号机显示一个绿色灯光和一个黄色灯光，准许列车按规定速度运行，要求注意准备减速，表示运行前方有（　　　）个闭塞分区空闲。《TB/T 30010—2023》6.1.4.3

A．一   B．两   C．三

10．进站信号机的引导信号显示一个红色灯光及一个月白色灯光时，列车进站的速度不超过（　　　）km/h，并应准备随时停车。《TB/T 30010—2023》6.1.5

A．10   B．15   C．20

11．容许信号显示一个（　　　）灯光，准许列车在通过信号机显示红色灯光的情况下不停车，以不超过 20 km/h 的速度通过，运行到次一架通过信号机，并随时准备停车。《TB/T 30010—2023》6.1.6

A．绿色   B．黄色   C．蓝色

12．预告信号机（不含遮断信号机的预告信号机）显示一个（　　　）灯光，表示主体信号机在关闭状态。《TB/T 30010—2023》6.1.7.2

A．绿色   B．黄色   C．红色

13．【历年真题】半自动闭塞区段线路所通过信号机的预告信号机显示一个黄色灯光，表示主体信号机（　　　）。《TB/T 30010—2023》6.1.7.2

A．显示一个黄色灯光   B．显示两个黄色灯光   C．在关闭状态

14．当主体信号机显示一个绿色灯光和一个黄色灯光时，其接近信号机将会显示（　　　）。《TB/T 30010—2023》6.1.7.3

A．一个绿色灯光   B．一个黄色灯光

C．一个绿色灯光和一个黄色灯光

15．调车信号机显示一个（　　　）灯光时，准许越过该信号机调车。《TB/T 30010—2023》6.1.8.2

A．月白色   B．红色   C．蓝色

16．驼峰信号机显示一个红色闪光灯光，指示机车车辆自驼峰（　　　）。《TB/T 30010—2023》6.1.9.1

A．下峰   B．退回   C．停车

17．驼峰信号机显示（　　　），指示机车车辆加速向驼峰推进。《TB/T 30010—2023》

6.1.9.1

A．一个绿色灯光　　　　　　B．一个绿色闪光灯光

C．一个绿色灯光和一个黄色灯光

18．驼峰辅助信号机及其复示信号机显示一个黄色灯光，指示机车车辆向驼峰（　　）推送。《TB/T 30010—2023》6.1.9.3

A．缓慢　　　　　　　　　　B．准备　　　　　　　　　　C．预先

19．进站信号机的复示信号机无显示，表示主体信号机在（　　）状态。《TB/T 30010—2023》6.1.10.1

A．开放　　　　　　　　　　B．关闭　　　　　　　　　　C．灭灯

20．发车进路信号机的复示信号机显示一个绿色灯光，表示主体信号机在（　　）状态。《TB/T 30010—2023》6.1.10.2

A．开放　　　　　　　　　　B．关闭　　　　　　　　　　C．无显示

21．CTCS-0 级线路，在自动闭塞区段，当列车接近的通过信号机显示容许信号时，机车信号机显示一个（　　）灯光。《TB/T 30010—2023》6.3.1

A．半黄半红色闪光　　　　　B．红色　　　　　　　　　　C．蓝色

22．CTCS-0 级线路，三显示自动闭塞区段机车信号机显示一个黄色灯光，要求列车注意运行，表示列车接近的地面信号机显示一个（　　）灯光。《TB/T 30010—2023》6.3.1

A．红色　　　　　　　　　　B．蓝色　　　　　　　　　　C．黄色

三、判断题

1．三显示自动闭塞区段，进站信号机显示一个绿色灯光和一个黄色灯光，准许列车经道岔直向位置，进入站内越过次一架已经开放的信号机准备停车。

（　　）《TB/T 30010—2023》6.1.1.1

2．四显示自动闭塞区段，进站信号机显示一个绿色灯光和一个黄色灯光时，准许列车按规定速度经道岔直向位置进入站内，表示次一架信号机经道岔直向位置开放一个绿灯。　　　　　　　　　　　　　　　　　　　　　（　　）《TB/T 30010—2023》6.1.1.2

3．【历年真题】三显示自动闭塞区段，出站信号机显示一个绿色灯光，准许列车由车站出发，表示运行前方至少有三个闭塞分区空闲。　　　（　　）《TB/T 30010—2023》6.1.2.2

4．四显示自动闭塞区段的进站信号机在兼作调车信号机时，显示一个月白色灯光，表示准许越过该信号机调车。　　　　　　　　　　（　　）《TB/T 30010—2023》6.1.2.3

5．三显示自动闭塞区段，发车进路信号机显示一个绿色灯光和一个黄色灯光，表示准许列车越过该信号机，表示该信号机列车运行前方次一架信号机在开放状态。

（　　）《TB/T 30010—2023》6.1.3.2

6．三显示自动闭塞、半自动闭塞、自动站间闭塞区段的发车进路信号机显示相同。

（　　）《TB/T 30010—2023》6.1.3.2

7．四显示自动闭塞区段，发车进路信号机显示一个绿色灯光，表示该信号机列车运

行前方至少有两架信号机经道岔侧向位置在开放状态。

（　　）《TB/T 30010—2023》6.1.3.3

8．四显示自动闭塞区段，发车进路信号机显示一个绿色灯光和一个黄色灯光，表示该信号机列车运行前方次一架信号机经道岔侧向位置在开放状态。

（　　）《TB/T 30010—2023》6.1.3.3

9．【历年真题】四显示自动闭塞区段，发车进路信号机显示一个绿色灯光和一个黄色灯光，表示该信号机列车运行前方次一架信号机经道岔直向位置在开放状态。

（　　）《TB/T 30010—2023》6.1.3.3

10．半自动闭塞区段通过信号机没有一个黄色灯光的显示。

（　　）《TB/T 30010—2023》6.1.4.1

11．半自动闭塞区段，通过信号机显示一个绿色灯光，表示准许列车按规定速度运行，运行前方至少有两个闭塞分区空闲。　　（　　）《TB/T 30010—2023》6.1.4.2

12．三显示自动闭塞区段通过信号机没有一个绿色灯光和一个黄色灯光的显示。

（　　）《TB/T 30010—2023》6.1.4.2

13．三显示自动闭塞区段，通过信号机显示一个黄色灯光，要求列车注意运行，表示运行前方有一个闭塞分区空闲。　　（　　）《TB/T 30010—2023》6.1.4.2

14．防护分歧道岔的线路所通过信号机，其机构外形和显示方式，应与进站信号机相同；该信号机显示红色灯光时，不准许列车越过。　　（　　）《TB/T 30010—2023》6.1.4.5

15．【历年真题】普速铁路防护分歧道岔的线路所通过信号机，其机构外形和显示方式，应与进站信号机相同，信号故障时可开放引导信号接车。

（　　）《TB/T 30010—2023》6.1.4.5

16．CTCS-2 级、CTCS-3 级区段，发车进路信号机的引导信号显示一个红色灯光及一个月白色灯光：准许列车越过该信号机，发车进路列车速度不超过 20 km/h（动车组列车不超过 40 km/h），并应准备随时停车。（　　）《TB/T 30010—2023》6.1.5

17．遮断信号机显示一个红色灯光，表示不准许列车越过该信号机。

（　　）《TB/T 30010—2023》6.1.7.1

18．接近信号机显示一个绿色灯光和一个黄色灯光，表示主体信号机显示两个黄色灯光。　　（　　）《TB/T 30010—2023》6.1.7.3

19．【历年真题】接近信号机显示一个绿色灯光和一个黄色灯光，表示进站信号机开放一个绿色灯光和一个黄色灯光。　　（　　）《TB/T 30010—2023》6.1.7.3

20．接近信号机显示一个黄色灯光，表示进站信号机在关闭状态，或表示进站信号机显示两个黄色灯光或一个黄色闪光和一个黄色灯光。（　　）《TB/T 30010—2023》6.1.7.3

21．遮断及其预告信号机采用方形背板，并在机柱上涂有黑白相间的斜线，以区别于一般信号机。　　（　　）《TB/T 30010—2023》6.1.7.4

22．调车信号机显示一个蓝色灯光时，表示准许越过该信号机调车。

（　　）《TB/T 30010—2023》6.1.8.2

23．进站复示信号机两个月白色灯光水平位置显示，表示主体信号机显示经道岔侧向位置接车的信号。（　　）《TB/T 30010—2023》6.1.10.1

24．调车复示信号机无显示时，表示调车信号机在关闭状态。（　　）《TB/T 30010—2023》6.1.10.3

25．在 CTCS-0 级线路，自动闭塞区段，连续式机车信号机显示一个双半黄色灯光时，表示列车接近的地面信号机开放经道岔直向位置的进路、显示两个黄色灯光或其他相应显示。（　　）《TB/T 30010—2023》6.3.1

26．在 CTCS-0 级线路，机车信号为一个半黄半红色灯光，表示要求及时采取停车措施，列车接近的地面信号机显示红色灯光。（　　）《TB/T 30010—2023》6.3.1

27．在 CTCS-0 级线路，自动闭塞区段，连续式机车信号机显示一个白色灯光，不复示地面上的信号显示，机车乘务人员应按地面信号机的显示运行。（　　）《TB/T 30010—2023》6.3.1

28．在 CTCS-0 级线路，自动闭塞区段，连续式机车信号机显示一个白色灯光，不复示地面上的信号显示，机车乘务人员应按机车信号的显示运行。（　　）《TB/T 30010—2023》6.3.1

29．在 CTCS-0 级线路，自动闭塞区段，连续式机车信号机显示一个红色灯光，表示列车接近的地面信号机显示红色灯光。（　　）《TB/T 30010—2023》6.3.1

四、简答题

1．进站信号机显示一个黄色闪光和一个黄色灯光时，其显示含义是什么？《TB/T 30010—2023》6.1.1.1、6.1.1.2

2．四显示自动闭塞区段，进站信号机显示一个绿色灯光和一个黄色灯光时，其显示含义是什么？《TB/T 30010—2023》6.1.1.2

3．【历年真题】简述半自动闭塞或自动站间闭塞区段，出站信号机显示方式及含义。《TB/T 30010—2023》6.1.2.1

4．出站信号机显示两个绿色灯光时，其显示含义是什么？《TB/T 30010—2023》6.1.2.1、6.1.2.2、6.1.2.3

5．进站信号机及接车进路信号机显示一个红色灯光及一个月白色灯光，该信号是什么信号？列车该如何运行？《TB/T 30010—2023》6.1.5

6．容许信号是如何显示的？其显示含义是什么？《TB/T 30010—2023》6.1.6

7．进站信号机的预告信号机显示方式有哪些？分别表示什么含义？《TB/T 30010—2023》6.1.7.2

8．在 CTCS-0 级线路，自动闭塞区段，连续式机车信号机显示一个双半黄色灯光时，其显示含义是什么？《TB/T 30010—2023》6.3.1

9．在 CTCS-0 级线路，三显示自动闭塞区段，连续式机车信号机显示一个带"2"字的黄色灯光的含义是什么？《TB/T 30010—2023》6.3.1.1

10．在 CTCS-0 级线路，四显示自动闭塞区段，连续式机车信号机显示一个带"2"

字的黄色灯光的含义是什么？《TB/T 30010—2023》6.3.1.2

五、综合题

1．试述三显示自动闭塞区段进站信号机的显示方式及含义。《TB/T 30010—2023》6.1.1.1

2．试述四显示自动闭塞区段进站信号机的显示方式及含义。《TB/T 30010—2023》6.1.1.2

3．试述三显示自动闭塞区段出站信号机的显示方式及含义。《TB/T 30010—2023》6.1.2.2

4．试述四显示自动闭塞区段出站信号机的显示方式及含义。《TB/T 30010—2023》6.1.2.3

5．试述三显示自动闭塞区段的发车进路信号机的显示方式及含义。《TB/T 30010—2023》6.1.3.2

6．试述四显示自动闭塞区段发车进路信号机的显示方式及含义。《TB/T 30010—2023》6.1.3.3

7．【历年真题】三显示自动闭塞区段，进站、出站、发车进路和通过信号机显示一个绿色灯光时的含义分别是什么？《TB/T 30010—2023》6.1.1.1、6.1.2.2、6.1.3.2、6.1.4.2

8．试述四显示自动闭塞区段以及 CTCS–2 级、CTCS–3 级线路，通过信号机的显示方式及含义。《TB/T 30010—2023》6.1.4.3

9．试述进站、出站、调车复示信号机的显示方式及含义。《TB/T 30010—2023》6.1.10.1、6.1.10.2、6.1.10.3

【练习题答案】

一、填空题

1．直向；2．侧向；3．黄色；4．三个；5．次要线路；

6．两个绿色；7．两个；8．两个；9．一个；10．进站；

11．三个；12．18；13．20；14．20；15．绿色；

16．黄色；17．关闭状态；18．红色；19．列车；

20．关闭；21．方形背板；22．半绿半黄；23．绿色

二、选择题

1．A；2．A；3．B；4．B；5．B；6．B；7．C；8．B；9．B；

10．C；11．C；12．B；13．C；14．A；15．A；16．B；17．B；

18．C；19．B；20．A；21．A；22．C

三、判断题

1．√；2．× 正确：开放一个黄灯；

3．× 正确：两个；4．× 正确：出站信号机；5．√；6．√；

7．× 正确：直向位置；8．× 正确：直向位置；9．√；

10．√；11．× 正确：三显示自动闭塞区段；12．√；13．√；

14．√；15．× 正确：信号故障时示为停车信号；16．√；

17．√；18．× 正确：开放一个黄色灯光；

19．× 正确：表示进站信号机开放一个黄色灯光；20．√；21．√；

22．× 正确：不准；23．√；24．√；25．× 正确：道岔侧向位置；

26．√；27．√；28．× 正确：地面信号机；

29．× 正确：表示列车已越过地面上显示红色灯光的信号机

四、简答题

1．进站信号机显示一个黄色闪光和一个黄色灯光时，其显示含义是什么？（5分）

【答】准许列车经18号及以上道岔侧向位置（2分），进入站内越过次一架已经开放的信号机且该信号机防护的进路经道岔直向位置或18号及以上道岔侧向位置（3分）。

2．四显示自动闭塞区段，进站信号机显示一个绿色灯光和一个黄色灯光时，其显示含义是什么？（5分）

【答】准许列车按规定速度经道岔直向位置进入站内（2分），表示次一架信号机经道岔直向位置开放一个黄灯（3分）。

3．简述半自动闭塞或自动站间闭塞区段，出站信号机显示方式及含义。（5分）

【答】（1）一个绿色灯光：准许列车由车站出发（1分）；

（2）两个绿色灯光：准许列车由车站出发，开往次要线路（2分）；

（3）一个红色灯光：不准许列车越过该信号机（1分）；

（4）在兼作调车信号机时，一个月白色灯光：准许越过该信号机调车（1分）。

4. 出站信号机显示两个绿色灯光时，其显示含义是什么？（5分）

【答】半自动闭塞或自动站间闭塞区段，出站信号机显示两个绿色灯光，准许列车由车站出发，开往次要线路（3分）。自动闭塞区段，出站信号机显示两个绿色灯光，准许列车由车站出发，开往半自动闭塞或自动站间闭塞区间（2分）。

5. 进站信号机及接车进路信号机显示一个红色灯光及一个月白色灯光，该信号是什么信号？列车该如何运行？（5分）

【答】该信号为引导信号（1分）；表示准许列车在该信号机前方不停车（1分），以不超过 20 km/h（动车组列车不超过 40 km/h）的速度进站或通过接车进路（2分），并应准备随时停车（1分）。

6. 容许信号是如何显示的？其显示含义是什么？（5分）

【答】容许信号显示一个蓝色灯光（1分），表示准许列车在通过色灯信号机显示红色灯光的情况下不停车（1分），以不超过 20 km/h 的速度通过（1分），运行到次一架通过信号机（1分），并随时准备停车（1分）。

7. 进站信号机的预告信号机显示方式有哪些？分别表示什么含义？（5分）

【答】预告信号机显示一个绿色灯光，表示进站信号机在开放状态（2.5分）；显示一个黄色灯光，表示进站信号机在关闭状态（2.5分）。

8. 在 CTCS-0 级线路，自动闭塞区段，连续式机车信号机显示一个双半黄色灯光时，其显示含义是什么？（5分）

【答】要求列车限速运行（1分），表示列车接近的地面信号机开放经道岔侧向位置的进路（2分）、显示两个黄色灯光或其他相应显示（2分）。

9. 在 CTCS-0 级线路，三显示自动闭塞区段，连续式机车信号机显示一个带 "2" 字的黄色闪光的含义是什么？（5分）

【答】要求列车注意运行（1分），表示列车接近的地面信号机显示一个黄色灯光（2分），并预告次一架地面信号机开放经 18 号以上道岔侧向位置的进路，且列车运行前方第三架信号机开通直向进路或开放经 18 号以上道岔侧向位置的进路（2分）。

10. 在 CTCS-0 级线路，四显示自动闭塞区段，连续式机车信号机显示一个带 "2" 字的黄色闪光的含义是什么？（5分）

【答】要求列车减速到规定的速度等级越过接近的显示一个黄色灯光的地面信号机（3分），并预告次一架地面信号机开放经 18 号以上道岔侧向位置的进路，且列车运行前方第三架信号机开通直向进路或开放经 18 号以上道岔侧向位置的进路（2分）。

五、综合题

1. 试述三显示自动闭塞区段进站信号机的显示方式及含义。（10分）

【答】（1）一个绿色灯光：准许列车按规定速度经正线通过车站，表示出站及进路信号机在开放状态，进路上的道岔均开通直向位置（2分）；

（2）一个绿色灯光和一个黄色灯光：准许列车经道岔直向位置，进入站内越过次一架已经开放的信号机准备停车（2分）；

（3）一个黄色灯光：准许列车经道岔直向位置，进入站内正线准备停车（1分）；

（4）一个黄色闪光和一个黄色灯光：准许列车经 18 号及以上道岔侧向位置，进入站内越过次一架已经开放的信号机且该信号机防护的进路经道岔直向位置或 18 号及以上道岔侧向位置（2分）；

（5）两个黄色灯光：准许列车经道岔侧向位置［但不满足 6.1.1.1d）］进入站内准备停车（2分）；

（6）一个红色灯光：不准许列车越过该信号机（1分）。

2．试述四显示自动闭塞区段进站信号机的显示方式及含义。（10分）

【答】（1）一个绿色灯光：准许列车按规定速度经道岔直向位置进入或通过车站，表示运行前方至少有三个闭塞分区空闲（2分）；

（2）一个绿色灯光和一个黄色灯光：准许列车按规定速度经道岔直向位置进入站内，表示次一架信号机经道岔直向位置开放一个黄灯（2分）；

（3）一个黄色灯光：准许列车按限速要求经道岔直向位置进入站内正线准备停车（1分）；

（4）一个黄色闪光和一个黄色灯光：准许列车经 18 号及以上道岔侧向位置，进入站内越过次一架已经开放的信号机且该信号机防护的进路经道岔直向位置或 18 号及以上道岔侧向位置（2分）；

（5）两个黄色灯光：准许列车按限速要求越过该信号机，经道岔侧向位置［但不满足 6.1.1.2d）］进入站内准备停车（2分）；

（6）一个红色灯光：不准许列车越过该信号机（1分）。

3．试述三显示自动闭塞区段出站信号机的显示方式及含义。（10分）

【答】（1）一个绿色灯光：准许列车由车站出发，表示运行前方至少有两个闭塞分区空闲（2分）；（2）一个黄色灯光：准许列车由车站出发，表示运行前方有一个闭塞分区空闲（2分）；（3）两个绿色灯光：准许列车由车站出发，开往半自动闭塞或自动站间闭塞区间（2分）；（4）一个红色灯光：不准许列车越过该信号机（2分）；（5）在兼作调车信号机时，一个月白灯光：准许越过该信号机调车（2分）。

4．试述四显示自动闭塞区段出站信号机的显示方式及含义。（10分）

【答】（1）一个绿色灯光：准许列车由车站出发，表示运行前方至少有三个闭塞分区空闲（2分）；

（2）一个绿色灯光和一个黄色灯光：准许列车由车站出发，表示运行前方有两个闭塞分区空闲（2分）；

（3）一个黄色灯光：准许列车由车站出发，表示运行前方有一个闭塞分区空闲（1分）；

（4）两个绿色灯光：准许列车由车站出发，开往半自动闭塞或自动站间闭塞区间（2分）；

（5）一个红色灯光：不准许列车越过该信号机（1分）；

（6）在兼作调车信号机时，一个月白色灯光：准许越过该信号机调车（2分）。

5. 试述三显示自动闭塞区段的发车进路信号机的显示方式及含义。（10分）

【答】（1）一个绿色灯光：准许列车由车站经正线出发，表示出站和进路信号机均在开放状态（2分）；

（2）一个绿色灯光和一个黄色灯光：准许列车越过该信号机，表示该信号机列车运行前方次一架信号机在开放状态（2分）；

（3）一个黄色灯光：准许列车运行到次一架信号机之前准备停车（2分）；

（4）一个红色灯光：不准许列车越过该信号机（2分）；

（5）在兼作调车信号机时，一个月白色灯光：准许越过该信号机调车（2分）。

6. 试述四显示自动闭塞区段发车进路信号机的显示方式及含义。（10分）

【答】（1）一个绿色灯光：表示该信号机列车运行前方至少有两架信号机经道岔直向位置在开放状态（2分）；

（2）一个绿色灯光和一个黄色灯光：表示该信号机列车运行前方次一架信号机经道岔直向位置在开放状态（2分）；

（3）一个黄色灯光：准许列车运行到次一架信号机之前准备停车（2分）；

（4）一个红色灯光：不准许列车越过该信号机（2分）；

（5）在兼作调车信号机时，一个月白色灯光：准许越过该信号机调车（2分）。

7. 三显示自动闭塞区段，进站、出站、发车进路和通过信号机显示一个绿色灯光时的含义分别是什么？（10分）

【答】三显示自动闭塞区段：

（1）进站信号机显示一个绿色灯光：准许列车按规定速度经正线通过车站，表示出站及进路信号机在开放状态，进路上的道岔均开通直向位置（3分）；

（2）出站信号机显示一个绿色灯光：准许列车由车站出发，表示运行前方至少有两个闭塞分区空闲（2分）；

（3）发车进路信号机显示一个绿色灯光：准许列车由车站经正线出发，表示出站和进路信号机均在开放状态（3分）；

（4）通过信号机显示一个绿色灯光：准许列车按规定速度运行，表示运行前方至少有两个闭塞分区空闲（2分）。

8. 试述四显示自动闭塞区段以及CTCS-2级、CTCS-3级线路，通过信号机的显示方式及含义。（10分）

【答】（1）一个绿色灯光：准许列车按规定速度运行，表示运行前方至少有三个闭塞分区空闲（2分）；

（2）一个绿色灯光和一个黄色灯光：准许列车按规定速度运行，要求注意准备减速，表示运行前方有两个闭塞分区空闲（3分）；

（3）一个黄色灯光：要求列车减速运行，按规定限速要求越过该信号机，表示运行前方有一个闭塞分区空闲（3分）；

（4）一个红色灯光：列车应在该信号机前停车。（2 分）

9．试述进站、出站、调车复示信号机的显示方式及含义。（10 分）

【答】（1）进站信号机的复示信号机采用灯列式机构，显示下列信号：①两个月白色灯光与水平线构成 60° 角显示：表示主体信号机显示经道岔直向位置向正线接车的信号（2 分）；②两个月白色灯光水平位置显示：表示主体信号机显示经道岔侧向位置接车的信号（2 分）；③无显示：表示主体信号机在关闭状态（2 分）。

（2）出站信号机的复示信号机显示下列信号：①一个绿色灯光：表示主体信号机在开放状态（1 分）；②无显示：表示主体信号机在关闭状态（1 分）。

（3）调车信号机的复示信号机显示下列信号：①一个月白色灯光：表示调车信号机在开放状态（1 分）；②无显示：表示调车信号机在关闭状态（1 分）。

§2-3　移动信号及手信号

7.1　移动停车信号和移动减速信号

移动信号显示方式如下：

a）停车信号：

1）昼间为表面有反光材料的红色方牌；

2）夜间为柱上红色灯光，见图99。

b）减速信号：

1）表面有反光材料的黄底黑字圆牌，标明列车限制速度，见图100；

2）带"减速"字样的表面有反光材料的黄底黑字圆牌，标明"减速"两字，见图101。

图99

图100

图101

c）减速防护地段终端信号：

1）表面有反光材料的绿色圆牌，见图102；

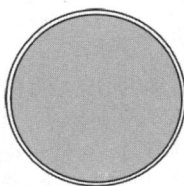

图102

图103

2）在有 10 000 t 或 20 000 t（含 15 000 t）货物列车运行的线路增设的 1 万 t、2 万 t（含 1.5 万 t）减速防护地段终端信号牌为表面有反光材料的绿底黑"W"字（10 000 t）或黑"L"字（15 000 t 和 20 000 t）圆牌，见图103。

7.2　响墩及火炬信号

响墩信号见图104，火炬信号见图105；响墩爆炸声及火炬信号的火光，均要求紧急停车。

129

图 104

图 105

7.3 无线调车灯显信号

无线调车灯显制式的信号显示见图106，方式如下：

a）一个红灯：停车信号。

b）一个绿灯：推进信号。

c）绿灯闪数次后熄灭：起动信号。

d）绿、红灯交替后绿灯长亮：连结信号。

e）绿、黄灯交替后绿灯长亮：溜放信号。

f）黄灯闪后绿灯长亮：减速信号。

g）黄灯长亮：十、五、三车距离信号。

1）十车距离信号（加辅助语音提示）；

2）五车距离信号（加辅助语音提示）；

3）三车距离信号（加辅助语音提示）。

h）两个红灯：紧急停车信号。

i）先两个红灯后熄灭一个红灯：解锁信号。

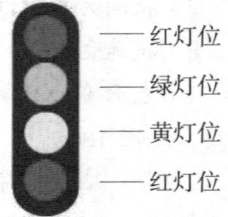

图 106

7.4 手信号

7.4.1 一般要求

在显示手信号时，凡昼间持有手信号旗的人员，应将信号旗拢起，左手持红旗，右手持绿旗（扳道员右手持黄旗），不持信号旗的人员徒手按规定方式显示信号。

7.4.2 列车手信号

7.4.2.1 停车信号，要求列车停车。

a）昼间为展开的红色信号旗；无红色信号旗时，两臂高举头上向两侧急剧摇动，见图107；

图 107

图 108

b）夜间为红色灯光；无红色灯光时，用白色灯光上下急剧摇动，见图 108。

7.4.2.2　减速信号，要求列车降低到要求的速度。

a）昼间为展开的黄色信号旗；无黄色信号旗时，用绿色信号旗下压数次，见图 109。

b）夜间为黄色灯光；无黄色灯光时，用白色或绿色灯光下压数次，见图 110。

图 109

图 110

7.4.2.3　发车信号，要求司机发车。

a）昼间为展开的绿色信号旗上弧线向列车方面作圆形转动；夜间为绿色灯光上弧线向列车方面作圆形转动，见图 111。

b）在设有发车表示器的车站，按发车表示器显示发车。

7.4.2.4　通过手信号：准许列车由车站（场）通过，见图 112。

a）昼间为展开的绿色信号旗。

b）夜间为绿色灯光。

图 111

图 112

7.4.2.5　引导手信号，准许列车进入车场或车站，见图 113。

a）昼间为展开的黄色信号旗高举头上左右摇动；

b）夜间为黄色灯光高举头上左右摇动。

图 113

7.4.2.6 特定引导手信号显示方式，见图114。

a）昼间为展开绿色信号旗高举头上左右摇动；

b）夜间为绿色灯光高举头上左右摇动。

图114

7.4.3 调车手信号

7.4.3.1 停车信号。

显示方式见7.4.2.1的图107、图108。

7.4.3.2 减速信号。

昼间为展开的绿色信号旗下压数次，夜间为绿色灯光下压数次。

显示方式见7.4.2.2的图109、图110。

7.4.3.3 指挥机车移动的信号。

a）指挥机车向显示人方向来的信号：

1）昼间为展开的绿色信号旗在下部左右摇动；

2）夜间为绿色灯光在下部左右摇动，见图115。

b）指挥机车向显示人方向稍行移动的信号：

1）昼间为拢起的红色信号旗直立平举，再用展开的绿色信号旗左右小动；

2）夜间为绿色灯光下压数次后，再左右小动，见图116。

图115

图116

c）指挥机车向显示人反方向去的信号：

1）昼间为展开的绿色信号旗上下摇动；

2）夜间为绿色灯光上下摇动，见图117。

d）指挥机车向显示人反方向稍行移动的信号：

1）昼间为拢起的红色信号旗直立平举，再用展开的绿色信号旗上下小动；

2）夜间为绿色灯光上下小动，见图118。

图117

图118

7.4.3.4 对显示 7.4.3.2、7.4.3.3 中转信号时，昼间可用单臂，夜间可用白色灯光依式中转。

7.4.4 联系手信号

7.4.4.1 道岔开通信号，表示进路道岔准备妥当。

a）昼间为拢起的黄色信号旗高举头上左右摇动；夜间为白色灯光高举头上，见图119。

图 119

b）机车出入段进路道岔准备妥当后，显示如下道岔开通信号：

1）昼间为展开的黄色信号旗高举头上左右摇动；

2）夜间为黄色灯光高举头上左右摇动，见图120。

图 120

7.4.4.2 股道号码信号，要道或回示股道开通号码。

a）一道：

1）昼间为两臂左右平伸；

2）夜间为白色灯光左右摇动，见图121。

b）二道：

1）昼间为右臂向上直伸，左臂下垂；

2）夜间为白色灯光左右摇动后，从左下方向右上方高举，见图122。

图 121　　　　　　　　　　　图 122

c）三道：

1）昼间为两臂向上直伸；

2）夜间为白色灯光上下摇动，见图 123。

d）四道：

1）昼间为右臂向右上方，左臂向左下方各斜伸 45° 角；

2）夜间为白色灯光高举头上左右小动，见图 124。

图 123

图 124

e）五道：

1）昼间为两臂交叉于头上；

2）夜间为白色灯光作圆形转动，见图 125。

f）六道：

1）昼间为左臂向左下方，右臂向右下方各斜伸 45° 角；

2）夜间为白色灯光作圆形转动后，再左右摇动，见图 126。

图 125

图 126

g）七道：

1）昼间为右臂向上直伸，左臂向左平伸；

2）夜间为白色灯光作圆形转动后，左右摇动，然后再从左下方向右上方高举，见图 127。

h）八道：

1）昼间为右臂向右平伸，左臂下垂；

2）夜间为白色灯光作圆形转动后，再上下摇动，见图 128。

i）九道：

1）昼间为右臂向右平伸，左臂向右下斜 45° 角；

2）夜间为白色灯光作圆形转动后，再高举头上左右小动，见图 129。

j）十道：

1）昼间为左臂向左上方，右臂向右上方各斜伸 45° 角；

2）夜间为白色灯光左右摇动后，再上下摇动作成十字形，见图 130。

图 127

图 128

图 129

图 130

k）十一至十九道，应先显示十道股道号码，再显示所要股道号码的个位数信号。

l）二十道及其以上的股道号码，由铁路运输企业根据需要自行规定。

7.4.4.3 连结信号，表示连挂作业。

a）昼间为两臂高举头上，使拢起的手信号旗杆成水平末端相接，见图 131。

b）夜间为红、绿色灯光（无绿色灯光的人员，用白色灯光）交互显示数次，见图 132。

图 131

图 132

7.4.4.4 溜放信号，表示溜放作业。

昼间为拢起的手信号旗两臂高举头上交叉后，急向左右摇动数次，见图 133；夜间为红色灯光作圆形转动，见图 134。

图 133

图 134

7.4.4.5 停留车位置信号，表示车辆停留地点。

夜间为白色灯光左右小摇动，见图 135。

7.4.4.6 十、五、三车距离信号，表示推进车辆的前端距被连挂车辆的距离。

昼间为展开的绿色信号旗单臂平伸，夜间为绿色灯光，见图 136；在距离停留车十车（约 110 m）时连续下压三次，五车（约 55 m）时连续下压两次，三车（约 33 m）时下压一次。

图 135

图 136

7.4.4.7 取消信号，通知将前发信号取消。

昼间为拢起的手信号旗，两臂于前下方交叉后，急向左右摇动数次；夜间为红色灯光作圆形转动后，上下摇动，见图 137。

7.4.4.8 要求再度显示信号，前发信号不明，要求重新显示。

昼间为拢起的手信号旗右臂向右方上下摇动；夜间为红色灯光上下摇动，见图 138。

图 137

图 138

7.4.4.9 告知显示错误的信号，告知对方信号显示错误。

昼间为拢起的手信号旗两臂左右平伸同时上下摇动数次；夜间为红色灯光左右摇动，

见图 139。

7.4.5 其他手信号

7.4.5.1 试验列车自动制动机的手信号显示方式如下：

a）制动：

1）昼间为用检查锤高举头上；

2）夜间为白色灯光高举，见图 140。

图 139

图 140

b）缓解：

1）昼间为用检查锤在下部左右摇动；

2）夜间为白色灯光在下部左右摇动，见图 141。

c）试验结束：

1）昼间为用检查锤作圆形转动；夜间为白色灯光作圆形转动，见图 142；

图 141

图 142

2）车站人员显示上述信号时，昼间可用拢起的信号旗代替，司机应注意瞭望试验信号，并按规定回答；

3）如列车制动主管未达到规定压力，试验人员要求司机继续充风时，按照缓解的信号同样显示。

7.4.5.2 发现接触网故障，需要机车临时降弓通过时，发现的人员应在规定地点显示下列手信号：

a）降弓手信号：

1）昼间为左臂垂直高举，右臂前伸并左右水平重复摇动；

2）夜间为白色灯光上下左右重复摇动，见图 143。

b）升弓手信号

1）昼间为左臂垂直高举，右臂前伸并上下重复摇动；

2）夜间为白色灯光作圆形转动，见图144。

图143

图144

【练习题】（填空21题，选择14题，判断26题，简答9题，合计70题）

一、填空题

1. 无线调车灯显信号显示（　　　　）加辅助语音提示时，是表示十、五、三车距离信号。《TB/T 30010—2023》7.3

2. 在显示手信号时，凡昼间持有手信号旗的人员，左手持（　　　　）旗。《TB/T 30010—2023》7.4.1

3. 在显示手信号时，凡昼间持有手信号旗的人员，应将信号旗（　　　　）。《TB/T 30010—2023》7.4.1

4. 发车信号在昼间的显示方式为展开的绿色信号旗上弧线向列车方面作（　　　　）。《TB/T 30010—2023》7.4.2.3

5. 引导手信号在昼间的显示方式为展开的（　　　　）信号旗高举头上左右摇动，表示准许列车进入车场或车站。《TB/T 30010—2023》7.4.2.5

6. 特定引导手信号在昼间的显示方式为展开的（　　　　）信号旗高举头上左右摇动。《TB/T 30010—2023》7.4.2.6

7.【历年真题】特定引导手信号在夜间的显示方式为（　　　　）灯光高举头上左右摇动。《TB/T 30010—2023》7.4.2.6

8.【历年真题】特定引导手信号在昼间的显示方式为展开的绿色信号旗高举头上（　　　　）。《TB/T 30010—2023》7.4.2.6

9. 调车手信号中，昼间指挥机车向显示人反方向稍行移动的信号：昼间为拢起的红色信号旗（　　　　），再用展开的绿色信号旗上下小动；夜间为绿色灯光上下小动。《TB/T 30010—2023》7.4.3.3

10. 联系手信号在显示道岔开通信号时，昼间为拢起的（　　　　）信号旗高举头上左右摇动，表示进路道岔准备妥当。《TB/T 30010—2023》7.4.4.1

11. 联系手信号显示股道号码时，昼间右臂向上直伸，左臂下垂，表示股道开通

（　　　　）道。《TB/T 30010—2023》7.4.4.2

12．联系手信号显示股道号码时，昼间两臂交叉于头上，表示股道开通（　　　　）道。《TB/T 30010—2023》7.4.4.2

13．联系手信号显示股道号码时，昼间左臂向左下方，右臂向右下方各斜伸 45°角，表示股道开通（　　　　）道。《TB/T 30010—2023》7.4.4.2

14．联系手信号显示股道号码时，昼间右臂向上直伸，左臂向左平伸，表示股道开通（　　　　）道。《TB/T 30010—2023》7.4.4.2

15．联系手信号的连结信号：夜间为红、绿色灯光（无绿色灯光的人员，用白色灯光）（　　　　）。《TB/T 30010—2023》7.4.4.3

16．联系手信号显示十、五、三车距离信号中的"三车"（约 33 m）信号时，昼间的显示方式为展开的绿色信号旗单臂平伸下压（　　　　）次。《TB/T 30010—2023》7.4.4.6

17．联系手信号显示十、五、三车距离信号时，昼间用展开的绿色信号旗单臂平伸，在距离停留车五车时连续下压两次，是表示距停留车约（　　　　）。《TB/T 30010—2023》7.4.4.6

18．取消信号昼间的显示方式为拢起的手信号旗，两臂于前下方交叉后，急向（　　　　）摇动数次。《TB/T 30010—2023》7.4.4.7

19．要求再度显示信号昼间的显示方式为拢起的手信号旗右臂向右方（　　　　）摇动。《TB/T 30010—2023》7.4.4.8

20．降弓手信号夜间的显示为白色灯光（　　　　）重复摇动。《TB/T 30010—2023》7.4.5.2

21．【历年真题】（　　　　）手信号，夜间的显示为白色灯光上下左右重复摇动。《TB/T 30010—2023》7.4.5.2

二、选择题

1．无线调车灯显信号显示绿灯闪数次后熄灭，表示（　　　）信号。《TB/T 30010—2023》7.3

A．推进　　　　　　B．起动　　　　　　C．连结

2．无线调车灯显信号显示绿、黄灯交替后绿灯长亮，表示（　　　）信号。《TB/T 30010—2023》7.3

A．连接　　　　　　B．溜放　　　　　　C．减速

3．列车运行中，遇昼间两臂高举头上向两侧急剧摇动，夜间白色灯光上下急剧摇动，司机应立即（　　　）。《TB/T 30010—2023》7.4.2.1

A．减速　　　　　　B．降弓　　　　　　C．停车

4．列车运行中，遇昼间展开的（　　　）信号旗，司机需将列车降低到要求的速度。《TB/T 30010—2023》7.4.2.2

A．红色　　　　　　B．黄色　　　　　　C．绿色

5．调车手信号指挥机车向显示人反方向去的信号，昼间用展开的绿色信号旗、夜间

用绿色灯光（　　）。《TB/T 30010—2023》7.4.3.3

　　A．在下部左右摇动　　　　B．上下摇动　　　　C．上下小动

　　6．调车手信号指挥机车向显示人方向稍行移动的信号，昼间为拢起的红色信号旗直立平举，再用展开的绿色信号旗（　　）。《TB/T 30010—2023》7.4.3.3

　　A．上下摇动　　　　　　　B．左右小动　　　　C．上下小动

　　7．夜间机车出入段时的道岔开通信号为（　　）灯光高举头上左右摇动。《TB/T 30010—2023》7.4.4.1

　　A．白色　　　　　　　　　B．黄色　　　　　　C．绿色

　　8．联系手信号显示股道号码时，夜间白色灯光左右摇动后，从左下方向右上方高举，表示股道开通（　　）道。《TB/T 30010—2023》7.4.4.2

　　A．一　　　　　　　　　　B．二　　　　　　　C．三

　　9．联系手信号显示股道号码时，夜间白色灯光作圆形转动，表示股道开通（　　）道。《TB/T 30010—2023》7.4.4.2

　　A．二　　　　　　　　　　B．五　　　　　　　C．八

　　10．联系手信号显示股道号码时，昼间右臂向右平伸，左臂向右下斜45°角，表示股道开通（　　）道。《TB/T 30010—2023》7.4.4.2

　　A．四　　　　　　　　　　B．六　　　　　　　C．九

　　11．联系手信号显示股道号码时，夜间白色灯光作圆形转动后，再高举头上左右小动，表示股道开通（　　）道。《TB/T 30010—2023》7.4.4.2

　　A．八　　　　　　　　　　B．九　　　　　　　C．十

　　12．联系手信号显示十、五、三车距离信号中的"十车"（约110 m）信号时，昼间的显示方式为展开的绿色信号旗单臂平伸连续下压（　　）次。《TB/T 30010—2023》7.4.4.6

　　A．一　　　　　　　　　　B．两　　　　　　　C．三

　　13．降弓手信号在昼间的显示方式为左臂垂直高举，右臂（　　）并左右水平重复摇动。《TB/T 30010—2023》7.4.5.2

　　A．前伸　　　　　　　　　B．下垂　　　　　　C．高举

　　14．升弓手信号在夜间的显示方式为白色灯光作（　　）。《TB/T 30010—2023》7.4.5.2

　　A．圆形转动　　　　　　　B．左右重复摇动　　C．上下摇动

三、判断题

　　1．减速防护地段终端信号为表面有反光材料的黄色圆牌。

　　　　　　　　　　　　　　　　　　　　　　（　　）《TB/T 30010—2023》7.1

　　2．移动信号中减速信号为表面有反光材料的黄底黑字圆牌，标明列车限制速度。

　　　　　　　　　　　　　　　　　　　　　　（　　）《TB/T 30010—2023》7.1

　　3．司机在列车运行中听到响墩爆炸声，必须减速或停车。

（　　　）《TB/T 30010—2023》7.2

4. 在显示手信号时，凡昼间持有手信号旗的人员，应将信号旗展开。

（　　　）《TB/T 30010—2023》7.4.1

5. 列车夜间运行中无论是遇到黄色、白色或绿色灯光下压数次的显示，都应立即将列车降低到要求的速度运行。 （　　　）《TB/T 30010—2023》7.4.2.2

6. 通过手信号昼间为展开的绿色信号旗上下摇动，夜间为绿色灯光上下摇动。

（　　　）《TB/T 30010—2023》7.4.2.4

7.【历年真题】特定引导手信号在昼间的显示方式为绿色信号旗高举头上左右摇动。

（　　　）《TB/T 30010—2023》7.4.2.6

8. 调车手信号指挥机车向显示人反方向去的信号，昼间用展开的绿色信号旗上下摇动，夜间用绿色灯光上下摇动。 （　　　）《TB/T 30010—2023》7.4.3.3

9. 调车手信号指挥机车向显示人反方向稍行移动的信号，昼间为拢起的红色信号旗直立平举、再用展开的绿色旗上下小动，夜间用绿色灯光上下小动。

（　　　）《TB/T 30010—2023》7.4.3.3

10. 联系手信号中，夜间显示道岔开通信号时，用白色灯光高举头上。

（　　　）《TB/T 30010—2023》7.4.4.1

11. 机车出入段时昼间的道岔开通信号为拢起的黄色信号旗高举头上左右摇动。

（　　　）《TB/T 30010—2023》7.4.4.1

12. 联系手信号显示股道号码时，昼间两臂左右平伸，表示开通一道。

（　　　）《TB/T 30010—2023》7.4.4.2

13. 联系手信号显示股道号码时，夜间用白色灯光上下摇动，表示开通一道。

（　　　）《TB/T 30010—2023》7.4.4.2

14. 联系手信号显示股道号码时，昼间左臂向左上方，右臂向右上方各斜伸 45° 角，表示开通四道。 （　　　）《TB/T 30010—2023》7.4.4.2

15. 联系手信号显示股道号码时，夜间用白色灯光作圆形转动后，左右摇动，然后再从左下方向右上方高举，表示开通七道。 （　　　）《TB/T 30010—2023》7.4.4.2

16. 联系手信号显示股道号码时，昼间右臂向右平伸，左臂下垂，表示开通七道。

（　　　）《TB/T 30010—2023》7.4.4.2

17. 联系手信号显示股道号码时，昼间右臂向右上方，左臂向左下方各斜伸 45° 角，表示开通十道。 （　　　）《TB/T 30010—2023》7.4.4.2

18. 联系手信号显示股道号码时，白色灯光左右摇动后，再上下摇动作成十字形，表示开通十道。 （　　　）《TB/T 30010—2023》7.4.4.2

19. 联系手信号显示连结手信号时，昼间显示方式为两臂高举头上，使拢起的手信号旗杆成水平末端相接。 （　　　）《TB/T 30010—2023》7.4.4.3

20. 联系手信号显示十、五、三车距离信号中的"五车"（约 55 m）信号时，昼间的显示方式为展开的绿色信号旗单臂平伸连续下压三次。

（　　　）《TB/T 30010—2023》7.4.4.6

21．通知将前发信号取消时，夜间用红色灯光作圆形转动后，上下摇动。

（　　　）《TB/T 30010—2023》7.4.4.7

22．【历年真题】通知将前发信号取消时，夜间用红色灯光作圆形转动。

（　　　）《TB/T 30010—2023》7.4.4.7

23．试验列车自动制动机制动的手信号昼间为用检查锤高举头上。

（　　　）《TB/T 30010—2023》7.4.5.1

24．试验列车自动制动机缓解的手信号夜间为白色灯光在下部左右小动。

（　　　）《TB/T 30010—2023》7.4.5.1

25．试验列车自动制动机结束的手信号昼间用检查锤作圆形转动。

（　　　）《TB/T 30010—2023》7.4.5.1

26．升弓手信号昼间的显示为：左臂垂直高举，右臂前伸并上下重复摇动。

（　　　）《TB/T 30010—2023》7.4.5.2

四、简答题

1．对运行中的列车，要求停车的手信号是如何表示的？《TB/T 30010—2023》7.4.2.1

2．【历年真题】简述指挥列车运行的手信号中，减速信号的含义及显示方式。《TB/T 30010—2023》7.4.2.2

3．简述引导手信号的含义及显示方式。《TB/T 30010—2023》7.4.2.5

4．调车手信号指挥机车向显示人反方向稍行移动的信号是如何显示的？《TB/T 30010—2023》7.4.3.3

5．调车手信号指挥机车向显示人方向稍行移动的信号是如何显示的？《TB/T 30010—2023》7.4.3.3

6．简述联系手信号中连结信号的显示含义及显示方式。《TB/T 30010—2023》7.4.4.3

7．十、五、三车距离信号的含义及显示方式是什么？《TB/T 30010—2023》7.4.4.6

8．简述试验列车自动制动机手信号的显示方式。《TB/T 30010—2023》7.4.5.1

9．简述临时降、升弓手信号的显示方式。《TB/T 30010—2023》7.4.5.2

【练习题答案】

一、填空题

1. 黄灯长亮；2. 红；3. 拢起；4. 圆形转动；5. 黄色；6. 绿色；

7. 绿色；8. 左右摇动；9. 直立平举；10. 黄色；11. 二；

12. 五；13. 六；14. 七；15. 交互显示数次；16. 一；

17. 55 m；18. 左右；19. 上下；20. 上下左右；21. 降弓

二、选择题

1. B；2. B；3. C；4. B；5. B；6. B；7. B；8. B；

9. B；10. C；11. B；12. C；13. A；14. A

三、判断题

1. × 正确：绿色；2. √；3. × 正确：必须紧急停车；

4. × 正确：拢起；5. √；6. × 正确：删除两个"上下摇动"；

7. × 正确：展开的绿色信号旗；8. √；9. √；10. √；

11. × 正确：展开；12. √；13. × 正确：左右摇动；

14. × 正确：十道；15. √；16. × 正确：八道；

17. × 正确：四道；18. √；19. √；20. × 正确：两次；

21. √；22. × 正确：红色灯光作圆形转动后，上下摇动；

23. √；24. × 正确：左右摇动；25. √；26. √

四、简答题

1. 对运行中的列车，要求停车的手信号是如何表示的？（5分）

【答】昼间为展开的红色信号旗（1分）；无红色信号旗时，两臂高举头上向两侧急剧摇动（1.5分）；夜间为红色灯光（1分），无红色灯光时，用白色灯光上下急剧摇动（1.5分）。

2. 简述指挥列车运行的手信号中，减速信号的含义及显示方式。（5分）

【答】要求列车降低到要求的速度（1分）。昼间为展开的黄色信号旗（1分）；无黄色信号旗时，用绿色信号旗下压数次（1分）；夜间为黄色灯光（1分）；无黄色灯光时，用白色或绿色灯光下压数次（1分）。

3. 简述引导手信号的含义及显示方式。（5分）

【答】准许列车进入车场或车站（1分）。昼间为展开的黄色信号旗高举头上左右摇动（2分）；夜间为黄色灯光高举头上左右摇动（2分）。

4. 调车手信号指挥机车向显示人反方向稍行移动的信号是如何显示的？（5分）

【答】昼间为拢起的红色信号旗直立平举，再用展开的绿色信号旗上下小动（3分）；夜间为绿色灯光上下小动（2分）。

5. 调车手信号指挥机车向显示人方向稍行移动的信号是如何显示的？

【答】昼间为拢起的红色信号旗直立平举，再用展开的绿色信号旗左右小动（3分）；

夜间为绿色灯光下压数次后，再左右小动（2 分）。

6. 简述联系手信号中连结信号的显示含义及显示方式。（5 分）

【答】连结信号表示连挂作业（1 分）。昼间为两臂高举头上，使拢起的手信号旗杆成水平末端相接（2 分）；夜间为红、绿色灯光（无绿色灯光的人员，用白色灯光）交互显示数次（2 分）。

7. 十、五、三车距离信号的含义及显示方式是什么？（5 分）

【答】表示推进车辆的前端距被连挂车辆的距离（1 分）。昼间为展开的绿色信号旗单臂平伸，夜间为绿色灯光（1 分）；在距离停留车十车（约 110 m）时连续下压三次（1 分），五车（约 55 m）时连续下压两次（1 分），三车（约 33 m）时下压一次（1 分）。

8. 简述试验列车自动制动机手信号的显示方式。（5 分）

【答】（1）制动：昼间为用检查锤高举头上；夜间为白色灯光高举（1 分）。

（2）缓解：昼间为用检查锤在下部左右摇动；夜间为白色灯光在下部左右摇动（2 分）。

（3）试验结束：昼间为用检查锤作圆形转动；夜间为白色灯光作圆形转动（2 分）。

9. 简述临时降、升弓手信号的显示方式。（5 分）

【答】（1）降弓手信号：昼间为左臂垂直高举，右臂前伸并左右水平重复摇动；夜间为白色灯光上下左右重复摇动（2.5 分）。

（2）升弓手信号：昼间为左臂垂直高举，右臂前伸并上下重复摇动；夜间为白色灯光作圆形转动（2.5 分）。

§2-4　信号表示器及标志

8.1　信号表示器
8.1.1　道岔表示器
道岔表示器的显示方式如下：

a）昼间无显示、夜间为紫色灯光，见图145，表示道岔位置开通直向。

图 145

b）昼间为中央划有一条鱼尾形黑线的黄色鱼尾形牌、夜间为黄色灯光，见图146，表示道岔位置开通侧向。

图 146

8.1.2　脱轨表示器
脱轨表示器的显示方式如下：

a）带白边的红色长方牌及红色灯光，表示线路在遮断状态，见图147。

b）带白边的绿色圆牌及月白色灯光，表示线路在开通状态，见图148。

图 147

图 148

8.1.3　进路表示器
8.1.3.1　采用进路表示器区分发车方向时，应符合本文件的规定。

8.1.3.2　进路表示器在其主体信号机开放时点亮，用于区别进路开通方向或双线区段

145

反方向发车，不能独立构成信号显示。

8.1.3.3 两个发车方向，当信号机在开放的条件下，分别按左、右两个白色灯光，区别进路开通方向，见图149。

图 149

8.1.3.4 三个发车方向，其显示方式如下：

a）信号机在开放状态及表示器左方显示一个白色灯光，表示进路开通，准许列车向左侧线路发车，见图150；

b）信号机在开放状态及表示器中间显示一个白色灯光，表示进路开通，准许列车向中间线路发车，见图151；

c）信号机在开放状态及表示器右方显示一个白色灯光，表示进路开通，准许列车向右侧线路发车，见图152。

图 150　　　　　　　　　图 151　　　　　　　　　图 152

8.1.3.5 四个及其以上发车方向，进路表示器按灯光排列表示。

8.1.3.6 四个发车方向（由左至右A、B、C、D方向）显示方式：

a）信号机在开放状态及表示器左方横向显示两个白色灯光，表示进路开通，准许列车向左侧A方向线路发车，见图153；

b）信号机在开放状态及表示器左方斜向显示两个白色灯光，表示进路开通，准许列车向左侧B方向线路发车，见图154；

c）信号机在开放状态及表示器右方斜向显示两个白色灯光，表示进路开通，准许列车向右侧C方向线路发车，见图155；

d）信号机在开放状态及表示器右方横向显示两个白色灯光，表示进路开通，准许列车向右侧D方向线路发车，见图156。

8.1.3.7　五个发车方向（由左至右 A、B、C、D、E 方向）显示方式：

a）信号机在开放状态及表示器左方横向显示两个白色灯光，表示进路开通，准许列车向左侧 A 方向线路发车，见图 153；

b）信号机在开放状态及表示器左方斜向显示两个白色灯光，表示进路开通，准许列车向左侧 B 方向线路发车，见图 154；

c）信号机在开放状态及表示器中间竖向显示两个白色灯光，表示进路开通，准许列车向中间 C 方向线路发车，见图 157；

d）信号机在开放状态及表示器右方斜向显示两个白色灯光，表示进路开通，准许列车向右侧 D 方向线路发车，见图 155；

e）信号机在开放状态及表示器右方横向显示两个白色灯光，表示进路开通，准许列车向右侧 E 方向线路发车，见图 156。

图 153　　　　　图 154　　　　　图 155　　　　　图 156　　　　　图 157

8.1.3.8　六个发车方向（由左至右 A、B、C、D、E、F 方向）显示方式：

a）信号机在开放状态及表示器左方竖向显示两个白色灯光，表示进路开通，准许列车向左侧 A 方向线路发车，见图 158；

b）信号机在开放状态及表示器左方横向显示两个白色灯光，表示进路开通，准许列车向左侧 B 方向线路发车，见图 159；

c）信号机在开放状态及表示器左方斜向显示两个白色灯光，表示进路开通，准许列车向左侧 C 方向线路发车，见图 160；

图 158　　　　　　　　图 159　　　　　　　　图 160

d）信号机在开放状态及表示器右方斜向显示两个白色灯光，表示进路开通，准许列车向右侧 D 方向线路发车，见图 161；

e）信号机在开放状态及表示器右方横向显示两个白色灯光，表示进路开通，准许列车向右侧 E 方向线路发车，见图 162；

f）信号机在开放状态及表示器右方竖向显示两个白色灯光，表示进路开通，准许列车向右侧 F 方向线路发车，见图 163。

8.1.3.9　七个发车方向（由左至右 A、B、C、D、E、F、G 方向）显示方式：

a）信号机在开放状态及表示器左方竖向显示两个白色灯光，表示进路开通，准许列车向左侧 A 方向线路发车，见图 158；

b）信号机在开放状态及表示器左方横向显示两个白色灯光，表示进路开通，准许列车向左侧 B 方向线路发车，见图 159；

c）信号机在开放状态及表示器左方斜向显示两个白色灯光，表示进路开通，准许列车向左侧 C 方向线路发车，见图 160；

d）信号机在开放状态及表示器中间竖向显示两个白色灯光，表示进路开通，准许列车向中间 D 方向线路发车，见图 164；

图 161　　　　　　　图 162　　　　　　　图 163　　　　　　　图 164

e）信号机在开放状态及表示器右方斜向显示两个白色灯光，表示进路开通，准许列车向右侧 E 方向线路发车，见图 161；

f）信号机在开放状态及表示器右方横向显示两个白色灯光，表示进路开通，准许列车向右侧 F 方向线路发车，见图 162；

g）信号机在开放状态及表示器右方竖向显示两个白色灯光，表示进路开通，准许列车向右侧 G 方向线路发车，见图 163。

8.1.3.10　CTCS-0 级线路，在双线区段仅用于区分反方向发车时，其显示方式如下：

a）信号机在开放状态且表示器不点亮，准许列车正方向发车，见图 165；

b）信号机在开放状态且表示器显示一个白色灯光，准许列车反方向发车，见图 166。

8.1.4　发车线路表示器

发车线路表示器在线群出站信号机开放后显示一个白色灯光，准许该线路上的列车发车，见图 167。

不许发车的线路，所属该线路的发车线路表示器不能点亮。

发车线路表示器可用于驼峰调车场，作为调车线路表示器，显示一个白色灯光，准许调车。

8.1.5　发车表示器

发车表示器常态不显示；显示一个白色灯光，表示车站人员准许发车，见图 168。

图 165　　　　　　　图 166　　　　　　　图 167　　　　　　　图 168

8.1.6　调车表示器

调车表示器的显示方式如下：

a）向调车区方向显示一个白色灯光，准许机车车辆自调车区向牵出线运行，见图 169；

b）向牵出线方向显示一个白色灯光，准许机车车辆自牵出线向调车区运行，见图 170；

c）向牵出线方向显示两个白色灯光，准许机车车辆自牵出线向调车区溜放，见图 171。

图 169　　　　　　　　图 170　　　　　　　　图 171

8.1.7　车挡表示器

车挡表示器设置在线路终端的车挡上，昼间一个红色方牌；夜间显示一个红色灯光，见图 172。

安全线及避难线可不设置车挡表示器。

图 172

8.2　线路标志及信号标志

8.2.1　线路标志

8.2.1.1　线路标志包括公里标、半公里标等。

8.2.1.2　线路标志应设在其内侧距线路中心不小于 3.1 m 处（设置在接触网支柱上的标志除外）。

线路标志，按计算公里方向设在线路左侧。双线区段需另设线路标志时，应设在列车运行方向左侧。

8.2.1.3　公里标，设在一条线路自起点计算每一整公里处；半公里标，设在一条线路自起点计算每半公里处，见图 173。

图 173

8.2.2　信号标志

8.2.2.1　信号标志包括警冲标，站界标，预告标，引导员接车地点标，鸣笛标，电力机车禁停标，断电标、合电标，接触网终点标，减速地点标，补机终止推进标、机车停车位置标，四显示机车信号接通标、断开标，轨道电路调谐区标志，动车组列车停车位置标，中继站标，闭塞分区信号标志牌，级间转换标，通信模式转换标。

8.2.2.2　信号标志应设在其内侧距线路中心不小于 3.1 m 处（警冲标除外、设置在接触网支柱上的标志除外）。

信号标志，设在列车运行方向左侧（警冲标、动车组停车位置标除外）。

8.2.2.3　警冲标，设在两会合线路线间距离为 4 m 的中间。线间距离不足 4 m 时，设在两线路中心线最大间距的起点处，见图 174。

在线路曲线部分所设道岔附近的警冲标与线路中心线间的距离应按限界的加宽增加。

8.2.2.4　站界标，设在双线区间列车运行方向左侧最外方顺向道岔（对向出站道岔的警冲标）外不少于 50 m 处，或邻线进站信号机相对处，见图 175。

图 174

图 175

8.2.2.5 预告标，设在进站信号机及线路所通过信号机外方 900 m、1 000 m 及 1100 m 处，见图 176，在设有预告信号机、接近信号机或同方向通过信号机时，均不设预告标。

在双线区间，退行的列车看不见邻线的预告标时，在距站界外 1 100 m 处特设一个预告标，见图 177。

图 176

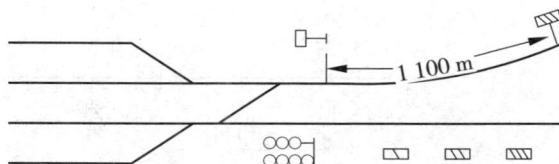

图 177

8.2.2.6 CTCS-0 级线路，列车在距站界 200 m 以外不能看见引导人员在进站信号机或站界标处显示的手信号时，应在列车距站界 200 m 外能清晰地看见引导人员手信号的地点设置引导员接车地点标，见图 178。

8.2.2.7 无人看守道口应设鸣笛标，在非限鸣区域视线不良的大桥、隧道等地点根据需要设置鸣笛标，位置为前方 500~1 000 m 处，见图 179，司机见此标志应长声鸣笛；在限鸣区域内，除遇危及行车安全等情况外，限制鸣笛，装备机车限鸣示警系统的应开启灯显示警设备。

8.2.2.8 电力机车禁停标，设在站场、区间接触网锚段关节式电分段两端，电力机车（动车组）在该标志提示的禁停区域内不应停留，见图 180。

图 178

图 179

图 180

8.2.2.9 断电标、合电标的设置。

a）CTCS-0 级线路：

1）在电气化区段接触网电分相前方设断电标，见图 181，在接触网电分相后方设合电标，见图 182，其设置位置见图 183；

2）在双线电气化区段，在"合""断"电标背面可分别加装"断""合"字标，作为反方向行车的"断""合"电标使用。

图 181

图 182

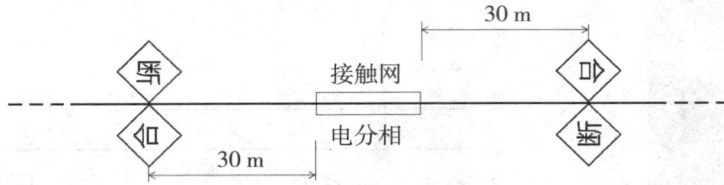

图 183

8.2.2.10　接触网终点标，设在接触网边界，见图 184。

8.2.2.11　减速地点标，设在需要减速地点的两端各 20 m 处。正面表示列车应按规定限速通过地段的始点；背面表示列车应按规定限速通过地段的终点，见图 185。

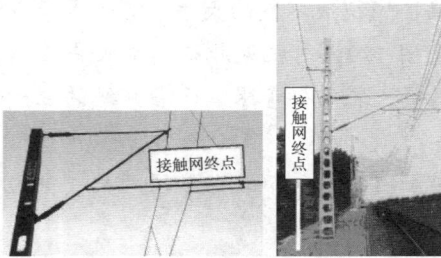

图 184

图 185

8.2.2.12　CTCS-0 级线路的机车信号接通标、断开标：

a）四显示机车信号接通标（机车信号接通标）为涂有白底色、黑竖线、黑框的反光菱形板及黑白相间的立柱标志，见图 186；

b）四显示机车信号断开标为涂有白底色、中间断开的黑横线、黑框的反光菱形板及黑白相间的立柱标志，见图 187。

图 186

图 187

8.2.2.13 轨道电路调谐区标志的设置。

a）Ⅰ型为反方向区间停车位置标，涂有白底色、黑框、黑"停"字、斜红道，标明调谐区长度的反光方形板标志，见图 188；

b）Ⅱ型为反方向行车困难区段的容许信号标，涂有黄底色、黑框、黑"停"字、斜红道，标明调谐区长度的反光方形板标志，见图 189；

c）Ⅲ型用于反方向运行合并轨道区段之间的调谐区或因轨道电路超过允许长度而设立分隔点的调谐区，为涂有蓝底色、白"停"字、斜红道，标明调谐区长度的反光方形板标志，见图 190。

图 188 　　　　　　　　 图 189 　　　　　　　　 图 190

8.2.2.17 级间转换标设置于 CTCS-0/CTCS-2 级、CTCS-2/CTCS-3 级转换边界一定距离前方的级间转换应答器组对应的线路左侧。

该标志采用涂有白底色、黑框、写有黑"C0""C2"或"C3"标记的反光菱形板，见图 191、图 192、图 193。

图 191 　　　　　　　　 图 192 　　　　　　　　 图 193

8.2.2.18 通信模式转换标，在始发站列车停车标内方或需要转换通信模式的相应地点设机车综合无线通信设备通信模式转换提示标志，标志牌顶边距轨面 2.5 m。

该标志表面采用涂有白底色、黑框、写有黑"通信转换"字样的方形板，见图 194。

图 194

8.4 列车标志

8.4.1 一般要求

8.4.1.1 列车应在头部和尾部分别显示不同的列车标志。

8.4.1.2 列车标志的显示方式，昼间与夜间相同，动车组以外的列车，昼间可不点灯。

8.4.2 动车组以外的列车

8.4.2.1 列车牵引运行时，机车前端一个头灯及中部两侧各一个白色灯光，见图195。列车尾部两个侧灯，向后显示红色灯光，向前显示白色灯光；挂有货物列车列尾装置时，为列尾装置向后显示红白相间的反射标志和一个红色闪光灯光，见图196。

图 195   图 196

动车组以外的旅客列车尾部加挂客车时，侧灯位置不作调整，最后一辆客车的制动软管、总风软管须吊起。

8.4.2.2 列车推进运行时，列车前端两个侧灯，向前显示红色灯光，向后显示白色灯光；挂有货物列车列尾装置时，为列尾装置向前显示红白相间的反射标志和一个红色闪光灯光，见图197。机车后端中部两侧各一个红色灯光，见图198。

8.4.2.3 列车后端挂有补机时，机车后端标志与8.4.2.2相同。

图 197   图 198

【练习题】（填空 7 题，选择 9 题，判断 14 题，简答 1 题，合计 31 题）

一、填空题

1. 脱轨表示器显示带白边的**绿色圆牌**及**月白色**灯光，表示线路在（　　　　　）状态。《TB/T 30010—2023》8.1.2

2. 线路标志，按（　　　　　）方向设在线路左侧。《TB/T 30010—2023》8.2.1.2

3. 警冲标，设在两会合线路线间距离为（　　　　　）的中间。《TB/T 30010—2023》

8.2.2.3

4．预告标，设在进站信号机及线路所通过信号机外方（　　　　）m、**1 000 m** 及 **1 100 m** 处，在设有预告或接近信号机及自动闭塞的区段，均不设预告标。《TB/T 30010—2023》8.2.2.5

5．【历年真题】在限鸣区域内，司机见鸣笛标，除遇危及行车安全等情况外，限制鸣笛，装备机车限鸣示警系统的应开启（　　　　）设备。《TB/T 30010—2023》8.2.2.7

6．【历年真题】Ⅲ型轨道电路调谐区标志用于反方向运行合并轨道区段之间的调谐区或因轨道电路超过允许长度而设立分隔点的调谐区，为涂有（　　　　）、白"停"字、斜红道，标明调谐区长度的反光方形板标志。《TB/T 30010—2023》8.2.2.13

7．机车综合无线通信设备通信模式转换提示标志采用涂有白底色、黑框、写有黑（　　　　）字样的方形板。《TB/T 30010—2023》8.2.2.18

二、选择题

1．道岔表示器夜间显示（　　　　）灯光时，表示道岔位置开通直向。《TB/T 30010—2023》8.1.1

A．黄色　　　　　　　　　B．蓝色　　　　　　　　　C．紫色

2．信号机在开放状态，其四个发车方向进路表示器左方横向显示两个白色灯光，表示进路开通，准许列车向左侧（　　　　）方向线路发车。《TB/T 30010—2023》8.1.3.6

A．A　　　　　　　　　B．B　　　　　　　　　C．C

3．【历年真题】信号机在开放状态，其四个发车方向进路表示器左方斜向显示两个白色灯光表示进路开通，准许列车向左侧（　　　　）方向线路发车。《TB/T 30010—2023》8.1.3.6

A．A　　　　　　　　　B．B　　　　　　　　　C．C

4．【历年真题】信号机在开放状态，其四个发车方向（从左至右 A、B、C、D 方向）进路表示器右方斜向显示两个白色灯光，表示进路开通，准许列车向右侧（　　　　）方向线路发车。《TB/T 30010—2023》8.1.3.6

A．A　　　　　　　　　B．B　　　　　　　　　C．C

5．【历年真题】信号机在开放状态，其四个发车方向进路表示器（　　　　）显示两个白色灯光 表示进路开通，准许列车向左侧 B 方向线路发车。《TB/T 30010—2023》8.1.3.6

A．左方横向　　　　　　　B．右方斜向　　　　　　　C．左方斜向

6．【历年真题】设有六个发车方向进路表示器的出站信号机在开放状态，其左方斜向显示两个白色灯光，表示进路开通，准许列车向左侧（　　　　）方向线路发车。《TB/T 30010—2023》8.1.3.8

A．C　　　　　　　　　B．B　　　　　　　　　C．A

7．调车表示器向调车区方向显示一个白色灯光，表示准许机车车辆（　　　　）。《TB/T 30010—2023》8.1.6

A．自调车区向牵出线运行　　　　　　　　　B．自牵出线向调车区运行

C．自牵出线向调车区溜放

8．【历年真题】在道口、大桥、隧道及视线不良地点的前方 500~1 000 m 处设置（   ）。《TB/T 30010—2023》8.2.2.7

A．鸣笛标　　　　　　　　B．作业标　　　　　　　　C．减速地点标

9．减速地点标，设在需要减速地点的两端各（   ）m 处。《TB/T 30010—2023》8.2.2.11

A．20　　　　　　　　B．30　　　　　　　　C．50

三、判断题

1．道岔表示器昼间无显示表示道岔位置开通侧向。
（   ）《TB/T 30010—2023》8.1.1

2．道岔表示器昼间为中央划有一条鱼尾形黑线的黄色鱼尾形牌表示道岔位置开通直向。　　　　　　　　　　　　　　　　　（   ）《TB/T 30010—2023》8.1.1

3．脱轨表示器显示为带白边的红色长方牌及红色灯光时，表示线路在遮断状态。
（   ）《TB/T 30010—2023》8.1.2

4．进路表示器在其主体信号机开放时点亮，用于区别进路开通方向或双线区段反方向发车，不能独立构成信号显示。　　　　　（   ）《TB/T 30010—2023》8.1.3.2

5．不许发车的线路，所属该线路的发车线路表示器不能点亮。
（   ）《TB/T 30010—2023》8.1.4

6．发车表示器显示一个白色灯光，表示车站人员准许发车。
（   ）《TB/T 30010—2023》8.1.5

7．【历年真题】发车线路表示器显示一个白色灯光，表示车站人员准许发车。
（   ）《TB/T 30010—2023》8.1.5

8．调车表示器向调车区方向显示一个白色灯光，准许机车车辆自调车区向牵出线运行。　　　　　　　　　　　　　　　　　（   ）《TB/T 30010—2023》8.1.6

9．车挡表示器设置在线路终端的车挡上，昼间一个红色方牌；夜间显示一个红色灯光。　　　　　　　　　　　　　　　　　（   ）《TB/T 30010—2023》8.1.7

10．【历年真题】站界标属于线路标志。　（   ）《TB/T 30010—2023》8.2.2.1

11．四显示机车信号接通标属于线路标志。　（   ）《TB/T 30010—2023》8.2.2.1

12．在限鸣区域内，司机见鸣笛标，除遇危及行车安全等情况外，限制鸣笛，装备机车限鸣示警系统的应开启灯显示警设备。　（   ）《TB/T 30010—2023》8.2.2.7

13．减速地点标的正面表示列车应按规定限速通过地段的始点，背面表示列车应按规定限速通过地段的终点。　　　　　　　（   ）《TB/T 30010—2023》8.2.2.11

14．【历年真题】动车组以外的旅客列车尾部最后一辆客车的制动软管、总风软管须吊起。　　　　　　　　　　　　　　　　（   ）《TB/T 30010—2023》8.4.2.1

四、简答题

列车牵引运行时，列车标志是如何显示的？《TB/T 30010—2023》8.4.2.1

【练习题答案】

一、填空题

1. 开通；2. 计算公里；3. 4 m；4. 900；5. 灯显示警；6. 蓝底色；

7. 通信转换

二、选择题

1. C；2. A；3. B；4. C；5. C；6. A；7. A；8. A；9. A

三、判断题

1. × 正确：直向；2. × 正确：侧向；3. √；4. √；5. √；

6. √；7. × 正确：发车表示器；8. √；9. √；

10. × 正确：信号标志；11. × 正确：信号标志；12. √；

13. √；14. √

四、简答题

列车牵引运行时，列车标志是如何显示的？（5分）

【答】列车牵引运行时，机车前端一个头灯及中部两侧各一个白色灯光（2分）。列车尾部两个侧灯，向后显示红色灯光，向前显示白色灯光（1分）；挂有货物列车列尾装置时，为列尾装置向后显示红白相间的反射标志和一个红色闪光灯光（2分）。

§2-5 听觉信号

9.1 听觉信号，长声为 3 s，短声为 1 s，音响间隔为 1 s。重复鸣示时，应间隔 5 s 以上。

9.2 机车、动车组、自轮运转特种设备作业中提示注意、相互联系等应使用通信设备方式。遇联系不通或危及行车人身安全时，应采用鸣笛方式。

机车、动车组、自轮运转特种设备鸣笛鸣示方式应符合表 1。

表 1 机车、动车组、自轮运转特种设备鸣笛鸣示方式表

名称	鸣示方式		使用时机
注意信号	一长声	—	接近鸣笛标、行人时
退行信号	二长声	——	列车、机车车辆、单机开始退行，遇通信设备联系不通时
召集信号	三长声	———	要求防护人员撤回，遇通信设备联系不通时
牵引信号	一长一短声	—•	途中本务机车要求补机牵引运行，遇通信设备联系不通时（补机应以同样信号回答）
惰行信号	一长二短声	—••	本务机车要求补机惰力推进或要求补机断开主断路器，遇通信设备联系不通时（补机应以同样信号回答）
途中降弓信号	一短一长声	•—	电力机车双机牵引中，本务机车司机要求补机降下受电弓，遇通信设备联系不通时（补机应以同样信号回答）
途中升弓信号	一短二长声	•——	电力机车双机牵引中，本务机车司机要求补机升起受电弓，遇通信设备联系不通时（补机应以同样信号回答）
呼唤信号	二短一长声	••—	1. 机车要求出入段，遇通信设备联系不通时 2. 在车站要求显示信号，遇通信设备联系不通时
警报信号	一长三短声	—•••	发现线路有危及行车安全的不良处所时
试验自动制动机及复示信号	一短声	•	1. 试验制动机开始减压，遇联系不通时 2. 接到试验制动结束的手信号，回答试风人员，遇联系不通时 3. 调车作业中，表示已接受调车长所发出的手信号，遇联系不通时
缓解及溜放信号	二短声	••	1. 试验制动机缓解，遇联系不通时 2. 要求列车乘务组缓解人力制动机，遇通信设备联系不通时 3. 复示溜放调车信号，遇通信设备联系不通时
拧紧人力制动机信号	三短声	•••	1. 要求列车乘务组拧紧人力制动机，遇通信设备联系不通时 2. 要求就地制动，遇通信设备联系不通时
紧急停车信号	连续短声	••••••	司机发现（或接到通知）邻线发生障碍，向邻线上运行的列车发出紧急停车信号时。邻线列车司机听到此种信号后，应紧急停车

口笛、号角鸣示方式应符合表 2。

表 2　口笛、号角鸣示方式表

用途及时机	鸣示方式	
发车、指示机车向显示人反方向移动	一长声	——
指示机车向显示人方向移动	一短一长声	· ——
试验制动机减压	一短声	·
试验制动机缓解	二短声	· ·
试验制动机结束及安全信号	一短一长二短声	· —— · ·
一道	一短声	·
二道	二短声	· ·
三道	三短声	· · ·
四道	四短声	· · · ·
五道	五短声	· · · · ·
六道	一长一短声	—— ·
七道	一长二短声	—— · ·
八道	一长三短声	—— · · ·
九道	一长四短声	—— · · · ·
十道	二长声	—— ——
二十道	二短二长声	· · —— ——
十、五、三车距离信号：十车	三短声	· · ·
十、五、三车距离信号：五车	二短声	· ·
十、五、三车距离信号：三车	一短声	·
连结及停留车位置	一长一短一长声	—— · ——
停车	连续短声	· · · · · · ·
要求司机鸣笛	二长三短声	—— —— · · ·
试拉	一短声	·
减速	连续二短声	· · · ·
溜放	三长声	—— —— ——
取消	二长一短声	—— —— ·
再显示	二长二短声	—— —— · ·
列车接近通报信号：上行	二长声	—— ——
列车接近通报信号：下行	一长声	——

【练习题】（填空 5 题，选择 4 题，判断 5 题，简答 1 题，合计 15 题）

一、填空题

1. 当重复鸣示听觉信号时，应间隔（   ）以上。《TB/T 30010—2023》9.1

2. 听觉信号，长声为 3 s，短声为 1 s，音响间隔为（   ）。《TB/T 30010—2023》9.1

3. 发现线路有危及行车安全的不良处所时，应鸣示（   ）信号。《TB/T 30010—2023》9.2

4. 在接近鸣笛标、行人时，应鸣示（   ）信号。《TB/T 30010—2023》9.2

5. 机车的鸣笛鸣示方式中，警报信号的鸣示方式为（   ）声。《TB/T 30010—2023》9.2

二、选择题

1. 机车的鸣笛鸣示方式中，注意信号的鸣示方式为（   ）。《TB/T 30010—2023》9.2

　　A. 一长声　　　　　　　B. 二长声　　　　　　　C. 一长二短声

2. 司机发现（或接到通知）邻线发生障碍，应向邻线上的列车发出（   ）信号。《TB/T 30010—2023》9.2

　　A. 警报　　　　　　　　B. 呼唤　　　　　　　　C. 紧急停车

3. 机车的鸣笛鸣示方式中，紧急停车信号的鸣示方式为（   ）。《TB/T 30010—2023》9.2

　　A. 一长声　　　　　　　B. 连续短声　　　　　　C. 一长三短声

4. 在口笛号角鸣示方式中，停车信号为（   ）。《TB/T 30010—2023》9.3

　　A. 一长声　　　　　　　B. 二短一长声　　　　　C. 连续短声

三、判断题

1. 听觉信号，长声为 3 s，短声为 1 s，音响间隔为 2 s。

（   ）《TB/T 30010—2023》9.1

2. 机车车辆开始退行，遇通信设备联系不通时应鸣示注意信号。

（   ）《TB/T 30010—2023》9.2

3. 列车在接近鸣笛标、行人时应鸣笛一长声。　　（   ）《TB/T 30010—2023》9.2

4. 机车的鸣笛鸣示方式中，要求防护人员撤回，遇通信设备联系不通时，应鸣示三长声的召集信号。　　　　　　　　　　　　　　（   ）《TB/T 30010—2023》9.2

5. 当本务机车要求补机惰力推进或要求补机断开主断路器，遇通信设备联系不通时，应鸣示一长二短声的惰行信号。　　　　　　（   ）《TB/T 30010—2023》9.2

四、简答题

紧急停车信号的鸣示方式及使用时机是什么？《TB/T 30010—2023》9.2

【练习题答案】

一、填空题

1. 5 s；2. 1 s；3. 警报；4. 起动注意；5. 一长三短

二、选择题

1. A；2. C；3. B；4. C

三、判断题

1. × 正确：音响间隔为 1 s；2. × 正确：退行信号；3. √；4. √；5. √

四、简答题

紧急停车信号的鸣示方式及使用时机是什么？（5 分）

【答】紧急停车信号的鸣示方式是连续短声（2 分）。使用时机：司机发现（或接到通知）邻线发生障碍，向邻线上运行的列车发出紧急停车信号时（2 分）。邻线列车司机听到此种信号后，应紧急停车（1 分）。

第3章 《铁路技术管理规程》(高速铁路部分)摘录

§3-1 技术设备

第88条 CTC 与 GSM-R 数字移动通信系统结合，实现调度命令、接车进路预告信息、调车作业通知单等向司机的传送，并能通过无线通信系统获取车次号校核、调车请求及签收回执等信息。

第119条 司机、随车机械师（车辆乘务员）、列车长、乘警均应配备 GSM-R 手持终端和无线对讲设备。办理客运业务的车站，车站客运值班员应配备与司机通信联络用的无线对讲设备。

§3-2 行车组织

第209条 行车工作必须坚持集中领导、统一指挥、逐级负责的原则。

局与局间由铁路总公司，局管内各区段间由铁路局，一个调度区段内由本区段列车调度员统一指挥。

高速铁路列车调度台原则上应独立设置。高速铁路与普速铁路间联络线的行车调度指挥原则上纳入高速铁路调度指挥。

集控站由该区段列车调度员直接指挥；转为车站控制时，根据列车调度员指示，由车站值班员指挥。非集控站由车站值班员统一指挥。

列车和单机由司机负责指挥。列车或单机在车站时，所有乘务人员应按列车调度员（车站控制时为车站值班员）的指挥进行工作。

司机等相关人员应直接向列车调度员报告有关行车工作；在非集控站及转为车站控制的集控站，应向车站值班员报告。

第216条 动车组以外的列车司机在列车运行中，应做到：

1. 列车在出发前输入监控装置有关数据；按规定对列车自动制动机进行试验，在制动保压状态下列车制动主管的压力 1 min 内漏泄不得超过 20 kPa，确认列尾装置作用良好。

装备机车综合无线通信设备的机车，开车前司机要选定机车综合无线通信设备通信模式和运行线路。在 GSM-R 区段运行时，机车综合无线通信设备、GSM-R 手持终端按规定注册列车车次，并确认正确。

2. 遵守列车运行图规定的运行时刻和各项允许及限制速度。彻底瞭望，确认信号，认真执行呼唤应答制度，严格按信号显示要求行车，确保列车安全正点。遇有信号显示不明或危及行车和人身安全时，应立即采取减速或停车措施。

3. 机车信号、列车无线调度通信设备、列车运行监控装置（轨道车运行控制设备）和列尾装置必须全程运转，严禁擅自关机。

4. 起动稳，加速快，精心操纵，停车准确，按规定鸣笛，防止列车冲动和断钩。

5. 随时检查机车总风缸、制动主管的压力。检查内燃机车柴油机的润滑油压力、冷却水的温度及其转数等情况。注意电力机车的各种仪表的显示及接触网状态。

6. 在区间内列车停车进行防护、分部运行、装卸作业或使用紧急制动阀停车后再开车时，司机必须检查试验列车制动主管的贯通状态，确认列车完整，具备开车条件后，方可起动列车。

7. 单机、自轮运转特种设备在自动闭塞区间紧急制动停车或被迫停在调谐区内后，司机须立即通知后续列车司机、向列车调度员（两端站）报告停车位置（具备移动条件时司机须先将机车移动不少于 15 m），并在轨道电路调谐区外使用短路铜线短接轨道电路。

8. 等会列车时，不准关闭空气压缩机，并应按规定显示列车标志。

9. 将列车运行中发生的问题及使用紧急制动阀的情况，及时报告列车调度员。

第 270 条 发布调度命令的基本规定：

1. 调度命令发布前，应详细了解现场情况，听取有关人员的意见，命令内容、受令处所必须正确、完整、清晰。

2. 使用计算机、传真机发布调度命令时，命令接受人员确认无误后应及时反馈回执。

3. 使用电话发收调度命令时，应填记《调度命令登记簿》（附件 2），指定受令人员中一人复诵，并记明发收人员姓名及时刻。

4. 列车调度员应使用调度命令无线传送系统向司机发布书面调度命令，司机应及时签认接收，不再与列车调度员核对，有疑问时，须立即询问列车调度员。调度命令无线传送系统故障时，可按规定使用语音记录装置良好的列车无线调度通信设备发布，司机接到命令后，须与列车调度员核对。由车站交付的调度命令，车站值班员可使用调度命令无线传送系统或按规定使用语音记录装置良好的列车无线调度通信设备向司机转达。

5. 已发布的调度命令，遇有错、漏或变化时，必须取消前发命令，重新发布全部内容的调度命令。

第 381 条 机车综合无线通信设备故障。

1. 司机报告列车调度员（车站值班员），车站值班员报告列车调度员。

（1）影响调度命令无线传送功能时，向司机发布的调度命令，按规定采用列车无线调度通信设备发布、转达或采用人工书面交递方式。

（2）遇无进路预告信息，司机须报告列车调度员（车站值班员），列车由正线通过改为侧线接车时，列车调度员（车站控制时为车站值班员）应提前预告司机。

（3）机车综合无线通信设备不能通话时，司机应立即使用 GSM-R 手持终端报告列车调度员（车站值班员）。如 GSM-R 手持终端也不能进行通话时，司机应在前方站停车报告；机车综合无线通信设备或 GSM-R 手持终端修复（更换）后，方准继续运行。

2. 设备故障修复后，恢复设备正常使用。

第 408 条 动车组以外的旅客列车运行途中发生车辆故障应急处理：

1. 发现客车车辆轮轴故障、车体下沉（倾斜）、车辆剧烈振动等危及行车安全的情况时，须立即采取停车措施，并报告列车调度员（车站值班员），车站值班员报告列车调度员。列车调度员（车站值班员）应立即通知区间内后续列车停车，不再向该区间放行列车。司机在接到列车调度员已发布邻线列车限速 160 km/h 及以下调度命令的口头指示后，通知车辆乘务员下车检查。对抱闸车辆应关闭截断塞门，排除副风缸中的余风，确认安全无误后，方可继续运行；如车轮踏面损坏超过限度或车辆故障不能继续运行时，应甩车处理。

2. 列车调度员接到热轴报告后，应按热轴预报等级要求果断处理。必要时，立即安排停车检查（司机应采用常用制动，列车停车后由车辆乘务员负责检查，无车辆乘务员的由司机确认能否继续安全运行）或就近站甩车处理。

3. 遇客车安全监控系统报警或其他故障需要列车限速运行时，车辆乘务员应通知司机限速要求，司机按限速要求运行并报告列车调度员（车站值班员），车站值班员及时报告列车调度员。

4. 空气弹簧故障时，列车运行速度不得超过 120 km/h。

5. 采用密接式车钩的旅客列车，在运行途中因故障更换 15 号过渡车钩后，运行速度不得超过 140 km/h。

6. 双管供风旅客列车运行途中发生双管供风设备故障或用单管供风机车救援接续牵引需改为单管供风时，双管改单管作业应在站内进行。旅客列车在区间发生故障需双管改单管供风时，由车辆乘务员通知司机向列车调度员（车站值班员）提出在前方站停车处理的请求，并通知司机以不超过 120 km/h 速度运行至前方站，列车调度员发布双管改单管供风的调度命令，车辆乘务员根据调度命令在站内将客车风管路改为单管供风状态。旅客列车改为单管供风跨局运行时，由铁路总公司发布调度命令通知有关铁路局，按单管供风办理，直至终到站。

第 441 条 使用机车救援动车组时，应进行制动试验，制动主管压力采用 600 kPa。具备升弓供电条件时，允许动车组升弓供电。当使用电力机车担当救援机车，如动车组升弓，由动车组司机通知救援机车司机，救援机车司机在通过分相区前通知动车组司机断电并降弓。

连挂前，司机须与列车调度员联系，在得到列车调度员已发布邻线限速 160 km/h 及以下的调度命令(妨碍邻线及组织旅客疏散时为已扣停邻线列车)的口头指示后,方可开始作业。

救援机车司机在救援作业过程中,要严格遵守有关限速规定,与动车组司机保持联系。救援运行中尽可能避免实施紧急制动。

【练习题】(填空 11 题,选择 5 题,判断 11 题,合计 27 题)

一、填空题

1.【历年真题】在高速铁路运行区段,CTC 与 GSM-R 数字移动通信系统结合,实现调度命令、接车进路预告信息、( )等向司机的传送。GJ88

2. 在高速铁路运行区段,CTC 与 GSM-R 数字移动通信系统结合,实现( )、**接车进路预告信息**、**调车作业通知单**等向司机的传送。GJ88

3. 在高速铁路运行区段,司机、随车机械师(车辆乘务员)、列车长、乘警均应配备( )和**无线对讲设备**。GJ119

4.【历年真题】在高速铁路运行区段,非集控站及转为车站控制的集控站,应向( )报告有关行车工作。GJ209

5. 在( )区段运行时,机车综合无线通信设备、GSM-R 手持终端按规定注册**列车车次**,并确认正确。GJ216

6.【历年真题】在 CTC 区段,列车调度员应使用调度命令无线传送系统向司机发布书面调度命令,司机应及时( ),不再与列车调度员核对,有疑问时,须立即询问列车调度员。GJ270

7. 在 CTC 区段,**列车调度员**应使用调度命令无线传送系统向司机发布书面调度命令,司机应及时**签认接收**,( )与列车调度员**核对**,有疑问时,须立即询问列车调度员。GJ270

8.【历年真题】在 CTC 区段,列车调度员应使用调度命令无线传送系统向司机发布书面调度命令,司机应及时签认接收,不再与列车调度员( ),有疑问时,须立即询问列车调度员。GJ270

9. 当使用电力机车担当救援机车,如动车组升弓,由动车组司机通知救援机车司机,救援机车司机在通过( )通知动车组司机断电并降弓。GJ441

10. 使用机车救援动车组时,救援机车司机在救援作业过程中,要严格遵守有关( )规定,与动车组司机保持联系。GJ441

11. 使用机车救援动车组时,救援运行中尽可能避免实施( )。GJ441

二、选择题

1. 在高速铁路运行区段,办理客运业务的车站,车站( )应配备与司机通信联络用的无线对讲设备。GJ119

A. 站务员   B. 行李员   C. 客运值班员

2. 在高速铁路运行区段,非集控站及转为车站控制的集控站,应向( )报告有

关行车工作。GJ209

　　A．值守人员　　　　　　B．车站值班员　　　　　C．列车调度员

　　3．在高速铁路运行区段，机车综合无线通信设备不能通话时，司机应（　　　）报告列车调度员（车站值班员）。GJ381

　　A．在前方站停车　　　　B．在前方停车站　　　　C．使用 GSM-R 手持终端

　　4．在高速铁路运行区段，司机在接到列车调度员已发布邻线列车限速（　　　）km/h 及以下调度命令的口头指示后，通知车辆乘务员下车检查。GJ408

　　A．160　　　　　　　　　B．180　　　　　　　　　C．200

　　5．使用机车救援动车组时，应进行制动试验，制动主管压力采用（　　　）kPa。GJ441

　　A．500　　　　　　　　　B．600　　　　　　　　　C．800

三、判断题

　　1．在高速铁路运行区段，CTC 与 GSM-R 数字移动通信系统结合，实现调度命令、接车进路预告信息、调车作业通知单等向司机的传送。　　　　　　　（　　　）GJ88

　　2．在集控站，司机等相关人员应向车站值班员报告有关行车工作。　（　　　）GJ209

　　3．无论在 CTC 区段或 TDCS 指挥区段，列车和单机均由司机负责指挥。

　　　　　　　　　　　　　　　　　　　　　　　　　　　　　　（　　　）GJ209

　　4．在集控站，司机等相关人员应直接向列车调度员报告有关行车工作。

　　　　　　　　　　　　　　　　　　　　　　　　　　　　　　（　　　）GJ209

　　5．【历年真题】集控站由该区段列车调度员直接指挥；转为车站控制时，根据列车调度员指示，由车站值班员指挥。　　　　　　　　　　　　　　（　　　）GJ209

　　6．在 CTC 区段，调度命令无线传送系统故障时，可使用列车无线调度通信设备发布，司机接到命令后，不再与列车调度员核对。　　　　　　　　　（　　　）GJ270

　　7．在 CTC 区段，由车站交付的调度命令，车站值班员可使用调度命令无线传送系统或使用列车无线调度通信设备向司机转达。　　　　　　　　　（　　　）GJ270

　　8．在高速铁路运行区段，机车综合无线通信设备故障时，司机应报告列车调度员（车站值班员）。　　　　　　　　　　　　　　　　　　　　（　　　）GJ381

　　9．【历年真题】在高速铁路运行区段，机车综合无线通信设备不能通话时，司机应立即使用 GSM-R 手持终端报告列车调度员（车站值班员）。如 GSM-R 手持终端也不能进行通话时，司机应立即停车报告。　　　　　　　　　　　　（　　　）GJ381

　　10．使用机车救援动车组时，允许动车组升弓供电。　　　　（　　　）GJ441

　　11．在高速铁路运行区段，使用机车救援动车组时，连挂前，司机须与列车调度员联系，在得到列车调度员已发布邻线限速 160 km/h 及以下的调度命令（妨碍邻线及组织旅客疏散时为已扣停邻线列车）的口头指示后，方可开始作业。　　　（　　　）GJ441

【练习题答案】

一、填空题

1. 调车作业通知单;2. 调度命令;3. GSM-R 手持终端;

4. 车站值班员;5. GSM-R;6. 签认接收;7. 不再;8. 核对;

9. 分相区前;10. 限速;11. 紧急制动

二、选择题

1. C;2. B;3. C;4. A;5. B

三、判断题

1. √;2. × 正确:应向列车调度员;3. √;4. √;

5. √;6. × 正确:须核对;7. √;8. √;

9. × 正确:在前方站停车报告;10. √;11. √

第4章 《铁路机车操作规则》摘录

第12条 机车整备完毕机班全员上车后，要道准备出段。

1. 确认调车信号或股道号码信号、道岔开通信号、道岔表示器显示正确，厉行确认呼唤（应答），鸣笛动车（限鸣区段除外，下同）。确认呼唤（应答）标准见附件7。

2. 移动机车前，应确认相关人员处于安全处所，防溜撤除，注意邻线机车、车辆的移动情况。段内走行严守速度规定。

3. 机车到达站、段分界点停车，签认出段时分（单班单司机签点办法由铁路局规定），了解挂车股道和经路，执行车机联控，按信号显示出段。

第13条 进入挂车线后，应严格控制机车速度，执行十、五、三车和一度停车规定，确认脱轨器、防护信号及停留车位置。

1. 距脱轨器、防护信号、车列10 m前必须停车。

2. 确认脱轨器、防护信号撤除后，显示连挂信号，以不超过5 km/h的速度平稳连挂。

3. 连挂时，根据需要适量撒砂，连挂后要试拉。

第14条 挂车后，机车保持制动，司机确认机车与第一位车辆的车钩、软管连结和折角塞门状态。多机重联时，机车与车辆连挂状态的检查由连挂司机负责；列车本务司机应复检机车与第一位车辆的车钩、软管连结和折角塞门状态。

1. 正确输入机车综合无线通信设备（以下简称"CIR"）、LKJ有关数据。采用微机控制制动系统的机车，核对制动机设定的列车种类。向运转车长或车站值班员（助理值班员）了解编组情况、途中甩挂计划及其他有关事项。

2. 货运票据、列车编组顺序表需由机车乘务组携带时，应按规定办理交接，并妥善保管。

3. 司机应在列车充风或列车制动机试验时，检查本务机车与列尾装置主机是否已形成"一对一"关系。

4. 制动主管达到定压后，司机按规定及检车人员的要求进行列车制动机试验，装有防折关装置的机车应确认制动主管贯通情况。

5. 发现充、排风时间短等异常或制动主管漏泄每分钟超过20 kPa时，及时通知检车人员（无检车人员时通知车站值班员）。

6. 制动关门车辆数超过规定时，发车前应持有制动效能证明书。

7. 列车制动机进行持续一定时间的保压试验，应在试验完毕后，接受制动效能证明书。

8. 司机接到制动效能证明书后，应校核每百吨列车重量换算闸瓦压力，不符合《铁路技术管理规程》（以下简称《技规》）及本区段的规定时，应向车站值班员报告。

9. 直供电列车连挂后，司机拔出供电钥匙与客列检（或车辆乘务人员）按规定办理交接、供电手续，电力机车还需断开主断路器。

第 15 条　列车制动机试验

1. 全部试验

列检作业场无列车制动机的地面试验设备或该设备发生故障时，机车对列车充满风后，司机应根据检车员的要求进行试验：

（1）自阀减压 50 kPa（编组 60 辆及以上时为 70 kPa）并保压 1 min，对列车制动机进行感度试验，全列车必须发生制动作用，并不得发生自然缓解，司机检查制动主管漏泄量，每分钟不得超过 20 kPa；手柄移至运转位后，全列车须在 1 min 内缓解完毕。

（2）自阀施行最大有效减压（制动主管定压 500 kPa 时为 140 kPa，定压 600 kPa 时为 170 kPa），对列车制动机进行安定试验，以便检车员检查列车制动机，要求不发生紧急制动，并检查制动缸活塞行程或制动指示器是否符合规定。

2. 简略试验

制动主管达到规定压力后，自阀减压 100 kPa 并保压 1 min，检查制动主管贯通状态，检车员、车站值班员或车站有关人员检查确认列车最后一辆车发生制动作用；司机检查制动主管漏泄量，每分钟不得超过 20 kPa。

3. 持续一定时间的保压试验

在长大下坡道前方的列检作业场需进行持续一定时间的保压试验时，应在列车制动机按全部试验方法试验后，自阀减压 100 kPa 并保压 3 min，列车不得发生自然缓解。

4. 列车制动机试验时，司机应确认并正确记录充、排风时间，检查制动主管压力的变化情况，并作为本次列车操纵和制动机使用的参考依据。装有列尾装置的列车，进行列尾风压查询；装有防折关装置的机车，注意观察其状态；CCBII、法维莱等微机控制的制动机，注意观察显示屏上充风流量信息。

第 16 条　司机根据发车时间，做好发车准备工作。货物列车起动困难时，可适当压缩车钩，但不应超过总辆数的三分之二。压缩车钩后，在机车加载前，不得缓解机车制动。

第 17 条　起动列车前，必须二人及以上（单司机值乘区段除外）确认行车凭证、发车信号显示正确，准确呼唤应答，执行车机联控，鸣笛起动列车。

1. 起动列车前使用列尾装置检查尾部制动主管压力是否与机车制动主管压力基本一致。

2. 列车起动时，应检查制动机手柄是否在正常位置及各仪表的显示状态，做到起车稳、加速快、防止空转。

3. 内燃机车提手柄、电力机车进级时，应使柴油机转速及牵引电流稳定上升。当列车不能起动或起动过程中空转不能消除时，应迅速调整主手柄位置，重新起动列车。

4. 列车起动后，应进行后部瞭望确认列车起动正常。单司机单班值乘的不进行后部瞭望。

第 21 条 机车司机在运行中必须严格执行"彻底瞭望、确认信号、准确呼唤、手比眼看"的"十六字令"，依照机车乘务员一次出乘作业标准、《列车操纵示意图》《列车操纵提示卡》正确操纵列车，并规范执行确认呼唤（应答）和车机联控制度。

严格遵守每百吨列车重量换算闸瓦压力限制速度，列车限制速度，线路、桥隧、信号容许速度，机车车辆最高运行速度，道岔、曲线及各种临时限制速度，以及 LKJ 速度控制模式设定的限制速度的规定。

列车运行中，当列尾装置主机发出电池欠压报警、通信中断等异常情况时，司机应及时通知就近车站值班员或列车调度员，旅客列车应同时通知车辆乘务员。

第 24 条 内燃机车提、回手柄应逐位进行，使牵引电流、柴油机转速稳定变化。负载运行中，当柴油机发生喘振、共振时，司机应及时调整主手柄位置。退回手柄时，主手柄回至"1"位需稍作停留再退回"0"位。

主手柄退回的过程中，若柴油机转速不下降，为防止柴油机"飞车"，禁止手柄回"0"位，立即采取停止燃油泵工作、打开燃油系统排气阀、按下紧急停车按钮等措施。

第 25 条 电力机车运行中应注意以下事项：

1. 根据列车速度，选择适当的手柄位置。牵引电动机电压、电流不得超过额定值。

2. 解除机车牵引力时，牵引手柄要在接近"0"位前稍作停留再退回"0"位。

3. 使用磁场削弱时，要在牵引电机端电压接近或达到额定值，电流还有相当余量时，逐级进行。

4. 通过分相绝缘器时严禁升起前后两受电弓，一般不应在牵引电动机带负荷的情况下断开主断路器。按"断""合"电标，断开、闭合主断路器（装有自动过分相装置除外）。货物列车若通过分相绝缘器前，列车速度过低时（速度值由铁路局规定），允许快速退回牵引手柄。

5. 遇接触网故障或挂有异物，降、升受电弓标或临时降、升弓手信号时，及时降下或升起受电弓。

6. 接触网临时停电或异常时，要迅速断开主断路器、降下受电弓，立即采取停车措施，检查弓网状态。装有车顶绝缘检测装置的机车，司机要检查确认机车绝缘情况，确认机车绝缘装置故障或绝缘不良时，不得盲目升弓。

第 27 条 装有列尾装置的列车出发前、进站前、进入长大下坡道前和停车站出站后，应使用列尾装置对制动主管的压力变化情况进行检查，发现制动主管的压力异常时，应立即停车，停车后，查明原因妥善处理，并通知就近车站值班员或列车调度员。

第 28 条 施行常用制动时，应考虑列车速度、线路坡道、牵引辆数和吨数、车辆种类以及闸瓦压力等条件，保持列车均匀减速，防止列车冲动。进入停车线停车时，提前确认 LKJ 显示距离与地面信号位置是否一致，准确掌握制动时机、制动距离和减压量，应做

到一次停妥,牵引列车时,不应使用单阀制动停车,并遵守以下规定:

1. 初次减压量,不得少于 50 kPa。长大下坡道应适当增加初次减压量,具体减压量由铁路局制定。

2. 追加减压一般不应超过两次;一次追加减压量,不得超过初次减压量。

3. 累计减压量,不应超过最大有效减压量。

4. 单阀缓解量,每次不得超过 30 kPa(CCBII、法维莱型制动机除外)。

5. 减压时,自阀排风未止不应追加、停车或缓解列车制动。

6. 货物列车运行中,自阀减压排风未止,不得缓解机车制动。

7. 禁止在制动保压后,将自阀手柄由中立位推向缓解、运转、保持位后,又移回中立位(牵引采用阶段缓解装置的列车除外)。

8. 货物列车速度在 15 km/h 以下时,不应缓解列车制动。长大下坡道区段因受制动周期等因素限制,最低缓解速度不应低于 10 km/h。重载货物列车速度在 30 km/h 以下,不应缓解列车制动。

9. 少量减压停车后,应追加减压至 100 kPa 及以上。

10. 站停超过 20 min 时,开车前应进行列车制动机简略试验。

第 29 条 施行紧急制动时,应迅速将自阀手柄推向紧急制动位,并立即解除机车牵引力,期间柴油机不得停机,电力机车不得断主断路器、降弓,动力制动应处在备用状态。列车未停稳,严禁移动自阀、单阀手柄(投入动力制动时,单阀除外)。无自动撒砂装置或自动撒砂装置失效时,停车前应适当撒砂。

第 36 条 列车或单机停留时,不准停止柴油机、劈相机及空气压缩机的工作,并保持制动状态。

1. 进站停车时,应注意车站接车人员的手信号。

2. 货物列车应保压停车,直至发车前出站(发车进路)信号机开放或接到车站准备开车的通知后,方能缓解列车制动。

3. 夜间等会列车时,应将机车头灯灯光减弱或熄灭。

4. 中间站停车,有条件时应对机车主要部件进行检查。

5. 机车乘务员必须坚守岗位,不得擅自离开机车。

【练习题】(填空 20 题,选择 6 题,判断 12 题,简答 14 题,综合 1 题,合计 53 题)

一、填空题

1. 机车整备完毕机班全员上车后,要道准备出段,确认调车信号或股道号码信号、道岔开通信号、道岔表示器(   ),厉行确认呼唤(应答),鸣笛动车(限鸣区段除外)。C12

2. 机车到达站、段分界点停车,签认出段时分,了解挂车股道和经路,执行(   ),按信号显示出段。C12

3. 进入挂车线后,应严格控制机车速度,执行十、五、三车和一度停车规定,确认

（　　　　　　）、**防护信号**及**停留车位置**。C13

4. 机车连挂车列时，司机应根据需要适量撒砂，连挂后要（　　　　　　）。C13

5. 司机应在列车**充风**或列车**制动机试验**时，检查本务机车与列尾装置主机是否已形成"（　　　　　　）"关系。C14

6. 司机应在列车（　　　　　）或列车制动机试验时，检查本务机车与列尾装置主机是否已形成"**一对一**"关系。C14

7. 机车挂车后，司机进行列车制动机试验时发现**充、排风**（　　　　　）等异常或制动主管漏泄每分钟超过 20 kPa 时，及时通知检车人员（无检车人员时通知车站值班员）。C14

8. 机车挂车后，司机发现制动关门车辆数超过规定时，发车前应持有（　　　　　　）。C14

9. 司机发现（　　　　　）时间短等异常或制动主管漏泄每分钟超过 20 kPa 时，应及时通知检车人员（无检车人员时通知车站值班员）。C14

10.【**历年真题**】司机起动列车前使用列尾装置检查尾部制动主管压力是否与机车制动主管压力（　　　　　）。C17

11. 司机起动列车前使用列尾装置检查（　　　　　）制动主管压力是否与机车制动主管压力**基本一致**。C17

12.【**历年真题**】列车起动后，应进行后部瞭望确认列车（　　　　　）。C17

13. 列车起动后，机班应进行（　　　　　）瞭望，确认列车**起动正常**。C17

14. 机车司机在运行中必须严格执行"**彻底瞭望**、（　　　　　）、**准确呼唤**、**手比眼看**"的"**十六字令**"。C21

15. 装有列尾装置的列车**出发前**、（　　　　　）前、**进入长大下坡道前**和**停车站出站后**，应使用列尾装置对**制动主管**的压力变化情况进行检查。C27

16. 装有列尾装置的列车出发前、进站前、进入长大下坡道前和停车站出站后，应使用列尾装置对（　　　　　）的压力变化情况进行检查。C27

17. 进入停车线停车时，提前确认 LKJ 显示距离与地面信号位置（　　　　　），准确掌握**制动时机**、**制动距离**和**减压量**，应做到一次停妥。C28

18. 进入停车线停车时，提前确认 LKJ 显示距离与地面信号位置是否一致，准确掌握（　　　　　）、制动距离和减压量，应做到一次停妥。C28

19. 列车进入停车线施行制动停车时，累计减压量，不应超过（　　　　　）。C28

20. 货物列车应保压停车，直至发车前出站（发车进路）信号机开放或接到车站准备开车的通知后，方能（　　　　　）。C36

二、选择题

1. 机车挂车时，机车距脱轨器、防护信号、车列（　　　）m 前必须停车。C13

A. 5　　　　　　　　　B. 10　　　　　　　　　C. 20

2. 机车挂车时，确认脱轨器、防护信号撤除后，显示连挂信号，以不超过（　　　　）

km/h 的速度平稳连挂。C13

A. 5   B. 8   C. 10

3. 制动机进行简略试验时，自阀减压（   ）kPa 并保压 1 min，检查制动主管贯通状态，司机检查制动主管漏泄量，每分钟不得超过 20 kPa。C15

A. 50   B. 100   C. 最大有效减压量

4. 货物列车起动困难时，可适当压缩车钩，但不应超过总辆数的（   ）。C16

A. 三分之一   B. 三分之二   C. 二分之一

5. 货物列车速度在（   ）km/h 以下时，不应缓解列车制动。C28

A. 15   B. 20   C. 30

6. 列车进入停车线施行制动停车时，追加减压一般不应超过（   ）次；一次追加减压量，不得超过初次减压量。C28

A. 一   B. 两   C. 三

三、判断题

1. 移动机车前，司机应确认相关人员处于安全处所，防溜撤除，注意邻线机车、车辆的移动情况。（   ）C12

2. 多机重联时，连挂司机负责复检机车与第一位车辆的车钩、软管连结和折角塞门状态。（   ）C14

3. 机车挂车后，正确输入机车综合无线通信设备、LKJ 有关数据。（   ）C14

4. 制动主管达到定压后，司机按规定及检车人员的要求进行列车制动机试验，装有防折关装置的机车无需确认制动主管贯通情况。（   ）C15

5. 列车自动制动机进行简略试验时，司机需对制动主管的漏泄量进行检查，而感度试验时司机不对制动主管的漏泄量进行检查。（   ）C15

6. 列车制动机试验时，CCBII、法维莱等微机控制的制动机，注意观察显示屏上充风流量信息。（   ）C15

7. 装有列尾装置的列车进行制动机试验时，司机应对列尾风压进行查询。

（   ）C15

8. 起动列车前，必须二人及以上确认行车凭证、发车信号显示正确，准确呼唤应答，执行车机联控，鸣笛起动列车。（   ）C17

9. 列车起动时，司机应检查制动机手柄是否在正常位置及各仪表的显示状态，做到起车稳、加速快、防止空转。（   ）C17

10. 列车运行中，当列尾装置主机发出电池欠压报警、通信中断等异常情况时，司机应及时通知就近车站值班员或列车调度员，旅客列车应同时通知车辆乘务员。（   ）C21

11. 中间站停车，司机必须对机车主要部件进行检查。（   ）C36

12. 机车乘务员必须坚守岗位，不得擅自离开机车。（   ）C36

四、简答题

1. 机车进入挂车线后，应严格遵守哪些规定？ C13

2．列车制动机进行感度试验时有何要求？ C15

3．列车制动机进行安定试验时有何要求？ C15

4．列车制动机进行简略试验时有何要求？ C15

5．列车制动机试验时，司机应做到哪些？ C15

6．根据《铁路机车操作规则》列车起动时司机应做到哪些？ C17

7．根据《铁路机车操作规则》，列车运行中，司机应遵守哪些容许及限制速度？ C21

8．操纵内燃机车时，提、回手柄有何要求？ C24

9．内燃机车主手柄退回的过程中，若柴油机转速不下降，司机应如何处理？ C24

10．电力机车运行通过分相绝缘器时有何要求？ C25

11．电力机车运行遇接触网临时停电或异常时有何要求？ C25

12．装有列尾装置的列车在什么情况下，应使用列尾装置对制动主管的压力变化情况进行检查？发现异常时应如何处理？ C27

13．施行常用制动时，司机应考虑哪些制动因素？ C28

14．施行紧急制动时应遵守哪些规定？ C29

五、综合题

列车或单机在停留时，有何规定？ C36

【练习题答案】

一、填空题

1. 显示正确；2. 车机联控；3. 脱轨器；4. 试拉；5. 一对一；

6. 充风；7. 时间短；8. 制动效能证明书；9. 充、排风；

10. 基本一致；11. 尾部；12. 起动正常；13. 后部；

14. 确认信号；15. 进站；16. 制动主管；17. 是否一致；

18. 制动时机；19. 最大有效减压量；20. 缓解列车制动

二、选择题

1. B；2. A；3. B；4. B；5. A；6. B

三、判断题

1. √；2. ×　正确：列车本务司机；3. √；

4. ×　正确：需确认制动主管贯通情况；

5. ×　正确：感度试验时司机检查制动主管的漏泄量；

6. √；7. √；8. √；9. √；10. √；

11. ×　正确：有条件时应对机车主要部件进行检查；12. √

四、简答题

1. 机车进入挂车线后，应严格遵守哪些规定？（5分）

【答】进入挂车线后，应严格控制机车速度，执行十、五、三车和一度停车规定，确认脱轨器、防护信号及停留车位置（2分）。

（1）距脱轨器、防护信号、车列 10 m 前必须停车（1分）；（2）确认脱轨器、防护信号撤除后，显示连挂信号，以不超过 5 km/h 的速度平稳连挂（1分）；（3）连挂时，根据需要适量撒砂，连挂后要试拉（1分）。

2. 列车制动机进行感度试验时有何要求？（5分）

【答】自阀减压 50 kPa（编组 60 辆及以上时为 70 kPa）并保压 1 min（2分），全列车必须发生制动作用，并不得发生自然缓解，司机检查制动主管漏泄量，每分钟不得超过 20 kPa（2分）；手柄移至运转位后，全列车须在 1 min 内缓解完毕（1分）。

3. 列车制动机进行安定试验时有何要求？（5分）

【答】自阀施行最大有效减压（制动主管定压 500 kPa 时为 140 kPa，定压 600 kPa 时为 170 kPa）（3分），以便检车员检查列车制动机，要求不发生紧急制动（1分），并检查制动缸活塞行程或制动指示器是否符合规定（1分）。

4. 列车制动机进行简略试验时有何要求？（5分）

【答】制动主管达到规定压力后，自阀减压 100 kPa 并保压 1 min，检查制动主管贯通状态（2分），检车员、车站值班员或车站有关人员检查确认列车最后一辆车发生制动作用（1分）；司机检查制动主管漏泄量，每分钟不得超过 20 kPa（2分）。

5. 列车制动机试验时，司机应做到哪些？（5分）

【答】司机应确认并正确记录充、排风时间，检查制动主管压力的变化情况，并作为本次列车操纵和制动机使用的参考依据（2 分）。装有列尾装置的列车，进行列尾风压查询（1 分）；装有防折关装置的机车，注意观察其状态（1 分）；CCB Ⅱ、法维莱等微机控制的制动机，注意观察显示屏上充风流量信息（1 分）。

6. 根据《铁路机车操作规则》列车起动时司机应做到哪些？（5 分）

【答】列车起动时，应检查制动机手柄是否在正常位置及各仪表的显示状态（2 分），做到起车稳、加速快、防止空转（3 分）。

7. 根据《铁路机车操作规则》，列车运行中，司机应遵守哪些容许及限制速度？（5 分）

【答】严格遵守每百吨列车重量换算闸瓦压力限制速度，列车限制速度（1 分），线路、桥隧、信号容许速度（1 分），机车车辆最高运行速度（1 分），道岔、曲线及各种临时限制速度（1 分），以及 LKJ 速度控制模式设定的限制速度的规定（1 分）。

8. 操纵内燃机车时，提、回手柄有何要求？（5 分）

【答】内燃机车提、回手柄应逐位进行，使牵引电流、柴油机转速稳定变化（1 分）。负载运行中，当柴油机发生喘振、共振时，司机应及时调整主手柄位置（2 分）。退回手柄时，主手柄回至"1"位需稍作停留再退回"0"位（2 分）。

9. 内燃机车主手柄退回的过程中，若柴油机转速不下降，司机应如何处理？（5 分）

【答】为防止柴油机"飞车"，禁止手柄回"0"位（2 分），立即采取停止燃油泵工作（1 分）、打开燃油系统排气阀（1 分）、按下紧急停车按钮等措施（1 分）。

10. 电力机车运行通过分相绝缘器时有何要求？（5 分）

【答】严禁升起前后两受电弓（1 分），一般不应在牵引电动机带负荷的情况下断开主断路器（1 分）。按"断""合"电标，断开、闭合主断路器（装有自动过分相装置除外）（1 分）。货物列车若通过分相绝缘器前，列车速度过低时（速度值由铁路局规定），允许快速退回牵引手柄（2 分）。

11. 电力机车运行遇接触网临时停电或异常时有何要求？（5 分）

【答】司机要迅速断开主断路器、降下受电弓，立即采取停车措施，检查弓网状态（3 分）。装有车顶绝缘检测装置的机车，司机要检查确认机车绝缘情况，确认机车绝缘装置故障或绝缘不良时，不得盲目升弓（2 分）。

12. 装有列尾装置的列车在什么情况下，应使用列尾装置对制动主管的压力变化情况进行检查？发现异常时应如何处理？（5 分）

【答】装有列尾装置的列车出发前、进站前、进入长大下坡道前和停车站出站后，应使用列尾装置对制动主管的压力变化情况进行检查（2 分），发现制动主管的压力异常时，应立即停车（1 分），停车后，查明原因妥善处理，并通知就近车站值班员或列车调度员（2 分）。

13. 施行常用制动时，司机应考虑哪些制动因素？（5 分）

【答】施行常用制动时，应考虑列车速度、线路坡道、牵引辆数和吨数、车辆种类以及闸瓦压力等条件（3分），保持列车均匀减速，防止列车冲动（2分）。

14. 施行紧急制动时应遵守哪些规定？（5分）

【答】施行紧急制动时，应迅速将自阀手柄推向紧急制动位，并立即解除机车牵引力（2分），期间柴油机不得停机，电力机车不得断主断路器、降弓，动力制动应处在备用状态（1分）。列车未停稳，严禁移动自阀、单阀手柄（投入动力制动时，单阀除外）（1分）。无自动撒砂装置或自动撒砂装置失效时，停车前应适当撒砂（1分）。

五、综合题

列车或单机在停留时，有何规定？（10分）

【答】列车或单机停留时，不准停止柴油机、劈相机及空气压缩机的工作，并保持制动状态。（2分）

（1）进站停车时，应注意车站接车人员的手信号。（1.5分）

（2）货物列车应保压停车，直至发车前出站（发车进路）信号机开放或接到车站准备开车的通知后，方能缓解列车制动。（2分）

（3）夜间等会列车时，应将机车头灯灯光减弱或熄灭。（1.5分）

（4）中间站停车，有条件时应对机车主要部件进行检查。（1.5分）

（5）机车乘务员必须坚守岗位，不得擅自离开机车。（1.5分）

第5章 《铁路交通事故调查处理规则》摘录

第7条 依据《条例》规定,事故分为特别重大事故、重大事故、较大事故和一般事故四个等级。

第11条 一般事故分为:一般 A 类事故、一般 B 类事故、一般 C 类事故、一般 D 类事故。

第14条 有下列情形之一,未构成一般 B 类以上事故的,为一般 C 类事故:

C1. 列车冲突。

C2. 货运列车脱轨。

C3. 列车火灾。

C4. 列车爆炸。

C5. 列车相撞。

C6. 向占用区间发出列车。

C7. 向占用线接入列车。

C8. 未准备好进路接、发列车。

C9. 未办或错办闭塞发出列车。

C10. 列车冒进信号或越过警冲标。

C11. 机车车辆溜入区间或站内。

C12. 列车中机车车辆断轴,车轮崩裂,制动梁、下拉杆、交叉杆等部件脱落。

C13. 列车运行中碰撞轻型车辆、小车、施工机械、机具、防护栅栏等设备设施或路料、坍体、落石。

C14. 接触网接触线断线、倒杆或塌网。

C15. 关闭折角塞门发出列车或运行中关闭折角塞门。

C16. 列车运行中刮坏行车设备设施。

C17. 列车运行中设备设施、装载货物(包括行包、邮件)、装载加固材料(或装置)超限(含按超限货物办理超过电报批准尺寸的)或坠落。

C18. 装载超限货物的车辆按装载普通货物的车辆编入列车。

C19. 电力机车、动车组带电进入停电区。

C20. 错误向停电区段的接触网供电。

C21. 电化区段攀爬车顶耽误列车。

C22. 客运列车分离。

C23. 发生冲突、脱轨的机车车辆未按规定检查鉴定编入列车。

C24. 无调度命令施工，超范围施工，超范围维修作业。

C25. 漏发、错发、漏传、错传调度命令导致列车超速运行。

第 15 条 有下列情形之一，未构成一般 C 类以上事故的，为一般 D 类事故：

D1. 调车冲突。

D2. 调车脱轨。

D3. 挤道岔。

D4. 调车相撞。

D5. 错办或未及时办理信号致使列车停车。

D6. 错办行车凭证发车或耽误列车。

D7. 调车作业碰轧脱轨器、防护信号，或未撤防护信号动车。

D8. 货运列车分离。

D9. 施工、检修、清扫设备耽误列车。

D10. 作业人员违反劳动纪律、作业纪律耽误列车。

D11. 滥用紧急制动阀耽误列车。

D12. 擅自发车、开车、停车、错办通过或在区间乘降所错误通过。

D13. 列车拉铁鞋开车。

D14. 漏发、错发、漏传、错传调度命令耽误列车。

D15. 错误操纵、使用行车设备耽误列车。

D16. 使用轻型车辆、小车及施工机械耽误列车。

D17. 应安装列尾装置而未安装发出列车。

D18. 行包、邮件装卸作业耽误列车。

D19. 电力机车、动车组错误进入无接触网线路。

D20. 列车上工作人员往外抛掷物体造成人员伤害或设备损坏。

D21. 行车设备故障耽误本列客运列车 1 小时以上，或耽误本列货运列车 2 小时以上；固定设备故障延时影响正常行车 2 小时以上（仅指正线）。

第 23 条 事故报告的主要内容：

（一）事故发生的时间、地点、区间（线名、公里、米）、线路条件、事故相关单位和人员。

（二）发生事故的列车种类、车次、机车型号、部位、牵引辆数、吨数、计长及运行速度。

（三）旅客人数，伤亡人数、性别、年龄以及救助情况，是否涉及境外人员伤亡。

（四）货物品名、装载情况，易燃、易爆等危险货物情况。

（五）机车车辆脱轨辆数、线路设备损坏程度等情况。

（六）对铁路行车的影响情况。

（七）事故原因的初步判断，事故发生后采取的措施及事故控制情况。

（八）应当立即报告的其他情况。

第49条 事故分为责任事故和非责任事故。

事故责任分为全部责任、主要责任、重要责任、次要责任和同等责任。

第58条 错误办理行车凭证发车或耽误列车事故的责任划分：

司机起动列车，定车务、机务单位责任；司机发现未动车，定车务单位责任；通过列车司机未及时发现，定车务、机务单位责任；司机发现及时停车，定车务单位责任。

第59条 应停车的客运列车错办通过，定车站责任；在区间乘降所错误通过，定机务单位责任。

第60条 因断钩导致列车分离事故，断口为新痕时定机务单位责任（司机未违反操作规程的除外），断口旧痕时定机车车辆配属或定检单位责任；机车车辆车钩出现超标的砂眼、夹渣或气孔等铸造缺陷定制造单位责任。

未断钩造成的列车分离事故根据具体情况进行分析定责。

附件1：《铁路交通事故调查处理规则》内容解释

30. 挤道岔：系指车轮挤过或挤坏道岔。

36. 擅自发车、开车、停车、错办通过或在区间乘降所错误通过：

擅自发车：系指车站发车人员未确认出站信号，运转车长未得到发车人员的发车指示信号，车站发车人员未确认运转车长发车手信号直接发车。

擅自开车：系指司机未得到车站发车人员或运转车长的发车信号而开车。

擅自停车：系指在正常情况下，不应停车而停车。

错办通过：系指应停车的客运列车而错办通过（不包括列车调度员按照列车运行情况临时调整变更通过的列车）。

【练习题】（填空8题，选择3题，判断6题，简答2题，综合1题，合计20题）

一、填空题

1. 依据《条例》规定，事故分为**特别重大**事故、**重大**事故、（　　　　　）事故和**一般**事故四个等级。《处理规则》7

2. 根据《铁路交通事故调查处理规则》，列车运行中发生机车车辆断轴，车轮崩裂，制动梁、下拉杆、交叉杆等部件脱落，未构成一般B类以上事故的，为一般（　　　　　）类事故。《处理规则》14

3. 【历年真题】根据《铁路交通事故调查处理规则》，列车冒进信号或越过警冲标，未构成一般B类以上事故的，为一般（　　　　　）类事故。《处理规则》14

4. 根据《铁路交通事故调查处理规则》，行车设备故障耽误本列客运列车（　　　　　）小时以上，或耽误本列货运列车2小时以上，未构成一般C类以上事故的，为**一般D类**事故。《处理规则》15

5. 根据《铁路交通事故调查处理规则》，行车设备故障耽误本列客运列车1小时以上，或耽误本列货运列车（　　　　　）小时以上，未构成一般C类以上事故的，为**一般D类**事故。《处理规则》15

6.【历年真题】铁路事故责任分为全部责任、主要责任、重要责任、次要责任和（   ）责任。《处理规则》49

7. 铁路事故责任分为**全部**责任、**主要**责任、（   ）责任、**次要**责任和**同等**责任。《处理规则》49

8. 根据《铁路交通事故调查处理规则》，"挤道岔"系指车轮（   ）或**挤坏**道岔。附件 1，30

二、选择题

1.【历年真题】根据铁路交通事故调查处理规则，下列情形，（   ）未构成一般 B 类以上事故的，为一般 C 类事故。《处理规则》14

A. 列车拉铁鞋开车

B. 挤道岔

C. 列车运行中碰撞施工机械

2. 错误办理行车凭证发车或耽误列车事故的责任划分：司机起动列车，定（   ）单位责任。《处理规则》58

A. 车务　　　　　　　　B. 机务　　　　　　　　C. 车务、机务

3. 应停车的客运列车错办通过，定车站责任；在区间乘降所错误通过，定（   ）单位责任。《处理规则》59

A. 车务　　　　　　　　B. 机务　　　　　　　　C. 车务、机务

三、判断题

1. 根据《铁路交通事故调查处理规则》，关闭折角塞门发出列车，至少构成一般 D 类事故。　　　　　　　　　　　　　　　　　　　　　　（   ）《处理规则》14

2.【历年真题】根据《铁路交通事故调查处理规则》，列车运行中发生机车车辆断轴，车轮崩裂，制动梁、下拉杆、交叉杆等部件脱落，至少构成一般 B 类事故。
　　　　　　　　　　　　　　　　　　　　　　　　　　　　（   ）《处理规则》14

3.【历年真题】客运列车分离至少构成一般 C 类事故。　　（   ）《处理规则》14

4.【历年真题】应安装列尾装置而未安装发出列车，至少构成一般 D 类事故。
　　　　　　　　　　　　　　　　　　　　　　　　　　　　（   ）《处理规则》15

5. 根据《铁路交通事故调查处理规则》，因断钩导致列车分离事故，断口为新痕时定机务单位责任（司机未违反操作规程的除外）。　　（   ）《处理规则》60

6. 根据《铁路交通事故调查处理规则》，"擅自开车"系指司机未得到车站发车人员的发车信号而开车。　　　　　　　　　　　　　　（   ）附件 1，36

四、简答题

1. 错误办理行车凭证发车或耽误列车事故的责任如何划分？《处理规则》58

2. 断钩导致列车分离事故的责任如何划分？《处理规则》60

五、综合题

发生铁路交通事故后，司机填写事故报告的主要内容有哪些？《处理规则》23

【练习题答案】

一、填空题

1. 较大；2. C；3. C；4. 1；5. 2；6. 同等；7. 重要；8. 挤过

二、选择题

1. C；2. C；3. B

三、判断题

1. ×　正确：C类；2. ×　正确：一般C类；3. √；4. √；5. √；6. √

四、简答题

1. 错误办理行车凭证发车或耽误列车事故的责任如何划分？（5分）

【答】司机起动列车，定车务、机务单位责任（2分）；司机发现未动车，定车务单位责任（1分）；通过列车司机未及时发现，定车务、机务单位责任（1分）；司机发现及时停车，定车务单位责任（1分）。

2. 断钩导致列车分离事故的责任如何划分？（5分）

【答】因断钩导致列车分离事故，断口为新痕时定机务单位责任（司机未违反操作规程的除外）（2分），断口旧痕时定机车车辆配属或定检单位责任（1分）；机车车辆车钩出现超标的砂眼、夹渣或气孔等铸造缺陷定制造单位责任（2分）。

五、综合题

发生铁路交通事故后，司机填写事故报告的主要内容有哪些？（10分）

【答】（1）事故发生的时间、地点、区间（线名、公里、米）、线路条件、事故相关单位和人员（2分）；（2）发生事故的列车种类、车次、机车型号、部位、牵引辆数、吨数、计长及运行速度（2分）；（3）旅客人数，伤亡人数、性别、年龄以及救助情况，是否涉及境外人员伤亡（1分）；（4）货物品名、装载情况，易燃、易爆等危险货物情况（1分）；（5）机车车辆脱轨辆数、线路设备损坏程度等情况（1分）；（6）对铁路行车的影响情况（1分）；（7）事故原因的初步判断，事故发生后采取的措施及事故控制情况（1分）；（8）应当立即报告的其他情况（1分）。

第6章 《铁路机车运用管理规则》摘录

第31条 机车上应严格控制非值乘人员登乘,因工作需要必须登乘机车时应按以下规定办理:

(一)机务段直接行车有关人员、机车试运转有关人员,凭工作证可登乘本段机车。铁路局要制定相应管理办法。

(二)总公司、铁路局行车安全监察人员,凭监察证登乘机车。

(三)因救援抢险等需要相关人员,凭调度命令可登乘机车。

(四)检查工作的人员,凭添乘机车证添乘机车。

(五)运输、牵引供电、电务、工务、车辆、通信、公安等有关人员,凭登乘机车证和工作证,可登乘机车。登乘机车证由所属单位提出书面申请,由铁路局机务处负责审核填发。

(六)登乘机车证分为临时、定期登乘机车证。使用期限超过三个月(含三个月)时可填发定期登乘机车证。

机车登乘人数,不得超过2人,因特殊情况超过2人的需经乘务担当局机务处同意。登乘人员不得影响机车乘务员正常工作,不得在机车非操纵端(便乘机车乘务员除外)或其他部位乘坐,不得擅自操作机车的开关、按钮及其他设备,更不得在运行中开关司机室门。

第75条 回送机车在一地滞留时间超过24小时(故障除外),所在局调度所要向总公司汇报滞留原因及解决措施。回送机车乘务员有权使用车站运转室(调度室)、机务派班室电话,向途经铁路局、总公司机车调度员汇报机车回送情况。总公司、铁路局调度员接到回送机车滞留的报告后,要做好记录,立即查明原因,组织尽快放行。

回送机车乘务员须每天向本段汇报回送情况,机务段应掌握本段回送机车情况,发现机车滞留,协调相关部门及时处理。

第89条 机车乘务员必须具备下列基本条件:

(一)符合岗位标准要求,司机须取得中华人民共和国铁路机车车辆驾驶证。

(二)敬业爱岗,胜任本职工作。

(三)身体条件符合国家对铁路机车车辆驾驶人员职业健康标准的要求。

(四)具备中专及以上学历,具有良好汉字读写能力并能够熟练运用普通话交流。

符合二~四项要求的人员,在机务段乘务学习满半年(或乘务公里满3万公里),经铁路局组织考核合格,颁发铁路岗位培训合格证后,方可担当副司机工作。年龄35岁及以下的在职或入职副司机，应在三年内达到机车乘务员学历标准。

【练习题】（填空 2 题，选择 2 题，判断 2 题，简答 1 题，合计 7 题）

一、填空题

1. 机务段直接行车有关人员、机车试运转有关人员，凭（　　　　　　）可登乘本段机车。《管理规则》31

2. 因救援抢险等需要相关人员，凭（　　　　　　）可登乘机车。《管理规则》31

二、选择题

1. 总公司、铁路局行车安全监察人员，凭（　　）登乘机车。《管理规则》31

A．登乘机车证　　　　　　B．工作证　　　　　　C．监察证

2. 回送机车在一地滞留时间超过（　　）小时（故障除外），所在局调度所要向总公司汇报滞留原因及解决措施。《管理规则》75

A．8　　　　　　　　　　B．12　　　　　　　　　　C．24

三、判断题

1. 运输、牵引供电、电务、工务、车辆、通信、公安等有关人员，凭登乘机车证可登乘机车。（　　）《管理规则》31

2. 回送机车乘务员须每天向本段汇报回送情况，机务段应掌握本段回送机车情况，发现机车滞留，协调相关部门及时处理。（　　）《管理规则》75

四、简答题

机车乘务员必须具备哪些基本条件？《管理规则》89

【练习题答案】

一、填空题

1. 工作证；2. 调度命令

二、选择题

1. C；2. C

三、判断题

1. ×　正确：登乘机车证和工作证；2. √

四、简答题

机车乘务员必须具备哪些基本条件？（5 分）

【答】（1）符合岗位标准要求，司机须取得中华人民共和国铁路机车车辆驾驶证（1.5 分）；（2）敬业爱岗，胜任本职工作（1 分）；（3）身体条件符合国家对铁路机车车辆驾驶人员职业健康标准的要求（1 分）；（4）具备中专及以上学历，具有良好汉字读写能力并能够熟练运用普通话交流（1.5 分）。

第 7 章　相关法律法规部分摘录

§7-1　相关法律

§7-1-1　《中华人民共和国安全生产法》摘录

第六条　生产经营单位的从业人员有依法获得安全生产保障的权利，并应当依法履行安全生产方面的义务。

第十条　国务院应急管理部门依照本法，对全国安全生产工作实施综合监督管理；县级以上地方各级人民政府应急管理部门依照本法，对本行政区域内安全生产工作实施综合监督管理。

国务院交通运输、住房和城乡建设、水利、民航等有关部门依照本法和其他有关法律、行政法规的规定，在各自的职责范围内对有关行业、领域的安全生产工作实施监督管理；县级以上地方各级人民政府有关部门依照本法和其他有关法律、法规的规定，在各自的职责范围内对有关行业、领域的安全生产工作实施监督管理。对新兴行业、领域的安全生产监督管理职责不明确的，由县级以上地方各级人民政府按照业务相近的原则确定监督管理部门。

应急管理部门和对有关行业、领域的安全生产工作实施监督管理的部门，统称负有安全生产监督管理职责的部门。负有安全生产监督管理职责的部门应当相互配合、齐抓共管、信息共享、资源共用，依法加强安全生产监督管理工作。

第十六条　国家实行生产安全事故责任追究制度，依照本法和有关法律、法规的规定，追究生产安全事故责任单位和责任人员的法律责任。

第二十八条　生产经营单位应当对从业人员进行安全生产教育和培训，保证从业人员具备必要的安全生产知识，熟悉有关的安全生产规章制度和安全操作规程，掌握本岗位的安全操作技能，了解事故应急处理措施，知悉自身在安全生产方面的权利和义务。未经安全生产教育和培训合格的从业人员，不得上岗作业。

生产经营单位使用被派遣劳动者的，应当将被派遣劳动者纳入本单位从业人员统一管理，对被派遣劳动者进行岗位安全操作规程和安全操作技能的教育和培训。劳务派遣单位应当对被派遣劳动者进行必要的安全生产教育和培训。

　　生产经营单位接收中等职业学校、高等学校学生实习的，应当对实习学生进行相应的安全生产教育和培训，提供必要的劳动防护用品。学校应当协助生产经营单位对实习学生进行安全生产教育和培训。

　　生产经营单位应当建立安全生产教育和培训档案，如实记录安全生产教育和培训的时间、内容、参加人员以及考核结果等情况。

　　第二十九条　生产经营单位采用新工艺、新技术、新材料或者使用新设备，必须了解、掌握其安全技术特性，采取有效的安全防护措施，并对从业人员进行专门的安全生产教育和培训。

　　第四十四条　生产经营单位应当教育和督促从业人员严格执行本单位的安全生产规章制度和安全操作规程；并向从业人员如实告知作业场所和工作岗位存在的危险因素、防范措施以及事故应急措施。

　　生产经营单位应当关注从业人员的身体、心理状况和行为习惯，加强对从业人员的心理疏导、精神慰藉，严格落实岗位安全生产责任，防范从业人员行为异常导致事故发生。

　　第四十五条　生产经营单位必须为从业人员提供符合国家标准或者行业标准的劳动防护用品，并监督、教育从业人员按照使用规则佩戴、使用。

　　第四十八条　两个以上生产经营单位在同一作业区域内进行生产经营活动，可能危及对方生产安全的，应当签订安全生产管理协议，明确各自的安全生产管理职责和应当采取的安全措施，并指定专职安全生产管理人员进行安全检查与协调。

　　第五十三条　生产经营单位的从业人员有权了解其作业场所和工作岗位存在的危险因素、防范措施及事故应急措施，有权对本单位的安全生产工作提出建议。

　　第五十四条　从业人员有权对本单位安全生产工作中存在的问题提出批评、检举、控告；有权拒绝违章指挥和强令冒险作业。

　　生产经营单位不得因从业人员对本单位安全生产工作提出批评、检举、控告或者拒绝违章指挥、强令冒险作业而降低其工资、福利等待遇或者解除与其订立的劳动合同。

　　第五十七条　从业人员在作业过程中，应当严格落实岗位安全责任，遵守本单位的安全生产规章制度和操作规程，服从管理，正确佩戴和使用劳动防护用品。

　　第五十八条　从业人员应当接受安全生产教育和培训，掌握本职工作所需的安全生产知识，提高安全生产技能，增强事故预防和应急处理能力。

　　第五十九条　从业人员发现事故隐患或者其他不安全因素，应当立即向现场安全生产管理人员或者本单位负责人报告；接到报告的人员应当及时予以处理。

　　第六十五条　应急管理部门和其他负有安全生产监督管理职责的部门依法开展安全生产行政执法工作，对生产经营单位执行有关安全生产的法律、法规和国家标准或者行业标准的情况进行监督检查，行使以下职权：

　　（一）进入生产经营单位进行检查，调阅有关资料，向有关单位和人员了解情况；

　　（二）对检查中发现的安全生产违法行为，当场予以纠正或者要求限期改正；对依法应当给予行政处罚的行为，依照本法和其他有关法律、行政法规的规定作出行政处罚决定；

（三）对检查中发现的事故隐患，应当责令立即排除；重大事故隐患排除前或者排除过程中无法保证安全的，应当责令从危险区域内撤出作业人员，责令暂时停产停业或者停止使用相关设施、设备；重大事故隐患排除后，经审查同意，方可恢复生产经营和使用；

（四）对有根据认为不符合保障安全生产的国家标准或者行业标准的设施、设备、器材以及违法生产、储存、使用、经营、运输的危险物品予以查封或者扣押，对违法生产、储存、使用、经营危险物品的作业场所予以查封，并依法作出处理决定。

监督检查不得影响被检查单位的正常生产经营活动。

第七十四条 任何单位或者个人对事故隐患或者安全生产违法行为，均有权向负有安全生产监督管理职责的部门报告或者举报。

因安全生产违法行为造成重大事故隐患或者导致重大事故，致使国家利益或者社会公共利益受到侵害的，人民检察院可以根据民事诉讼法、行政诉讼法的相关规定提起公益诉讼。

第九十七条 生产经营单位有下列行为之一的，责令限期改正，处十万元以下的罚款；逾期未改正的，责令停产停业整顿，并处十万元以上二十万元以下的罚款，对其直接负责的主管人员和其他直接责任人员处二万元以上五万元以下的罚款：

（一）未按照规定设置安全生产管理机构或者配备安全生产管理人员、注册安全工程师的；

（二）危险物品的生产、经营、储存、装卸单位以及矿山、金属冶炼、建筑施工、运输单位的主要负责人和安全生产管理人员未按照规定经考核合格的；

（三）未按照规定对从业人员、被派遣劳动者、实习学生进行安全生产教育和培训，或者未按照规定如实告知有关的安全生产事项的；

（四）未如实记录安全生产教育和培训情况的；

（五）未将事故隐患排查治理情况如实记录或者未向从业人员通报的；

（六）未按照规定制定生产安全事故应急救援预案或者未定期组织演练的；

（七）特种作业人员未按照规定经专门的安全作业培训并取得相应资格，上岗作业的。

第一百零六条 生产经营单位与从业人员订立协议，免除或者减轻其对从业人员因生产安全事故伤亡依法应当承担的责任的，该协议无效；对生产经营单位的主要负责人、个人经营的投资人处二万元以上十万元以下的罚款。

第一百零七条 生产经营单位的从业人员不落实岗位安全责任，不服从管理，违反安全生产规章制度或者操作规程的，由生产经营单位给予批评教育，依照有关规章制度给予处分；构成犯罪的，依照刑法有关规定追究刑事责任。

§7-1-2 《中华人民共和国铁路法》摘录

第七十一条　铁路职工玩忽职守、违反规章制度造成铁路运营事故的，滥用职权、利用办理运输业务之便谋取私利的，给予行政处分；情节严重、构成犯罪的，依照刑法有关规定追究刑事责任。

§7-1-3 《中华人民共和国行政许可法》摘录

第九条　依法取得的行政许可，除法律、法规规定依照法定条件和程序可以转让的外，不得转让。

第十二条　（三）提供公众服务并且直接关系公共利益的职业、行业，需要确定具备特殊信誉、特殊条件或者特殊技能等资格、资质的事项。

第六十五条　个人和组织发现违法从事行政许可事项的活动，有权向行政机关举报，行政机关应当及时核实、处理。

第六十九条　有下列情形之一的，作出行政许可决定的行政机关或者其上级行政机关，根据利害关系人的请求或者依据职权，可以撤销行政许可：

（一）行政机关工作人员滥用职权、玩忽职守作出准予行政许可决定的；

（二）超越法定职权作出准予行政许可决定的；

（三）违反法定程序作出准予行政许可决定的；

（四）对不具备申请资格或者不符合法定条件的申请人准予行政许可的；

（五）依法可以撤销行政许可的其他情形。

被许可人以欺骗、贿赂等不正当手段取得行政许可的，应当予以撤销。

依照前两款的规定撤销行政许可，可能对公共利益造成重大损害的，不予撤销。

依照本条第一款的规定撤销行政许可，被许可人的合法权益受到损害的，行政机关应当依法给予赔偿。依照本条第二款的规定撤销行政许可的，被许可人基于行政许可取得的利益不受保护。

第七十条　有下列情形之一的，行政机关应当依法办理有关行政许可的注销手续：

（一）行政许可有效期届满未延续的；

（二）赋予公民特定资格的行政许可，该公民死亡或者丧失行为能力的；

（三）法人或者其他组织依法终止的；

（四）行政许可依法被撤销、撤回，或者行政许可证件依法被吊销的；

（五）因不可抗力导致行政许可事项无法实施的；

（六）法律、法规规定的应当注销行政许可的其他情形。

第七十八条 行政许可申请人隐瞒有关情况或者提供虚假材料申请行政许可的，行政机关不予受理或者不予行政许可，并给予警告；行政许可申请属于直接关系公共安全、人身健康、生命财产安全事项的，申请人在一年内不得再次申请该行政许可。

第七十九条 被许可人以欺骗、贿赂等不正当手段取得行政许可的，行政机关应当依法给予行政处罚；取得的行政许可属于直接关系公共安全、人身健康、生命财产安全事项的，申请人在三年内不得再次申请该行政许可；构成犯罪的，依法追究刑事责任。

第八十条 被许可人有下列行为之一的，行政机关应当依法给予行政处罚；构成犯罪的，依法追究刑事责任：

（一）涂改、倒卖、出租、出借行政许可证件，或者以其他形式非法转让行政许可的；

（二）超越行政许可范围进行活动的；

（三）向负责监督检查的行政机关隐瞒有关情况、提供虚假材料或者拒绝提供反映其活动情况的真实材料的；

（四）法律、法规、规章规定的其他违法行为。

第八十一条 公民、法人或者其他组织未经行政许可，擅自从事依法应当取得行政许可的活动的，行政机关应当依法采取措施予以制止，并依法给予行政处罚；构成犯罪的，依法追究刑事责任。

§7-1-4 《中华人民共和国刑法》摘录

第一百三十二条 【铁路运营安全事故罪】铁路职工违反规章制度，致使发生铁路运营安全事故，造成严重后果的，处三年以下有期徒刑或者拘役；造成特别严重后果的，处三年以上七年以下有期徒刑。

§7-1-5 《中华人民共和国噪声污染防治法》摘录

第八条 国务院生态环境主管部门对全国噪声污染防治实施统一监督管理。

地方人民政府生态环境主管部门对本行政区域噪声污染防治实施统一监督管理。

各级住房和城乡建设、公安、交通运输、铁路监督管理、民用航空、海事等部门，在各自职责范围内，对建筑施工、交通运输和社会生活噪声污染防治实施监督管理。

基层群众性自治组织应当协助地方人民政府及其有关部门做好噪声污染防治工作。

第九条 任何单位和个人都有保护声环境的义务，同时依法享有获取声环境信息、参与和监督噪声污染防治的权利。

排放噪声的单位和个人应当采取有效措施，防止、减轻噪声污染。

第四十四条 本法所称交通运输噪声，是指机动车、铁路机车车辆、城市轨道交通车辆、机动船舶、航空器等交通运输工具在运行时产生的干扰周围生活环境的声音。

第四十八条　机动车、铁路机车车辆、城市轨道交通车辆、机动船舶等交通运输工具运行时，应当按照规定使用喇叭等声响装置。

警车、消防救援车、工程救险车、救护车等机动车安装、使用警报器，应当符合国务院公安等部门的规定；非执行紧急任务，不得使用警报器。

第五十一条　公路养护管理单位、城市道路养护维修单位应当加强对公路、城市道路的维护和保养，保持减少振动、降低噪声设施正常运行。

城市轨道交通运营单位、铁路运输企业应当加强对城市轨道交通线路和城市轨道交通车辆、铁路线路和铁路机车车辆的维护和保养，保持减少振动、降低噪声设施正常运行，并按照国家规定进行监测，保存原始监测记录，对监测数据的真实性和准确性负责。

第五十六条　因铁路运行排放噪声造成严重污染的，铁路运输企业和设区的市、县级人民政府应当对噪声污染情况进行调查，制定噪声污染综合治理方案。

铁路运输企业和设区的市、县级人民政府有关部门和其他有关单位应当按照噪声污染综合治理方案的要求采取有效措施，减轻噪声污染。

第七十九条　违反本法规定，驾驶拆除或者损坏消声器、加装排气管等擅自改装的机动车轰鸣、疾驶，机动车运行时未按照规定使用声响装置，或者违反禁止机动车行驶和使用声响装置的路段和时间规定的，由县级以上地方人民政府公安机关交通管理部门依照有关道路交通安全的法律法规处罚。

违反本法规定，铁路机车车辆、城市轨道交通车辆、机动船舶等交通运输工具运行时未按照规定使用声响装置的，由交通运输、铁路监督管理、海事等部门或者地方人民政府指定的城市轨道交通有关部门按照职责责令改正，处五千元以上一万元以下的罚款。

第八十条　违反本法规定，有下列行为之一，由交通运输、铁路监督管理、民用航空等部门或者地方人民政府指定的城市道路、城市轨道交通有关部门，按照职责责令改正，处五千元以上五万元以下的罚款；拒不改正的，处五万元以上二十万元以下的罚款：

（一）公路养护管理单位、城市道路养护维修单位、城市轨道交通运营单位、铁路运输企业未履行维护和保养义务，未保持减少振动、降低噪声设施正常运行的；

（二）城市轨道交通运营单位、铁路运输企业未按照国家规定进行监测，或者未保存原始监测记录的；

（三）民用机场管理机构、航空运输企业、通用航空企业未采取措施防止、减轻民用航空器噪声污染的；

（四）民用机场管理机构未按照国家规定对机场周围民用航空器噪声进行监测，未保存原始监测记录，或者监测结果未定期报送的。

【练习题】（填空 14 题，选择 7 题，判断 14 题，合计 35 题）

一、填空题

1. 国家实行生产安全事故责任追究制度，依照本法和有关法律、法规的规定，追究

生产安全事故（　　　　）和**责任人员**的**法律责任**。《安全生产法》第十六条

2. 从业人员必须具备必要的安全生产知识，熟悉有关的**安全生产规章制度和安全操作规程**，掌握本岗位的**安全操作技能**，了解事故应**急处理措施**，知悉自身在安全生产方面的（　　　　）。《安全生产法》第二十八条

3. 从业人员必须具备必要的安全生产知识，熟悉有关的安全生产规章制度和安全操作规程，掌握本岗位的（　　　　），了解事故应急处理措施，知悉自身在安全生产方面的权利和义务。《安全生产法》第二十八条

4.【历年真题】从业人员在作业过程中，遵守本单位的安全生产规章制度和操作规程，服从管理，正确佩戴和使用（　　　　）用品。《安全生产法》第五十七条

5. 从业人员应当接受安全生产教育和培训，掌握本职工作所需的安全生产知识，提高安全生产技能，增强（　　　）和**应急处理**能力。《安全生产法》第五十八条

6. 生产经营单位的从业人员不落实岗位安全责任，不服从管理，违反（　　　　　　　）或者**操作规程**的，由生产经营单位给予批评教育，依照有关规章制度给予处分。《安全生产法》第一百零七条

7. 生产经营单位的从业人员不落实岗位安全责任，不服从管理，违反**安全生产规章制度**或者（　　　　）的，由生产经营单位给予批评教育，依照有关规章制度给予处分。《安全生产法》第一百零七条

8. 铁路职工玩忽职守、违反规章制度造成铁路运营事故，情节严重、构成犯罪的，依照刑法有关规定追究（　　　　）。《铁路法》第七十一条

9. 提供公众服务并且直接关系（　　　　）的职业、行业，需要确定具备特殊信誉、特殊条件或者特殊技能等资格、资质的事项。《行政许可法》第十二条第三款

10. 铁路职工违反规章制度，致使发生铁路运营安全事故，造成严重后果或特别严重后果构成犯罪的，刑法上称为（　　　　　　　　　　）。《刑法》第一百三十二条

11.【历年真题】铁路职工违反规章制度，致使发生铁路运营安全事故，造成（　　　　）后果的，处三年以上七年以下有期徒刑。《刑法》第一百三十二条

12.【历年真题】排放噪声的单位和个人应当采取有效措施，防止、（　　　　）噪声污染。《噪声污染防治法》第九条

13.《中华人民共和国噪声污染防治法》所称交通运输噪声，是指机动车、（　　　　）、城市轨道交通车辆、机动船舶、航空器等交通运输工具在运行时产生的干扰周围生活环境的声音。《噪声污染防治法》第四十四条

14.【历年真题】《中华人民共和国噪声污染防治法》规定，机动车、铁路机车车辆、城市轨道交通车辆、机动船舶等交通运输工具运行时，应当按照规定使用（　　　　）等声响装置。《噪声污染防治法》第四十八条

二、选择题

1. 从业人员发现事故隐患或者其他不安全因素，应当（　　　）向现场安全生产管理人员或者本单位负责人报告；接到报告的人员应当及时予以处理。《安全生产法》第

五十九条

　　A．事后　　　　　　　　B．在作业的同时　　　　C．立即

　　2．生产经营单位的从业人员不落实岗位安全责任，不服从管理，违反安全生产规章制度或者操作规程的，构成犯罪的，依照（　　　）有关规定追究刑事责任。《安全生产法》第一百零七条

　　A．铁路法　　　　　　　B．铁路安全管理条例　　　C．刑法

　　3．铁路职工玩忽职守、违反规章制度造成铁路运营事故的，滥用职权、利用机理运输业务之便谋取私利的，（　　　）。《铁路法》第七十一条

　　A．给予批评教育　　　　B．给予行政处分　　　　　C．追究刑事责任

　　4．铁路职工违反规章制度，致使发生铁路运营安全事故，造成严重后果的，处（　　　）年以下有期徒刑或者拘役。《刑法》第一百三十二条

　　A．一　　　　　　　　　B．二　　　　　　　　　　C．三

　　5．【历年真题】铁路职工违反规章制度，致使发生铁路运营安全事故，造成（　　　）的，处三年以下有期行或者拘役。《刑法》第一百三十二条

　　A．一般后果　　　　　　B．严重后果　　　　　　　C．特别严重后果

　　6．【历年真题】铁路职工违反规章制度，致使发生铁路运营安全事故，造成（　　　）的，处三年以上七年以下有期徒刑。《刑法》第一百三十二条

　　A．危害后果　　　　　　B．严重后果　　　　　　　C．特别严重后果

　　7．违反《中华人民共和国噪声污染防治法》规定，铁路机车车辆、城市轨道交通车辆、机动船舶等交通运输工具运行时未按照规定使用声响装置的，由交通运输、铁路监督管理、海事等部门或者地方人民政府指定的城市轨道交通有关部门按照职责责令改正，处（　　　）的罚款。《噪声污染防治法》第七十九条

　　A．五百元以上五千元以下

　　B．五千元以上一万元以下

　　C．一万元以上五万元以下

三、判断题

　　1．生产经营单位的从业人员有权了解其作业场所和工作岗位存在的危险因素、防范措施及事故应急措施，有权对本单位的安全生产工作提出建议。

　　　　　　　　　　　　　　　　　　　　　　（　　　）《安全生产法》第五十三条

　　2．从业人员在作业过程中，应当严格落实岗位安全责任，遵守本单位的安全生产规章制度和操作规程，服从管理，正确佩戴和使用劳动防护用品。

　　　　　　　　　　　　　　　　　　　　　　（　　　）《安全生产法》第五十七条

　　3．从业人员应当接受安全生产教育和培训，知道本职工作所需的安全生产知识和生产技能。　　　　　　　　　　　　　　　　　（　　　）《安全生产法》第五十八条

　　4．【历年真题】从业人员应当接受安全生产教育和培训，掌握本职工作所需的安全生产知识和生产技能。　　　　　　　　　　　（　　　）《安全生产法》第五十八条

5. 从业人员发现事故隐患或者其他不安全因素，事后应向现场安全生产管理人员或者本单位负责人报告。　　　　　　　　　　　　（　　）《安全生产法》第五十九条

6. 【历年真题】生产经营单位的从业人员发现事故隐患或者其他不安全因素，应于作业完毕后向现场安全生产管理人员或者本单位负责人报告。
　　　　　　　　　　　　　　　　　　　　　　（　　）《安全生产法》第五十九条

7. 任何单位或者个人对事故隐患或者安全生产违法行为，均有权向负有安全生产监督管理职责的部门报告或者举报。　　　　　（　　）《安全生产法》第七十四条

8. 铁路职工玩忽职守、违反规章制度造成铁路运营事故，情节严重、构成犯罪的，给予行政处分。　　　　　　　　　　　　　　（　　）《铁路法》第七十一条

9. 提供公众服务并且直接关系公共利益的职业、行业，需要确定具备特殊信誉、特殊条件或者特殊技能等资格、资质的事项。　　（　　）《行政许可法》第十二条第三款

10. 铁路职工违反规章制度，致使发生铁路运营安全事故，造成严重后果的，给予撤职处分。　　　　　　　　　　　　　　　（　　）《刑法》第一百三十二条

11. 铁路职工违反规章制度，致使发生铁路运营安全事故，造成特别严重后果的，处三年以上七年以下有期徒刑。　　　　　　（　　）《刑法》第一百三十二条

12. 任何单位和个人都有保护声环境的义务，同时依法享有获取声环境信息、参与和监督噪声污染防治的权利。　　　　　（　　）《噪声污染防治法》第九条

13. 排放噪声的单位和个人应当采取有效措施，防止、减轻噪声污染。
　　　　　　　　　　　　　　　　　　　　　　（　　）《噪声污染防治法》第九条

14. 机动车、铁路机车车辆、城市轨道交通车辆、机动船舶等交通运输工具运行时，应当按照规定使用喇叭等声响装置。　　（　　）《噪声污染防治法》第四十八条

【练习题答案】

一、填空题

1．责任单位；2．权利和义务；3．安全操作技能；4．劳动防护；

5．事故预防；6．安全生产规章制度；7．操作规程；8．刑事责任；

9．公共利益；10．铁路运营安全事故罪；11．特别严重；12．减轻；

13．铁路机车车辆；14．喇叭

二、选择题

1．C；2．C；3．B；4．C；5．B；6．C；7．B

三、判断题

1．√；2．√；3．×　正确：掌握；4．√；5．×　正确：应当立即；

6．×　正确：应当立即；7．√；8．×　正确：追究刑事责任；9．√；

10．×　正确：处三年以下有期徒刑或者拘役；11．√；12．√；13．√；14．√

§7-2 相关法规

§7-2-1 《铁路安全管理条例》摘录

第五十七条 铁路机车车辆的驾驶人员应当参加国务院铁路行业监督管理部门组织的考试，考试合格方可上岗。具体办法由国务院铁路行业监督管理部门制定。

第五十八条 铁路运输企业应当加强铁路专业技术岗位和主要行车工种岗位从业人员的业务培训和安全培训，提高从业人员的业务技能和安全意识。

第六十条 铁路运输企业应当建立健全铁路设施设备的检查防护制度，加强对铁路设施设备的日常维护检修，确保铁路设施设备性能完好和安全运行。

§7-2-2 《违反〈铁路安全管理条例〉行政处罚实施办法》摘录

第三十六条 违反《条例》第五十七条规定，铁路机车车辆的驾驶人员持过期或者失效驾驶证件执业的，由地区铁路监督管理局责令改正，可以处1000元以下的罚款。

§7-2-3 《铁路机车车辆驾驶人员资格许可办法》摘录

【总则】

第二条 在中华人民共和国境内的铁路营业线上，承担公共运输或者施工、维修、检测、试验等任务的铁路机车、动车组、大型养路机械、轨道车、接触网作业车驾驶人员（以下简称驾驶人员），应当依照本办法向国家铁路局申请铁路机车车辆驾驶资格，经考试合格后取得资格许可，并获得相应类别的铁路机车车辆驾驶证（以下简称驾驶证）。

内地与香港过境铁路机车车辆驾驶人员资格管理按有关规定办理。

第五条 驾驶资格分为机车系列和自轮运转车辆系列。具体代码及对应的准驾机车车辆类型为：

（一）机车系列：

J1类准驾动车组和内燃、电力机车；

J2类准驾动车组（不含动力集中型电力动车组）和内燃机车；

J3 类准驾动车组（不含动力集中型内燃动车组）和电力机车；

J4 类准驾动车组（不含动力分散型电力动车组）和内燃、电力机车；

J5 类准驾内燃机车；

J6 类准驾电力机车；

J7 类准驾动力分散型电力动车组；

J8 类准驾动力集中型内燃动车组；

J9 类准驾动力集中型电力动车组。

（二）自轮运转车辆系列：

L1 类准驾大型养路机械和轨道车、接触网作业车；

L2 类准驾大型养路机械；

L3 类准驾轨道车、接触网作业车。

【申请】

第十四条 增加本系列准驾机车车辆类型或者增加准驾系列称为增驾。申请增驾时，每次可以申请某一系列的一种机车车辆类型。

已具有 J9、J8、J7、J6、J5 类驾驶资格之一可以互为申请其中的一种，已具有 J4、J3、J2 类驾驶资格之一可以申请 J1 类，已具有 L3、L2 类驾驶资格之一可以申请 L1 类。

申请 J1、J2 或者 J3 类增驾资格，以及 J9、J8、J6、J5 类申请 J7 类增驾资格时，应当不超过 45 周岁，具有所持有的驾驶资格 2 年以上且安全乘务 10 万公里以上；J9、J8、J6、J5 类互为申请增驾资格时，应当具有所持驾驶资格 1 年以上且安全乘务 6 万公里以上。

L2 类持证人申请 L1 类驾驶资格时，应当具有 L2 类驾驶资格 2 年以上且安全乘务 1 万公里以上；L3 类持证人申请 L1 类驾驶资格时，应当具有 L3 类驾驶资格 2 年以上且安全乘务 3 万公里以上。

【考试】

第十八条 初次申请和申请增驾的人员应当参加国家铁路局组织的考试。考试包括理论考试和实际操作考试。

理论考试内容包括行车安全规章和专业知识两个科目。实际操作考试内容包括检查与试验、驾驶两个科目。

经理论考试合格后，方准予参加实际操作考试。理论考试或者实际操作考试如有一个科目不合格，即为考试不合格。

第十九条 理论考试成绩 2 年内有效。在理论考试合格有效期内，最多允许参加 3 次实际操作考试。未在有效期内完成实际操作考试的，本次理论考试成绩作废。

国家铁路局应当公布申请人考试成绩供申请人查询。

【驾驶证管理】

第二十一条 驾驶证仅限本人持有和使用，企业不得非法扣留驾驶证。驾驶人员执业时，应当携带实体驾驶证，遇执法检查时，应当主动配合驾驶资格查验工作。

查验驾驶资格时，电子驾驶证和实体驾驶证均可以作为验证依据。若实体驾驶证与电子驾驶证信息发生不一致时，以电子驾驶证信息为准。

第二十三条 驾驶证有效期为 6 年。驾驶证有效截止日期不得超过持证人法定退休日期。

驾驶证有效期满、需要延续的，应当在驾驶证有效期届满前 90 日内 30 日前向国家铁路局提出换证申请。驾驶证记载内容发生变化、损毁或者丢失的，应当在 90 日内向国家铁路局申请换证或者补证。国家铁路局审核后认为符合条件的，予以换证或者补证。

非有效期满换证或者补证的，换发或者补发后的驾驶证有效截止日期不变。申请换证或者补证时无须提交体检合格报告和照片。

驾驶证申请补证期间，驾驶人员可以凭电子驾驶证执业。

【办法解读】

《办法》是按照国务院简政放权有关要求，结合铁路快速发展需要，在原《铁路机车车辆驾驶人员资格许可办法》（交通运输部令 2013 年第 14 号）的基础上修订而成，增加了铁路机车车辆驾驶人员资格许可准入退出、工作职责、考试组织、信用管理、监督检查、处罚规定等有关内容，并补充了提高铁路机车车辆驾驶资格许可工作效能的有关要求，进一步规范了铁路机车车辆驾驶人员资格许可工作。

一是调整了驾驶资格人员申请的准驾类型。《办法》适应动车组的技术发展需要，对准驾的不同动力及不同分布方式的动车组类型予以了调整，将机车系列的准驾类别由原来的 6 种细化为 9 种，增加了动力分散型电力动车组、动力集中型内燃动车组、动力集中型电力动车组等 3 个动车组类型，同时对初次申请及增驾的条件相应作出调整，为企业拓宽动车组驾驶人员培养路径、缩短培养周期创造了条件。

二是强化了对铁路企业和驾驶人员的安全管理要求。《办法》明确了驾驶人员应当遵守铁路运输安全法律、法规，任何单位和个人不得强迫、指使、纵容驾驶人员违章驾驶；增加了不得驾驶铁路机车车辆的情形，规定涉毒人员、涉恐人员、饮酒等存在影响安全驾驶行为的人员不得驾驶铁路机车车辆，企业也不得安排具有这些情形的人员上车驾驶，并设定了相应罚则；细化了企业对驾驶人员的管理要求，从对驾驶人员加强培训、健康检查、背景审查等方面强化企业的安全主体责任，确保铁路运输安全。

三是增加了"互联网＋政务服务"的内容。为落实国务院深入推进"互联网＋政务服务"有关要求，《办法》增加了推进铁路机车车辆驾驶人员信息管理系统建设的有关内容，通过系统实现驾驶资格申请、考试、证件管理、监督检查等功能；申请人可以通过铁路机车车辆驾驶人员信息管理系统申请驾驶资格，国家铁路局为驾驶人员颁发实体驾驶证的同时，系统自动生成电子驾驶证，铁路监管部门查验驾驶资格时，电子驾驶证和实体驾驶证均可以作为验证依据。通过全流程一体化在线服务，提升了政府服务效率和水平，进一步为企业和人员提供了便利。

【修订变化内容】

一是界定了驾驶资格人员申请的准驾类型。适应动车组技术发展需要，对准驾的动车组类型予以具体界定，涵盖不同动力及不同分布方式的动车组，特别是将机车系列准驾类别设置为J1—J9共9类，对动力集中型电力动车组和内燃动车组分别列为J9、J8类单独进行许可管理。

二是补充了驾驶人员聘用企业的职责要求。参考《民用航空空中交通管理运行单位安全管理规则》《民用航空安全管理规定》中对民航空管运行单位和民航生产经营单位的有关要求，进一步细化了驾驶人员聘用企业在驾驶人员安全培训及管理方面的有关要求，突出聘用企业的安全生产主体责任，并突出高铁安全管理，要求企业科学制定执乘制度，防止驾驶人员因身体不适或疲劳驾驶危及安全。

三是明确了驾驶资格许可相关工作职责。结合履职实践，明确了国家铁路局、地区铁路监督管理局两级监管部门的工作职责。

四是增加了驾驶资格申请及从业禁止行为。参考相关立法例中的有关规定，加强驾驶人员准入和驾驶行为安全管理，对涉毒、涉恐、饮酒等可能影响公共安全的行为增加约束要求。

五是增加了驾驶资格信息化管理有关要求。采用铁路机车车辆驾驶人员信息管理系统，实现驾驶资格申请、考试、证件管理、监督检查等功能，减轻企业负担，并为履职监管提供支撑。

六是调整了驾驶资格从业人员的申请条件。适应教育整体水平提升的需要，针对企业招收新职工时的实际要求，适当提高学历门槛要求。同时，结合高铁快速发展的需要，适当增加了动车组驾驶资格申请人的范围，允许符合条件的动车组机械师及连续动车组机务乘务学习的人员按程序直接申请动车组驾驶资格，为企业拓宽动车组驾驶人员培养路径、缩短动车组驾驶人员培养周期创造条件。

七是精简了驾驶资格申请人的申请材料要求。按照"放管服"改革精神，在部门规章层面明确申请材料提交的有关要求，并适应信息化管理要求，对能通过国务院政务信息资源共享平台获取的信息，不再要求个人提供，减轻企业负担。

八是增加了对驾驶资格考试组织管理要求。明确国家铁路局铁路机车车辆驾驶人员资格考试中心具体承办铁路机车车辆驾驶人员资格考试工作，并对考点设置进行规范管理。

九是增加了对违法驾驶行为的处罚要求。参考相关法律、法规有关规定，增加对涉恐、酒驾、毒驾，以及违章驾驶作业导致严重事故等情形的约束和处罚要求。

十是增加了驾驶从业行为信用管理要求。按照"信用中国"建设要求，增加了信用管理有关要求，提高国家级考试及组织的严肃性和公正性。

十一是增加了驾驶资格许可管理的法律责任。参考相关立法例，将法律责任单列一章，并根据监管实践需要，补充完善了相应的处罚规定。

§7-2-4 《铁路机车车辆驾驶人员资格许可实施细则》摘录

【总则】

第四条 聘用铁路机车车辆驾驶人员的企业（以下简称企业）应当落实安全生产主体责任，建立健全驾驶人员管理制度。

企业应当为驾驶资格申请人提供必要的学习、培训条件。

企业应当对驾驶人员进行岗前教育和培训，教育和培训合格后方可上岗；未经教育和培训，或者经教育和培训后考核不合格的人员，不得上岗作业。

企业应当定期对驾驶人员组织培训和考核，制定培训大纲和培训计划，建立培训档案，保存培训考核记录。考核不合格的驾驶人员应当及时调整工作岗位。

企业应当对驾驶人员定期进行健康检查，符合国家对驾驶人员健康标准要求的，方可允许上岗作业。

企业应当对驾驶资格申请人和驾驶人员进行安全背景审查，科学合理制定执乘制度，保证驾驶人员身心健康，并根据动车组驾驶人员的年龄、健康状况、技能水平等确定合理的执乘方式，确保铁路运输安全。

第五条 驾驶人员应当遵守铁路运输安全法律、法规的规定，严格按照操作规程安全驾驶，有权拒绝违章指挥。

第六条 下列人员不得驾驶铁路机车车辆：

（一）走私、贩卖或者吸食毒品的；

（二）组织、领导或者参与恐怖主义活动的；

（三）饮酒、服用国家管制的精神药品或者麻醉药品，或者患有妨碍安全驾驶铁路机车车辆疾病，或者存在其他影响安全驾驶行为的；

（四）违章驾驶后未采取考核、教育、培训等措施的。

第七条 任何单位或者个人不得强迫、指使、纵容驾驶人员违反铁路运输安全法律、法规和安全驾驶要求驾驶铁路机车车辆，不得将铁路机车车辆交由不具有相应驾驶资格的人员（不含经批准在相应申请考试机型上进行实际操作训练或者实际操作考试的人员，下同）驾驶。

【申请条件】

第九条 初次申请驾驶证，只能申请机车系列 J9、J8、J7、J6、J5 中的一种，或者自轮运转车辆系列 L3、L2 中的一种。申请人应当符合以下条件：

（一）按理论考试报名截止日期计算，年龄满 18 周岁，且不超过 45 周岁；

（二）身体健康，符合《铁路机车车辆驾驶人员健康检查规范》（TB/T3091）规定的健康标准，驾驶适应性测试合格，具有良好的汉字读写能力并能够熟练运用普通话交流；

（三）具有国家承认的大专及以上学历（含高职，下同）或者铁路相关专业中专学历；

（四）机车系列申请人应当连续机务乘务学习 1 年以上或者机务乘务学习行程 6 万公

里以上。申请 J9 或者 J8 类驾驶资格时，申请人应当连续动车组机务乘务学习 1 年以上且乘务学习行程 6 万公里以上；申请 J7 类驾驶资格时，申请人应当具有国家承认的大专及以上学历、机车车辆或者机电类专业，连续动车组机务乘务学习行程 20 万公里或者连续动车组机务乘务学习 2 年以上且乘务学习行程 15 万公里以上，或者连续担任动车组机械师职务 2 年以上且连续动车组机务乘务学习行程 10 万公里以上。

（五）自轮运转车辆系列申请人应当连续自轮运转车辆乘务学习 6 个月以上。

第十条　初次申请驾驶资格时，申请人应当提交以下材料：

（一）完整填报的铁路机车车辆驾驶人员资格考试申请表（格式见附件 2）；

（二）本人居民身份证或者港澳台居民居住证或者外国人永久居留身份证（双面扫描至同一页）；

（三）具有资质的健康体检机构，或者二级及以上医疗机构按照《铁路机车车辆驾驶人员健康检查规范》（TB/T3091）出具的近 1 年内的体检合格报告；

（四）本人学历相关材料；

（五）动车组机械师申请 J7 类驾驶资格时需提供动车组机械师任职相关材料。

【驾驶证管理】

第三十七条　有下列情形之一的，应当撤销驾驶证：

（一）工作人员滥用职权、玩忽职守，致使不符合条件的人员取得驾驶证的；

（二）以欺骗、贿赂等不正当手段取得驾驶证的；

（三）依法可以撤销驾驶资格许可的其他情形。

因本条第一款第二项原因撤销驾驶资格许可的，3 年内不得再次申请驾驶证。

第三十八条　有下列情形之一的，应当注销驾驶证：

（一）驾驶证有效期届满未延续的；

（二）驾驶人员死亡或者丧失行为能力的；

（三）驾驶证被依法撤销的；

（四）法律、法规规定的其他情形。

【监督管理】

第三十九条　国家铁路局及其铁路监督管理机构（以下简称铁路监管部门）应当加强对企业和驾驶人员的监督检查，对违法违规行为及时纠正，依法查处。对高速列车驾驶人员和企业应当加大监督检查力度。

第四十条　铁路监管部门应当督促企业对本单位驾驶人员加强管理，不得实施下列行为：

（一）安排未取得驾驶资格的人员驾驶铁路机车车辆；

（二）安排驾驶人员持过期、失效或者不符合准驾类型的驾驶证驾驶铁路机车车辆；

（三）安排存在本细则第六条规定情形的人员驾驶铁路机车车辆。

第四十一条　驾驶人员和企业应当配合铁路监管部门的监督检查，提供相关材料。监督检查的重点内容包括：

（一）驾驶人员保持驾驶资格条件情况；

（二）企业建立健全驾驶人员管理制度情况；

（三）企业对驾驶人员的培训和管理，以及对聘用的驾驶人员的岗前培训情况。

第四十二条 企业发现本单位驾驶人员的驾驶资格许可存在应当撤销、注销情形的，应当自发现之日起 30 日内书面报告考试中心，考试中心审核汇总后报国家铁路局设备监督管理司，由国家铁路局依法作出决定并公告。

通过信息管理系统办理的，由企业管理人员初审合格后提交。

第四十三条 铁路监管部门执法人员对企业和驾驶人员进行监督检查时应当出示有效的执法证件，不得干扰驾驶人员的正常工作，不得非法扣留驾驶证。

【法律责任】

第四十四条 申请人隐瞒有关情况或者提供虚假材料申请驾驶资格的，国家铁路局不予受理或者不予行政许可，并给予警告；申请人在 1 年内不得再次申请。

第四十五条 申请人在考试过程中有贿赂、舞弊行为的，取消考试资格，已经通过的考试科目成绩无效。

第四十六条 驾驶人员有下列行为之一的，由铁路监管部门视情形处以相应罚款：

（一）饮酒、服用国家管制的精神药品或者麻醉药品后驾驶铁路机车车辆的，处 1 000 元的罚款；

（二）因个人违章驾驶铁路机车车辆发生较大及以上铁路交通事故的，处 1 000 元的罚款；

（三）将铁路机车车辆交由未取得驾驶资格的人员驾驶的，处 800 元的罚款；

（四）持过期、失效或者不符合准驾类型的驾驶证驾驶铁路机车车辆的，处 600 元的罚款。

第四十七条 驾驶资格申请、考试相关单位和个人有下列行为之一的，由铁路监管部门给予警告，处违法所得 3 倍以下、最高不超过 3 万元的罚款，没有违法所得的，处 1 万元罚款；对直接负责的主管人员和其他直接责任人员处 1 000 元的罚款：

（一）对驾驶适应性测试不合格的申请人出具虚假合格证明的；

（二）对不符合要求的申请人出具虚假乘务经历合格证明的。

第四十八条 健康体检机构或者医疗机构对不符合健康标准的申请人出具虚假合格证明的，由县级以上人民政府卫生行政部门依据《医疗机构管理条例》《健康体检管理暂行规定》有关规定进行处罚。

第四十九条 企业有下列行为之一的，由铁路监管部门责令改正，给予警告，处违法所得 3 倍以下、最高不超过 3 万元的罚款，没有违法所得的，处 1 万元罚款；对直接负责的主管人员和其他直接责任人员视情形处以相应罚款：

（一）明知驾驶人员饮酒、服用国家管制的精神药品或者麻醉药品仍安排其驾驶铁路机车车辆的，处 1 000 元的罚款；

（二）明知驾驶人员患有妨碍安全驾驶铁路机车车辆的疾病，或者存在其他影响安全驾驶行为仍安排其驾驶铁路机车车辆的，处 1 000 元的罚款；

（三）强迫、指使、纵容驾驶人员违反铁路运输安全法律、法规和安全驾驶要求驾驶铁路机车车辆的，处 1 000 元的罚款；

（四）安排未取得驾驶资格的人员驾驶铁路机车车辆的，处 800 元的罚款；

（五）安排驾驶资格与准驾机型不符的人员驾驶铁路机车车辆的，处 600 元的罚款；

（六）安排驾驶人员持过期、失效驾驶证驾驶铁路机车车辆的，处 600 元的罚款；

（七）对违章驾驶人员未采取考核、教育、培训等措施仍安排其驾驶铁路机车车辆的，处 600 元的罚款。

第五十条　企业有下列行为之一的，由铁路监管部门责令改正，给予警告，处违法所得 3 倍以下、最高不超过 3 万元的罚款，没有违法所得的，处 1 万元罚款；对直接负责的主管人员和其他直接责任人员视情形处以相应罚款；违反《中华人民共和国安全生产法》的，按照《中华人民共和国安全生产法》的有关规定给予处罚：

（一）上岗前未对驾驶人员进行上岗培训的，处 1 000 元的罚款；

（二）未建立驾驶人员管理制度的，处 1 000 元的罚款；

（三）未制定岗位培训大纲和培训计划的，处 800 元的罚款；

（四）未建立培训档案的，处 800 元的罚款；

（五）未定期组织培训考核的，处 800 元的罚款；

（六）对培训考核不合格的人员未及时调整工作岗位的，处 800 元的罚款；

（七）非法扣留驾驶人员驾驶证的，处 600 元的罚款；

（八）发现本单位驾驶人员存在符合驾驶证撤销、注销的情形未按时报告国家铁路局的，处 600 元的罚款。

第五十一条　有下列行为之一的，按照有关规定对责任人员给予处分；构成犯罪的，依法追究刑事责任：

（一）参与、协助、纵容考试舞弊的；

（二）故意为不符合申请条件、未经考试、考试不合格人员签注合格成绩或者核发驾驶证的；

（三）故意为不符合条件的人员换发或者补发驾驶证的；

（四）在办理驾驶资格过程中索取或者收受他人财物或者谋取其他利益的。

§7-2-5　《铁路机车车辆驾驶人员资格考试管理办法》摘录

第十五条　考生申请理论考试报名前应当按照《铁路机车车辆驾驶人员健康检查规范》（TB/3091）有关标准，经驾驶适应性测试合格，并在考试报名时按规定提交完整、真实的有关材料。

第二十条　考生应当在指定的理论考点，凭本人居民身份证或者港澳台居民居住证或者外国人永久居留身份证和理论考试准考证按时参加理论考试。

第二十七条　考生凭理论考试合格证明在相应申请考试机型进行不少于3个月的实际操作训练后，方可报名申请参加实作考试。

实作考试报名机型应当与理论考试类型一致。

第三十条　考生应当在指定的实作考点，凭本人居民身份证或者港澳台居民居住证或者外国人永久居留身份证和实作考试准考证按时参加实作考试。

第三十九条　理论考试成绩采用百分制。其中：行车安全规章科目考试成绩为90分及以上合格，专业知识科目考试成绩为80分及以上合格。上述两个科目如有一个科目不合格，理论考试即为不合格。

理论考试成绩2年内有效，起始日期以理论考试合格证明的签发日期为准。

第四十条　实作考试成绩采用百分制。其中：检查与试验、驾驶科目考试成绩均为80分及以上合格。上述两个科目如有一个科目不合格，实作考试即为不合格。

在理论考试合格证明有效期内，申请人最多可参加3次实作考试。

第四十六条　考生隐瞒有关情况或者提供虚假材料的，1年内不得再次申请参加考试。

第四十七条　考生在考试过程有贿赂、舞弊行为的，取消考试资格，已经通过的考试科目成绩无效。

【练习题】（填空31题，选择14题，判断28题，合计73题）

一、填空题

1.【**历年真题**】铁路机车车辆的驾驶人员应当参加国务院铁路行业监督管理部门组织的考试，（　　　　　）方可上岗。《铁路安全管理条例》第五十七条

2.【**历年真题**】铁路运输企业应当加强铁路专业技术岗位和主要行车工种岗位从业人员的业务培训和安全培训，提高从业人员的业务技能和（　　　　　）意识。《铁路安全管理条例》第五十八条

3.【**历年真题**】铁路机车车辆的驾驶人员持（　　　　　）驾驶证件执业的，由地区铁路监督管理局责令改正，可以处1 000元以下的罚款。《违反〈铁路安全管理条例〉行政处罚实施办法》第三十六条

4. 在中华人民共和国境内的铁路营业线上的驾驶人员应当依照本办法向（　　　　　）申请铁路机车车辆驾驶资格，经考试合格后取得资格许可，并获得相应类别的铁路机车车辆驾驶证。《许可办法》第二条

5. 走私、贩卖或者（　　　　　）的人员不得驾驶铁路机车车辆。《实施细则》第六条

6. 饮酒、服用国家管制的（　　　　　）或者**麻醉药品**，或者患有妨碍安全驾驶铁路机车车辆疾病，或者存在其他影响安全驾驶行为的人员不得驾驶铁路机车车辆。《实施细则》第六条

7. 根据《铁路机车车辆驾驶人员资格许可办法》，J5 类准驾的机车系列是（　　　　）。《许可办法》第五条

8. 根据《铁路机车车辆驾驶人资格许可办法》，J6 类准驾的机车系列是（　　　　）。《许可办法》第五条

9. 【历年真题】驾驶人员应当遵守铁路运输安全法律、法规的规定，严格按照操作规程安全驾驶，有权拒绝（　　　　）。《实施细则》第五条

10. 具有国家承认的（　　　　　　　）（含高职，下同）或者铁路相关专业**中专学历**方可申请驾驶机车车辆驾驶证。《实施细则》第九条

11. 【历年真题】机车系列申请人应当连续机务乘务学习 1 年以上或者机务乘务学习行程（　　　　）公里以上。《实施细则》第九条

12. 申请驾驶证的人员需当具备的条件：身体健康，符合《铁路机车车辆驾驶人员健康检查规范》（TB/T 3091）规定的健康标准，驾驶适应性测试合格，具有良好的（　　　　）并能够熟练运用普通话交流。《实施细则》第九条

13. 初次申请驾驶资格时，申请人应当提交具有资质的健康体检机构或者二级及以上医疗机构按照《铁路机车车辆驾驶人员健康检查规范》（TB/T 3091）出具的近（　　　　）年内的体检合格报告。《实施细则》第十条

14. 初次申请驾驶资格时，申请人应当提交考试申请表、本人居民身份证、体检合格报告和（　　　　）。《实施细则》第十条

15. 初次申请和申请增驾的人员应当参加（　　　　）组织的考试。考试包括理论考试和实际操作考试。《许可办法》第十八条

16. 理论考试或者实际操作考试如有一个科目不合格，即为（　　　　）不合格。《许可办法》第十八条、《考试管理办法》第三十九、四十条

17. 驾驶人员执业时，应当携带（　　　　），遇执法检查时，应当主动配合驾驶资格查验工作。《许可办法》第二十一条

18. 查验驾驶资格时，（　　　　）和**实体驾驶证**均可以作为验证依据。《许可办法》第二十一条

19. 【历年真题】驾驶证有效期满、需要延续的，应当在驾驶证有效期届满前 90 日内（　　　　）日前向国家铁路局提出换证申请。《许可办法》第二十三条

20. 驾驶证记载内容发生变化、损毁或者丢失的，应当在 **90 日**内向（　　　　）申请换证或者补证。《许可办法》第二十三条

21. 【历年真题】驾驶证记载内容发生变化、损毁或者丢失的，应当在（　　　　）日内向国家铁路局申请换证或者补证。《许可办法》第二十三条

22. 工作人员滥用职权、玩忽职守，致使不符合条件的人员取得驾驶证的，应当（　　　　）驾驶证。《实施细则》第三十七条

23. 以欺骗、贿赂等不正当手段取得驾驶证的，应当撤销驾驶资格许可，（　　　　）年内不得再次申请驾驶证。《实施细则》第三十七条

24. 驾驶人员死亡或者丧失行为能力的，应当（　　　　　）驾驶证。《实施细则》第三十八条

25. 驾驶证有效期届满未延续的，应当（　　　　　）驾驶证。《实施细则》第三十八条

26. 驾驶证依法被撤销的，应当（　　　　　）驾驶证。《实施细则》第三十八条

27. 申请人隐瞒有关情况或者提供（　　　　　）材料申请驾驶证的，国家铁路局不予受理或者不予行政许可，并给予警告；申请人在 **1 年内**不得再次申请。《实施细则》第四十四条、《考试管理办法》第四十六条

28. 申请人在考试过程中有贿赂、（　　　　　）行为的，取消考试资格，已经通过的考试科目成绩无效。《实施细则》第四十五条、《考试管理办法》第四十七条

29. **【历年真题】**驾驶人员因个人违章驾驶铁路机车车辆发生（　　　　　）铁路交通事故的，由铁路监管部门处 **1 000 元**的罚款。《实施细则》第四十六条

30. 实作考试成绩采用百分制。其中：检查与试验、驾驶科目考试成绩均为（　　　　　）及以上合格。《考试管理办法》第四十条

31. 在理论考试合格证明有效期内，申请人最多可参加（　　　　　）实作考试。《考试管理办法》第四十条

二、选择题

1. 铁路机车车辆的驾驶人员持过期或者失效驾驶证件执业的，由地区铁路监督管理局责令改正，可以处（　　　）元以下的罚款。《违反〈铁路安全管理条例〉的行政处罚办法》第三十六条

　　A. 500　　　　　　　　　　B. 1 000　　　　　　　　　　C. 2 000

2. 铁路机车车辆的驾驶人员持过期或者失效驾驶证件执业的，由（　　　）责令改正，可以处 1 000 元以下的罚款。《违反〈铁路安全管理条例〉的行政处罚办法》第三十六条

　　A. 地区铁路监督管理局　　　B. 总公司　　　　　　　　　C. 铁路局

3. 机车系列申请人应当连续机务乘务学习 1 年以上或者机务乘务学习行程（　　　）万公里以上。《实施细则》第九条

　　A. 4　　　　　　　　　　　B. 5　　　　　　　　　　　　C. 6

4.**【历年真题】**机车系列申请人应当连续机务乘务学习（　　　）以上或者机务乘务学习行程 6 万公里以上。《实施细则》第九条

　　A. 6 个月　　　　　　　　　B. 1 年　　　　　　　　　　C. 2 年

5. 铁路机车车辆驾驶人员资格考试理论考试成绩（　　　）有效。《许可办法》第十九条

　　A. 1 年内　　　　　　　　　B. 2 年内　　　　　　　　　C. 3 年内

6. 铁路机车车辆驾驶人员资格考试在理论考试合格有效期内，最多允许参加（　　　）次实际操作考试。《许可办法》第十九条

　　A. 1　　　　　　　　　　　B. 2　　　　　　　　　　　　C. 3

7.【历年真题】驾驶证有效期满、需要延续的，应当在驾驶证有效期届满前（　　）向国家铁路局提出换证申请。《许可办法》第二十三条

A. 30 日　　　　　　　　B. 60 日　　　　　　　　C. 90 日内 30 日前

8. 以欺骗、贿赂等不正当手段取得驾驶证而被撤销驾驶资格许可的，（　　）不得再次申请驾驶证。《实施细则》第三十七条

A. 1 年内　　　　　　　　B. 2 年内　　　　　　　　C. 3 年内

9.【历年真题】铁路机车车辆驾驶人员资格申请人（　　），3 年内不得再次申请驾驶证。《实施细则》第三十七条

A. 隐瞒有关情况或提供虚假材料的

B. 在考试中有舞弊行为的

C. 以欺骗贿赂等不正当手段取得驾驶证而被撤销的

10. 下列情形中，应当撤销驾驶证是（　　）。《实施细则》第三十七条

A. 工作人员滥用职权、玩忽职守，致使不符合条件的人员取得驾驶证的

B. 驾驶证有效期届满未延续的

C. 驾驶人丧失行为能力的

11. 铁路机车车辆驾驶人员资格申请人隐瞒有关情况或提供虚假材料的，（　　）不得再次申请。《实施细则》第四十四条、《考试管理办法》第四十六条

A. 半年内　　　　　　　　B. 1 年内　　　　　　　　C. 2 年内

12.【历年真题】下列情形中，应由铁路监管部门处 1 000 元的罚款是（　　）。《实施细则》第四十六条

A. 饮酒后驾驶铁路机车车辆的

B. 驾驶证有效期届满未延续的

C. 持伪造驾驶证驾驶铁路机车车辆的

13. 在办理驾驶资格过程中索取或者收受他人财物或者谋取其他利益的，按照有关规定对责任人员给予（　　）；构成犯罪的，依法追究刑事责任。《实施细则》第五十一条

A. 追究法律责任　　　　　B. 处分　　　　　　　　C. 撤职

14. 考生凭理论考试合格证明在相应申请考试机型进行不少于（　　）的实际操作训练后，方可报名申请参加实作考试。《考试管理办法》第二十七条

A. 3 个月　　　　　　　　B. 6 个月　　　　　　　　C. 1 年

三、判断题

1.【历年真题】铁路机车车辆的驾驶人员应当参加国务院铁路行业监督管理部门组织的考试，考试合格方可上岗。　　　　　　　　　　（　　）《铁路安全管理条例》第五十七条

2. 违章驾驶后未采取考核、教育、培训等措施的人员不得驾驶铁路机车车辆。

（　　）《实施细则》第六条

3.【历年真题】根据《铁路机车车辆驾驶人资格许可实施细则》，机车系列申请人应当连续机务乘务学习 1 年以上或者机务乘务学习行程 6 万公里。

（　　　）《实施细则》第九条

4. 初次申请驾驶证的申请人，应按理论考试报告截止日期计算，年龄满 18 周岁，且不超过 45 周岁。　　　　　　　　　　　　　　　（　　　）《实施细则》第九条

5. J9、J8、J6、J5 类互为申请增驾资格时，应当具有所持驾驶资格 2 年以上且安全乘务 6 万公里以上。　　　　　　　　　　　　　（　　　）《许可办法》第十四条

6. 理论考试内容包括行车安全规章和专业知识两个科目。实际操作考试内容包括检查与试验、驾驶两个科目。　　　　　　　　　（　　　）《许可办法》第十八条

7. 经理论考试合格后，方准予参加实际操作考试。　（　　　）《许可办法》第十八条

8. 理论考试成绩 2 年内有效。在理论考试合格有效期内，最多允许参加 3 次实际操作考试。　　　　　（　　　）《许可办法》第十九条、《考试管理办法》第三十九、四十条

9. 查验驾驶资格时，电子驾驶证和实体驾驶证均可以作为验证依据。若实体驾驶证与电子驾驶证信息发生不一致时，以电子驾驶证信息为准。

（　　　）《许可办法》第二十一条

10. 驾驶证仅限本人持有和使用，企业不得非法扣留驾驶证。

（　　　）《许可办法》第二十一条

11. 若实体驾驶证与电子驾驶证信息发生不一致时，以实体驾驶证信息为准。

（　　　）《许可办法》第二十一条

12. 铁路机车车辆驾驶人员执业时，可不携带实体驾驶证。

（　　　）《许可办法》第二十一条

13. 铁路机车车辆驾驶证有效期为 6 年。　　　（　　　）《许可办法》第二十三条

14.【历年真题】铁路机车车辆驾驶证有效期为 6 年。驾驶证有效截止日期不得超过持证人法定退休日期。　　　　　　　　　　　　（　　　）《许可办法》第二十三条

15. 驾驶证申请补证期间，驾驶人员可以凭电子驾驶证执业。

（　　　）《许可办法》第二十三条

16. 申请换证或者补证时必须提交体检合格报告和照片。

（　　　）《许可办法》第二十三条

17. 以欺骗、贿赂等不正当手段取得驾驶证的而被撤销驾驶资格许可，3 年内不得再次申请驾驶证。　　　　　　　　　　　　　　　（　　　）《实施细则》第三十七条

18. 驾驶证被依法撤销的，应当注销驾驶证。　（　　　）《实施细则》第三十八条

19. 驾驶证有效期届满未延续的，应当注销驾驶证。

（　　　）《实施细则》第三十八条

20. 申请人隐瞒有关情况或提供虚假材料申请驾驶资格的，2 年内不得再次申请。

（　　　）《实施细则》第四十四条、《考试管理办法》第四十六条

21. 申请人在考试过程中有贿赂、舞弊行为的，取消考试资格，已经通过的考试科目成绩无效。　　　　　　（　　　）《实施细则》第四十五条、《考试管理办法》第四十七条

22.【历年真题】驾驶人员将铁路机车车辆交由未取得驾驶资格的人员驾驶的，由铁

路监管部门处 800 元的罚款。　　　　　　　　　　　　（　　）《实施细则》第四十六条

23．参与、协助、纵容考试舞弊构成犯罪的，依法追究刑事责任。

（　　）《实施细则》第五十一条

24．故意为不符合申请条件、未经考试、考试不合格人员签注合格成绩或者核发驾驶证的按照有关规定对责任人员给予处分。　　　　　　（　　）《实施细则》第五十一条

25．故意为不符合条件的人员换发或者补发驾驶证的按照有关规定对责任人员给予处分。　　　　　　　　　　　　　　　　　　　（　　）《实施细则》第五十一条

26．实作考试报名机型可以与理论考试类型不一致。

（　　）《考试管理办法》第二十七条

27．考生可以在任何理论或实作考点，凭本人居民身份证或者港澳台居民居住证或者外国人永久居留身份证和理论考试准考证按时参加理论或实作考试。

（　　）《考试管理办法》第二十、三十条

28．理论或实作考试两个科目如有一个科目不合格，考试即为不合格。

（　　）《许可办法》第十八条、《考试管理办法》第三十九、四十条

【练习题答案】

一、填空题

1．考试合格；2．安全；3．过期或者失效；

4．国家铁路局；5．吸食毒品；6．精神药品；7．内燃机车；

8．电力机车；9．违章指挥；10．大专及以上学历；

11．6 万；12．汉字读写能力；13．1；

14．本人学历相关材料；15．国家铁路局；16．考试；

17．实体驾驶证；18．电子驾驶证；19．30；20．国家铁路局；

21．90；22．撤销；23．3；24．注销；

25．注销；26．注销；27．虚假；28．舞弊；

29．较大及以上；30．80 分；31．3 次

二、选择题

1．B；2．A；3．C；4．B；5．B；6．C；7．C；8．C；

9．C；10．A；11．B；12．A；13．B；14．A

三、判断题

1．√；2．√；3．×　正确：6 万公里以上；4．√；5．×　正确：1 年；

6．√；7．√；8．√；9．√；10．√；11．×　正确：电子；

12．×　正确：应当携带；13．√；14．√；15．√；

16．×　正确：无须；17．√；18．√；19．√；

20．×　正确：1 年内；21．√；22．√；23．√；

24．√；25．√；26．×　正确：应当与理论考试类型一致；

27．×　正确：应当在指定的理论或实作考点；28．√